Politics in Unified Germany

ドイツの政治

平島健司——［著］

東京大学出版会

Politics in Unified Germany
Transformation of the Semisovereign State
Kenji HIRASHIMA
University of Tokyo Press, 2017
ISBN978-4-13-030163-3

目　次

序　章 ……………………………………………………………………1
　1. 欧州債務危機とドイツの国内政治　1
　2. ヨーロッパのドイツか，ドイツのヨーロッパか　8
　3. 国家統一と「半主権国家」　10

第1章　「半主権国家」の形成——占領と連邦共和国の成立 ………15
　1. 分権化された国家，集権化された社会，両者を結びつける結節点　15
　2. 占領期——連邦共和国の前史　20
　3. 州，政党，社会パートナーシップの形成　24

第2章　「半主権国家」の国家 ………………………………………31
　1. 基本法の条文と現実の国家　31
　2. 「社会保険国家」の再興　33
　3. 「協調的連邦制」の形成——連邦制国家の発展　41
　4. 「法治国家」と連邦憲法裁判所　48

第3章　政党と政党システム …………………………………………53
　1. 「半主権国家」と政党　53
　2. 連邦における政党システム　56
　　（1）初期の政党システム（1949年〜1961年）（56）
　　（2）3党システムの時代（1961年〜1983年）（60）
　　（3）4党システムから「流動的5党システム」へ（1983年〜）（63）
　3. 二大政党と連邦参議院　66
　4. 国家と社会を媒介する結節点としての政党　69

第4章 「半主権国家」とコーポラティズム ……………………75
1. 準公的制度　75
2. 国家のコーポラティズム化戦略　80
3. コーポラティズムとその変容　83
    (1) キージンガー大連合政権の制度改革（83）
    (2) ブラント，シュミット両政権の経済運営（86）
    (3) コール政権の経済運営（88）

第5章 「半主権国家」と国家統一 ……………………………93
1. 統一の政治過程　93
2. 統一後の政治過程──常態への回帰　101
3. 統一後の「半主権国家」　108

第6章 社会国家の変容 ………………………………………117
1. 国家統一から「構造改革」へ　117
2.「構造改革」の達成　124
    (1) 改革への着手の遅れと政権交代（124）
    (2)「リースター年金」の導入（126）
    (3)「ハルツⅣ」改革の達成（127）
    (4)「保健基金」の新設（131）
3.「改革の軌跡」が描かれたメカニズム　135

第7章 東部建設の継続と連邦制改革 ………………………139
1. 国家統一が残した連邦制の課題　139
2.「連帯協定Ⅱ」の締結と「基準法」の制定，財政均衡制度の改定　143
3. 連邦制改革Ⅰ　147
4. 連邦制改革Ⅱ　154

第8章 移民・難民政策 ………………………………………161
1. 新しい政策領域の成立　161

2.「外国人政策」の限界　　164
　3.「庇護妥協」──見送られた政策転換　　167
　4. 赤緑政権による改革──国籍法の改正と移住法の制定　　170
　5. 社会統合への長い道　　173

終　章 …………………………………………………………………177
　1.「半主権国家」は変化したのか　　177
　2. 変化の第1の動因は何か　　178
　3. 二大政党の役割　　180
　4. 連邦首相のリーダーシップ　　181
　5.「半主権国家」の行方　　183

文献一覧　　185
あとがき　　205
索引（人名・事項）　　207

序　章

1. 欧州債務危機とドイツの国内政治

　ギリシア債務危機の発端は，2009年10月，総選挙で勝利したギリシアのゲオルギオス・パパンドレウ社会党政権が前政権の財政粉飾を暴露し，同年の財政赤字の水準が安定・成長協定（SGP）の定める上限をはるかに超える見通しを明らかにして開かれた．欧州統計局は，ギリシア側の統計の不備を批判し，欧州委員会も政府に赤字の削減を強く求めたが，これに応えて新政権が財政緊縮策を打ち出すと，死傷者を伴う激しいデモやストライキが国内に広がった (Featherstone 2011)．

　一方，ギリシアの財政運営に不安を抱いた民間の格付け機関が，ギリシア国債の格付けを引き下げたために国債の借換えが滞り，ギリシア政府はデフォルト（債務不履行）の危機にも直面した．こうしてギリシア政府は，ユーロ圏諸国や国際通貨基金（IMF）が融資の条件として迫った財政引締めの強化と国民の怨嗟の板挟みとなり，政権の舵取りに呻吟することになったのである．

　ギリシアの窮状にもかかわらず，アンゲラ・メルケル首相は当初，ギリシアの自己責任を強調してドイツからの金融支援を許そうとはしなかった（Jones 2010）．メルケルが，ギリシアが自力では資金を調達することができないことを受け入れ，他のユーロ圏諸国やIMFとともに総額1100億ユーロの資金援助に同意したのは翌2010年5月である．ブリュッセルにおけるユーロ圏首脳の臨時会合を2日後に控えたメルケルは，連邦議会において演説を行い，今や通貨同盟そのものの命運がギリシア支援の成否にかかっているとして支援への賛同を求めた．

　「われわれが審議する『通貨同盟の安定性を保持するための諸措置』に関する法案の名称は，それが与える影響の射程を十分には示していない．本当は何

が問題となっているのかを誤解の余地を残さぬようはっきりと言わなければならない．他でもないヨーロッパの将来，そしてそれとともにヨーロッパにおけるドイツの将来がかかっているのだ」，と[1]．

　デフォルトの脅威はギリシアだけに限られてはいなかった．ギリシアと同じく財政赤字を拡大させたポルトガルも国債の借換えが困難となった．そもそも，欧州の金融機関はさまざまな証券化商品の保有を通じてアメリカの市場と結びついており，大手証券会社のリーマン・ブラザーズがサブプライム・ローンの焦げ付きによって破綻して以降，深刻な経営難に陥っていた．国内の金融機関を救済すべく公的資金を投入したアイルランドも，ギリシアに続いて欧州連合（EU）に支援を要請した．さらに，ユーロ圏に加わることで低金利を享受し，建設・不動産バブルを経験したスペインでも，破綻した民間金融機関の救済が政府債務の膨張に拍車をかけた．その上，欧州の各国政府も，2008年のリーマン・ショック後は金融機関の救済に加え，景気対策を打ち出すよう強いられてもいたのである．

　一方，EU・ユーロ圏諸国は，デフォルトの危機に瀕した加盟国を支援するため，EU機能条約との抵触を避けつつ7500億ユーロにのぼる規模の融資枠組みを時限措置として創設した（同条約はその125条で加盟国への財政支援を禁じている）．欧州委員会がEU予算を担保として借り入れた資金を原資とする600億ユーロの「欧州金融安定化メカニズム（EFSM）」と，ユーロ圏諸国が保証する4400億ユーロを原資とする「欧州金融安定ファシリティ（EFSF）」である．メルケルは，ギリシア支援を訴えた2週間後，「ユーロが失敗すればヨーロッパが挫折する」と警告しつつ新制度への参加を再び議場で訴えた[2]．

　この後EU・ユーロ圏諸国は，簡易修正手続き（政府間会議を招集せず，首脳会議の議決による）によって別立ての条約を結び，恒久的な制度として「欧州安定メカニズム（ESM）」を設立した．また，本来，SGPが守るはずであったユーロ圏諸国の財政規律を確保すべく，「ヨーロピアン・セメスター」制度（加盟国の経済政策を導き，その執行を監視するための年次サイクル）を導

---

1) *Bulletin der Bundesregierung*［以下，*Bulletin*］Nr. 48-1 vom 5. Mai 2010, 2.
2) *Bulletin* Nr. 55-1 vom 19. Mai 2010.

入し，各国の予算・財政政策を経済政策全体の中に位置づけて行う調整を緊密化した．従来は，経済政策の調整はガイドライン・ベースでゆるやかに行われてきたが，マクロ経済の指標がスコアボード化され，いずれかの項目について過剰な不均衡があれば強制的に是正されることになった[3]．さらに 2012 年 3 月には，イギリスとチェコを除く EU 加盟 25 カ国が「財政協約（Fiscal Compact）」（正式名は「経済通貨同盟における安定，調整，ガバナンスに関する条約（TSCG）」）を締結し，均衡財政からの逸脱に対する是正措置が，特定多数決によって否決されない限りは自動的に発動されることになった．また，締結国は，憲法ないし憲法と同等の法律の制定によって均衡財政の原則，いわゆる「黄金律」を自らに課することになった（Fabbrini 2013）．

これらの一連の対応を準備した加盟国間の交渉の中心には，域内生産の 2 割と輸出全体の 4 分の 1 を占め，加盟国中卓越した経済力を誇るドイツがあった[4]．メルケルは，失業の改善など，ドイツ経済の急速な回復を財政規律の成果とし，支援を求める加盟国に対しても財政再建をその条件として要求した．ギリシア支援の決定に際しては，「もしドイツが，大方の向きから要求されたような早期に，十分な決定の根拠なしに同意していたとしたら，必要な自助努力を条件とするギリシア・プログラムを手にすることは絶対になかったであろう」，「より早い時期に十分な根拠なき援助を決めていたとしたら，重い債務を負ったユーロ圏加盟国が自ら財政再建の努力を行わずとも即座に寛大な支援を仰ぐことができるという期待を高めたであろう」，と強調した[5]．支援の受け手に厳格な「コンディショナリティ」を課する姿勢は，緊急支援制度の構築に際して貫かれていたし，ギリシアへの第 2 次支援やその 1 年後に実行されたキプロス支援に際し，民間投資家・預金者に債権の減額（「ヘア・カット」）を求めるにまで至ったのである（Bulmer 2014）．

しかし，ユーロ危機におけるこのようなリーダーシップのあり方は，多くの

---

3) http://ec.europa.eu/economy_finance/explained/the_financial_and_economic_crisis/responding_to_the_debt_crisis/index_en.htm（経済金融問題担当委員のウェブサイト）；藤井（2013）．
4) *Economist* June 15, 2013.
5) *Bulletin* Nr. 48-1 vom 5. Mai 2010, 6.

論者の批判の対象となった．イギリスのドイツ研究を代表するパターソンは，支援を与える側に立ったドイツが，威圧的な態度をとり危機に瀕する南欧諸国との二国間交渉を強引に進めた，とし，フランスとの共同歩調を尊重し，小国への配慮を欠かすことなく欧州統合を前進させてきた「反省的多国間主義 (reflexive multilateralism)」は見る影もなくなった，と断じた (Paterson 2014; Bulmer 1997)．また，加盟国間の政策を共通化する際に踏襲されてきた「共同体方式」に対し，いわゆる政府間主義 (intergovernmentalism) を「連合方式」として再評価しようとするメルケルの姿勢[6]にも大国の驕りを指摘した (Paterson 2014, 169)．ドイツの社会学者ベックの診断はさらに厳しい．債務危機の中で対応策への着手を遅らせてきたメルケルは，デフォルトの危機に瀕した国々が支援を求め，経済的破滅への懸念が深まった状況を，あたかもマキャヴェリが描いた君主のように好機として利用し，重債務国には財政規律の回復を説く一方，国内では欧州統合に慎重な支援反対派を抑えつつ来るべき選挙への備えを進めている，とした (Beck 2012)．

　これらの評価の当否はともあれ，ユーロ債の発行などによる財政統合の強化にまで踏み出すことをせず，あくまでも現行規定の枠内で危機対応を続けるとしても，国内の支持は依然として維持されねばならなかった (Paterson 2014; Busch 2014; Bulmer 2014)．戦後ドイツでは，キリスト教民主同盟 (CDU) を初めとする主要政党の間に欧州統合に対する積極的関与が拡大し，国民もヨーロッパをそのアイデンティティの不可分の要素として育んできた，といわれる (Anderson 2005)．しかし，ヘルムート・コール首相が 1990 年代初頭のマーストリヒト条約の締結に際し，世論の反対をおさえて共通通貨ユーロの段階的導入を決断して以降，通貨政策を初めとする統合に対する国民の関心は高まってきた．その上，コールの後を襲い，緑の党 (90 年同盟・緑の党) とともに中道左派連合を率いたドイツ社会民主党 (SPD) のゲルハルト・シュレーダーは，ドイツの国益をより直截に主張するスタイルをとり，伝統的な「反省的多国間主義」に新たな要素を加味した (Bulmer 2014; Paterson 2014)．こうして欧州統合は，選挙を前にした政党が好んで取り上げる主要な争点の 1 つとなった

---

[6] *Bulletin* Nr. 111-1 vom 2. November 2010.

のである.

　キリスト教民主同盟・社会同盟（CDU/CSU）と自由民主党（FDP）との連立政権として発足していた当時のメルケル政権に対し，野党 SPD は，ギリシア支援策や EFSF 設立の決定に際して棄権票を投じるにとどまった．しかし，メルケルが進めたその後の対応策については，それらを承認するのみならず，ユーロ圏債務の共同負担を是認する立場へとその主張を次第に変えていった[7]．緑の党もこれと同様の立場をとったが，ESM のヨーロッパ版 IMF への拡充や将来におけるユーロ債の導入の主張など，統合に対するより積極的な姿勢を明確に打ち出した（Busch 2014, 207）．これに対し，旧東独の体制政党であった民主社会主義党（PDS）や，シュレーダー首相が敢行した労働市場改革に反旗を翻して SPD を脱党した左派グループを迎えて生まれた左翼党（Die Linke）は，EU に対し一貫して批判的であり，債務危機への対応策についても反対票を投じ続けた．

　メルケル首相にとっての問題は，これらの小党ではなくむしろ連立与党の内部にこそあった．CDU の姉妹党のバイエルンのキリスト教社会同盟（CSU）は，党是の連邦主義を強調して統合の推進に懐疑的であったが，2008 年から党首であったホルスト・ゼーホーファーは，ドイツの負担に上限を設けることを強調してメルケルの危機管理を牽制した．また，グィド・ヴェスターヴェレを追い落として FDP 党首兼副首相についたフィリップ・レスラーも，ギリシアのデフォルトとユーロ圏からの脱退を公に論じて政権内に亀裂を深めた．その背景には，同党が州議会での議席喪失を重ね，非主流派が ESM の設立に反対する党内投票を行うなど，党運営の不安定化があった．もっとも，国民の間に広がった統合への懐疑は，この FDP ではなくユーロ圏の秩序ある解体を掲げて結党したばかりの「ドイツのための選択肢（Alternative für Deutschland: AfD）」によって汲み上げられた．2013 年の連邦議会選挙では，5% の敷居を下回った FDP が戦後初めて連邦議会から姿を消したのに対し，議席を得るには及ばなかったものの AfD が 4.7% の得票率を獲得したのである[8]．

---

[7]　Kornelius（2013, 255）; http://www.faz.net/aktuell/politik/inland/spitzentreffen-fiskalpakt-und-esm-werden-noch-im-juni-ratifiziert-11784328.html

[8]　2011 年 9 月に行われたベルリン市議会選挙においても FDP は大幅に得票を減じて議

メルケル首相の危機管理に対し，諸刃の剣とも言うべき役割を果たしてきたのがドイツ連邦銀行である．かつて連銀は，物価の安定を最優先の目的に掲げ，政府から独立して金融政策を自律的に遂行する連邦共和国の中央銀行であった．連銀の反対を抑えてコール首相が経済通貨同盟（EMU）を実現し，1998 年に欧州中央銀行（ECB）がフランクフルトに設立されてからは，かつての連銀と同じ政策目標を掲げる ECB の金融政策を，ドイツの金融市場において執行する機関となった．したがって，ユーロ圏・EU 加盟国の政府による危機対応が後手に回る中，金融政策を果断に行使して EMU を破綻から救ったのはECB である．ECB は，欧州各国の国債の格付けがソブリン危機の中で引き下げられたにもかかわらず，公開市場で操作対象とする国債の基準を下げることで金融機関に流動性を供給し続けた．また，金融機関に対し，国債を買い戻す期間を段階的に通常よりも延長し，長期の資金を供給した．その上，マリオ・ドラギ新総裁は，2012 年 9 月，「国債購入計画（OMT）」と銘打ち，担保をとらずに流通市場から国債を買い切るプログラムを公表したのである[9]．しかし，このような非伝統的な金融政策に批判的であったアクセル・ヴェーバー連銀総裁は職を辞し，ECB のユルゲン・シュタルク専務理事（チーフ・エコノミスト）も後に続いた．中央銀行による財政赤字の穴埋めを認めようとはしない彼らは，従来の政策を逸脱しようとする ECB の政策を糾弾しつつ，物価の安定と健全な通貨を重んずる世論を共鳴板としてメルケルの進める危機対応策を側面から援護したといえよう[10]．

　こうして，連銀の批判が ECB 内部の異論にとどまったのに対し，連邦憲法裁判所（Bundesverfassungsgericht: BVG）の判決は，メルケル政権の危機対応策を直ちに停止させる可能性を孕んでいた．2012 年 9 月，BVG は一定の条件を付しながらも，ESM と財政協約へのドイツの参加を合憲と判断したが，判決の帰趨はドイツ国内のみならずヨーロッパ中から固唾をのんで見守られた

　　席を失っていたが，この時，8.9% の得票率をもって初めて州議会に議席を得た新勢力は海賊党（Piratenpartei）であった．
9)　https://www.ecb.europa.eu/mopo/implement/omo/html/index.en.html
10)　ヴェーバーの後任者のイェンス・ヴァイトマンは，ドラギ総裁に ECB の決済システムにおける各国の中央銀行間の貸借関係を個別化すべきだとして通貨同盟の実質的解消を示唆した（Jones 2013, 165f.）．

のである.

　BVGは，国家行為の全般にわたって基本法との適合性を審査する権限をもつ法治国家の番人であり，その権威は国民の間に広く浸透している．欧州統合に関しては，欧州司法裁判所（ECJ）が唱えるヨーロッパ法の絶対的優位論に対し，当初は諸条約が基本権の規定を備えていなかったことを理由に，ヨーロッパ法を基本法に照らして審査する権限を留保してきた．とりわけ，マーストリヒト条約をめぐっては，国家連合にすぎないEUは加盟国との間に権限を配分する権能をもたず，条約を締結する主体は加盟国である点を強調し，統合の進展に対する慎重な姿勢が強調された（中村・須網編 2007, 32-42）．また，リスボン条約の批准（2008年）に際しても，連邦議会と連邦参議院の審議と議決を重視しつつ，基本法には両院さえもEUに移譲しえない権限が定められており，それらの権限が守られているかどうかを最終的に判断するのはBVGである，との判断を示して注目された（Höreth 2014, 95-101）[11]．BVGは，2011年にギリシア支援とEFSF，さらにその翌年にはESMと財政協約を対象として提起された「憲法異議」や「機関争訟」（第2章第1節・第4節参照）の訴えに対しても合憲の判断を繰り返した[12]．一方，2014年2月には，ECBが予告したOMTが，リスボン条約の規定するECBの権限を超えるものかどうかの判断をECJに委ねた．BVGがECJに対して「先決裁定」を要請するのは史上初めてである[13]．しかしながら，ドイツ政府が新たな対策を打ち出すたびに，今後とも裁判所に法的判断が求められる点に変わりはない．社会的権威をもって紛争の政治化を抑制する役割を期待されてきた裁判官と銀行家は，債務危機においてはこうして逆にその争点化を増幅したのである．

---

[11] 注目すべきことに，BVGは，個人が条約の違憲性を訴える論理を連邦議会議員の選出のあり方を定める基本法38条1項1文から導き出して憲法異議を認めた（Höreth 2014, 74f.）．

[12] EFSFについては，融資を決定するために連邦議会内に設けられた特別委員会の活動をいったん差し止めた後，厳しい条件を付した上でその始動を認めた．

[13] http://www.zeit.de/wirtschaft/2014-02/ezb-anleihenkaeufe-eugh-entscheidet

2. ヨーロッパのドイツか,ドイツのヨーロッパか

　第2次世界大戦後に始まった東西冷戦の中,分断国家として出発した連邦共和国(第1章)にとっては,欧州統合は国家主権を回復し,西側の国際社会に復帰するための貴重な手がかりであった.石炭鉄鋼共同体は,19世紀から争いを重ねてきた仇敵フランスとの和解であったし,共同市場の形成は隣国との通商を拡大し,輸出が主導する経済の復興と成長を助けた.第1次オイルショックに始まった低成長の時代においても,西ドイツは他国に優越する経済力をもって共同体の主柱となりつつ,「反省的多国間主義」を守りながら統合の拡大と深化に積極的に関与し続けたのである.

　欧州統合の進展は,単に西ドイツの国益に資していただけではない.域内市場を中心として隣接領域に波及した政策の共通化と,それを積み重ねて生成した共同体の政体は,共同体と不可分に発展した連邦共和国の「協調的連邦制」(第2章第3節)の相似形ともいうべきものとなった.「協調的連邦制」においては,連邦が州(ラント)との協調を積極的に進めることによって初めて政策の目的が達成される.一方,連邦がその立法権限を拡張してきたにもかかわらず州がその固有の存在を保持しているように,EUを構成する加盟国も「補完性の原則」の下にその主権を守ってきた.また,州政府が連邦参議院を場として連邦の立法に加わるように,加盟国の政府は理事会を構成し,欧州委員会が提案する法案を欧州議会とともに決定する(共同体方式).さらに,連邦法が原則として州の行政によって執行されるように,行政資源に乏しいEUは,ヨーロッパ法の執行を加盟国に委ねる.いずれにおいても,諸政府がコンセンサスによる決定をめざし,上位と下位の政府が緊密な行政ネットワークによって結びつけられる点において共通する.その上,「域内市場」の競争秩序も,西ドイツの「社会的市場経済(soziale Marktwirtschaft)」を支える「秩序政策(Ordnungspolitik)」の理念と親和的に形成されてきた.国家は,市場経済に対する直接の介入は許されないが,その競争秩序の健全性を保ち,必要に応じて社会政策を講ずる,という観念が共有された.規制政策における法的手段の優位や,司法権による法的判断が政治的紛争の解決に大きな役割を果たす,と

いう意味での「法律主義（legalism）」の優位も共通の特徴である．カッツェンシュタインやバルマーは，連邦共和国がEUとの間でこのように幅広い制度的「合致（congruence）」を享受するゆえに，その国益を一方的に主張せず，それどころか国益そのものを欧州統合と一体化させ，国民のアイデンティティの一部にも組み込んできた，という（Katzenstein 1997; Bulmer 1997; Schmidt 2006）．

　こうしてEUの中に埋め込まれ，「馴致されたパワー（tamed power）」（Katzenstein 1997）であったはずのドイツが，債務危機にあってはなぜ強圧的ともいえる姿勢で財政規律を強調したのだろうか．ベックのいうように，欧州統合とは異質の世界に生まれ育ったメルケルが，物価の安定を尊重する国民の間から戦略的に支持を集めようとしたのだろうか．それとも，健全財政に代わる代替案を求める強い声が国内から聞こえてこなかったように，メルケルも「安定性の文化（Stabilitätskultur）」[14] に深く染まっていたのだろうか（Howarth and Rommerskirchen 2013; Jones 2013）[15]．ユーロ危機の中で浮き彫りにされたヨーロッパとドイツの緊張関係を理解するためには，かつてカッツェンシュタインが「半主権国家（semisovereign state）」として定式化した連邦共和国の政治構造をふまえ（Katzenstein 1987），冷戦が終焉する中で達成された国家統一を経て「半主権国家」が歩んできた道のりを振り返ってみなければならない[16]．第2次大戦後，占領国が多くの権限を留保したままで創設された連邦共和国が対外的に「半主権」的であった点には疑問の余地がなかろう．カッツェンシュタインがあえて「半主権国家」と呼んだのは，連邦共和国の国内政治の特質を強調するためでこそあった．「集権化された社会」が3つの「結節

---

14) *Bulletin* Nr. 55-1 vom 19. Mai 2010, 5, 7.
15) コルネリウスによれば，2011年秋に救済策への支持は最低となり，メルケルは孤立を深めた．世論は，緊縮を強いられたギリシアに同情を寄せるという「分裂症的な」反応を見せたが，メルケルの緊縮策に代わる対案を説得的に提示できる主体はなかった，という（Kornelius 2013, 240）．
16) ソブリン危機に見舞われた国々との連帯のために，ドイツが域内の成長を促す積極政策に転ずることなく緊縮策を要求し続けた理由が，国家統一（とそれに続いた東部への支援，ユーロの導入，そして労働市場改革）の後にソブリン危機が到来した，という「タイミング」にあった，とする指摘は，Newman (2015)．これに対し本書は，さらに進んで国家統一の帰結に対する政策対応の政治過程を追跡する．

点 (nodes)」，すなわち政党，「協調的連邦制」，そして「準公的制度 (para-public institutions)」を通じて「分権化された国家」（中央集権ではない連邦制国家）に媒介され，政策ネットワークに結び合わされる国内政治においては，連邦首相ないし連邦政府は，他の国家機関のみならず，よく組織された社会のさまざまな主体によっても制約を受け続けた[17]．「準公的制度」とは，公法上の制度ではあるが省庁組織からは切り離され，そこにおいて国家と社会の主体が政策の執行を共に担う多様な制度のことである．このような「半主権国家」は，国家統一によってもたらされた課題の解決にどのようにして取り組み，その結果，いかなる変容を遂げることになったのだろうか．

3. 国家統一と「半主権国家」[18]

1989年11月，東西ドイツを分け隔てていた壁が崩壊した後，コール首相が率いる西の連邦共和国は，早期統一を求める東ドイツ人民の要請に応え，新5州を連邦に編入する形で翌年の10月，東ドイツとの国家統一を果たした．統一後，すでにエーリッヒ・ホーネッカー第一書記の時代に行き詰りを深めていた東独の経済体制は，信託庁 (Treuhandanstalt) が進める民営化によって瓦解を速め，大量の失業者を生み出した．連邦共和国は，社会保険制度を動員して社会的不安の昂進を防ぐ一方，新5州へ財政支援を投入し，東部における社会と産業の基盤を確立しようとした（第5章）．

---

[17] 国家と社会のそれぞれにつきその集権度にカッツェンシュタインが注目したのは，先進国の対外経済政策に目標や手段の相違をもたらす要因を歴史的に説明しようとしたからであった．6カ国が次のように分類された．

先進国の国家と社会の集権度

社会＼国家	高	低
高	日本	西ドイツ，イタリア
低	フランス，イギリス	アメリカ

出典：Katzenstein (1978, 324)

[18] 統一後10年の時点におけるドイツ政治学会の総括は，Czada und Wollmann Hg. (2000)．Katzenstein (1987) の枠組みにしたがって2000年代前半に「半主権国家」を再評価しようとしたのは Green and Paterson eds. (2005)．生産システムの観点からの総括は Kitschelt and Streeck (2003)．

労使間の団体交渉制度とならび，「集権化された社会」を国家に媒介する「準公的制度」としての大企業の経営における共同決定や，事業所ごとに設置される事業所委員会など（第4章第1節）も東部に移植された．これらの制度はいずれも，戦後の西ドイツの労働運動が経営者に対して一定のコントロールを及ぼそうとして追求したものであった（企業経営における共同決定制度は，石炭鉄鋼業から始まった）．しかし，生産の本格的回復を待たずに急いで賃金水準が引き上げられたために経営はひっ迫し，労使双方の団体組織が崩れ始めた．もっとも，政府との良好な関係を背景として輸出部門の労使が賃金交渉を先導し，産業全体の賃金水準を平準化させる「ドイツ・モデル」は，すでに統一前から構造的な問題を抱えていた，とも強調される．欧州統合やグローバル化の進展によって激化した対外的競争に直面した企業が，高齢労働者を退出させて競争力を維持しようとした結果，年金や失業給付など，賃金の一定部分を保険料として労使が負担する社会保険制度への負荷が増大した．保険料率の引上げは，とりわけ生産性の低い国内の非競争的部門における経営を圧迫し，雇用の成立を妨げ，ビスマルク型福祉国家の財政基盤を逆に侵食していたのである．労働市場の柔軟化や社会保険制度の改革によって製造業以外の産業分野にも雇用を拡大し，「雇用なき福祉」の悪循環を断ち切ることがすでに課題となっていた（Scharpf and Schmidt eds. 2000; Streeck 1997; 本書第4章第3節）．

　このような問題を解決すべく，統一後のコール政権とそれに続く第1次シュレーダー政権は，労使との間に協議の場を設けたものの大きな成果をあげられなかったばかりか，年金改革では連邦参議院を抵抗の拠点として相互に改革の実現を妨げ合おうとし，「改革の停滞（Reformstau）」をもたらしもした．ドイツ経済は，おりしも発足したばかりのEMU内の実質金利高に苦しんで成長を鈍化させ，大量の失業者をかかえた「ヨーロッパの病人」とまで言われたのである．しかし，再選を危ぶまれたにもかかわらずシュレーダー首相が続投を決めて「ハルツ改革」と呼ばれた労働市場改革を断行した上，その後に二大政党によって担われたメルケル大連合政権は医療保険改革を進めた（第6章）．一方，第2次シュレーダー政権は，「改革の停滞」を生む原因とされた連邦制度の改革にも着手し，メルケル大連合政権がこれを引き継いで「協調的連邦制」の行き過ぎた錯綜関係を解きほぐし，州の立法権限を拡大するための第1次改

革を実現した（2006年の「連邦制改革Ⅰ」）．また，この第1次改革に続き，連邦と州が一定の経過期間を経てプライマリー・バランスを達成し，連邦がその借入れを国内総生産（GDP）比での一定比率内に抑制する，いわゆる「債務防止ブレーキ」の規定が基本法に盛り込まれた（2009年の「連邦制改革Ⅱ」）（第7章第3節・第4節）．

この新規定こそが，2010年5月，EMUの存続と安定化のため，メルケルがギリシア支援への支持を連邦議会に訴えた際に言及したものであった．彼女は，どのような困難を極めようとも条約の改定を辞さない，と強調しつつ，「われわれは，わが国の市民，ならびに将来の世代に対して責任を負う（schuldig）ものと確信している」，「われわれが近年，わが国の憲法に債務防止ブレーキを設け，来年から施行される運びとなった，ということは，わが国の運営自体にとっても正しい方向を示すものだ」，と力説したのである[19]．

健全財政へのこのように強い関与は，国家統一以来，持続されてきた東部への財政支援の重みを考え合わせるとき，より切実なものとして理解される．東部建設のための財政支援は，当初設けられた「ドイツ統一基金」（設立以降の積増しの結果，1990年から5年間の資金総額が822億ユーロ）以降，新5州を財政均衡制度（第2章第3節）に組み込んだ上で連邦から特別の補充交付金を振り向け，投資を奨励した「連帯協定Ⅰ」（1995年以降の10年間に交付金と投資奨励のそれぞれについて総額820億ユーロと240億ユーロを支給）が1993年に結ばれ（第5章第2節），さらに2001年にはその延長として「連帯協定Ⅱ」（2005年以降の15年間における総額1560億ユーロの規模に及ぶ支援）が決定されたのである（第7章第2節）．2014年，首相府の東部問題担当相イーリス・グライケが公表した「ドイツ統一の現状に関する年次報告書」によれば，四半世紀にわたって支援が続けられたにもかかわらず，東部の一人当たりGDPはなお西部の7割の水準にとどまっていた[20]．生産立地の飛地的確立

---

19) *Bulletin* Nr. 48-1 vom 5. Mai 2010, 10.
20) Die Beauftragte der Bundesregierung für die neuen Bundesländer (Hg. von Bundesministerium für Wirtshcaft und Energie), *Jahresbericht der Bundesregierung zum Stand der Deutschen Einheit 2014*; http://www.zeit.de/gesellschaft/zeitgeschehen/2014-09/wiedervereinigung-solidarpakt-einheit-laenderfinanzausgleich

をのぞけば，東部の経済構造全体の脆弱性はいまだに克服されておらず，統一が残した負の遺産は現在においてさえ解消されたとは言い難い．しかし，すでに新たな連帯協定についても締結の準備が始められており，東部建設への取り組みが完全に解消されるとも考えにくい．

　メルケルが，財政協約によって他国にもその憲法化を迫った「債務防止ブレーキ」は，他ならぬドイツが国家統一後に背負った財政赤字の重荷を克服するために自らに課した縛りでもあった．労働市場改革との関連でなされた社会保険制度の改革や，新5州の財政均衡制度への組み込みと東部建設に向けた持続的な財政支援の文脈において着手された連邦制度の改革も，国家統一が後に残した課題に応えようとするものだったのである．また，これらの制度改革とは位相がやや異なるが，同じく国家統一がその転換に向けた大きな圧力となった領域として移民や難民を対象とする政策があった（第8章）．統一がその一部を構成した国際秩序の地殻変動が人の大移動を生み出し，すでに国内に長期滞在していた外国人労働者の処遇とあいまって「ドイツは移民国家ではない」とする臆見を捨て，現実を直視するよう強く迫ったのである．

　こうした改革の試みが重ねられた結果，「半主権国家」の国家と社会はさらなる変容を遂げることになった．もちろん，基本法の制定によって創設された「半主権国家」は（第1章），戦後社会の変容に応じ，国家制度を大きく改革する局面も経ていた．しかし，こうして発展をとげた「半主権国家」にとり，冷戦が終焉する中で早期に達成された国家統一こそは国家創設以来の歴史的な画期となった．「分権化された国家」は，統一後に州の間の格差を拡大し，その格差を緩和するための連邦の関与を強めた．国家統一の直後には，東部建設をめぐり，本来は経済構造政策を担当すべき新5州のみならず，信託庁を手段とした連邦政府，ならびに欧州委員会，あるいは他の加盟国までが政策の形成に影響を及ぼす事態にまで至った（Czada 1999, 404f.; Nägele 1997）．また，「集権化された社会」においても，労使の団体からの加盟者の脱退が西部まで波及し，産業部門や地域をまたぐ賃金調整の仕組みに支障が生じた．そして，国家と社会を媒介する3つの「結節点」も同じく変化を免れなかった．すなわち，第1に，二大政党を中心とする政党システム（第3章），第2に「協調的連邦制」（第2章第3節），そして第3に，「準公的制度」としての連銀，社会保険機関，

連邦雇用庁など（第4章），いわば，社会のさまざまな変化が国家に及ぼす衝撃を吸収し，それに対応する政策の形成を促す緩衝器の役割を担う諸制度の変化である．政党システムでは多党化が進み，州レベルの連合政権の構成の多様化が進んだ一方，著しく脆弱な財政力をもつにすぎない州を抱え込んだ連邦制度は二度に及んで手直しを受け，財政均衡制度も調整を重ねられた．また，ユーロ圏の中央銀行としてECBが登場した結果，連銀は労組の賃金政策を規律付ける金融政策の手段を喪失し，連邦雇用庁も「新公共経営（NPM）」の理念に沿ったハルツ改革の結果，連邦雇用エージェンシーに転換され，労使による社会的自治の要素を後退させた．

　以上の諸改革は，「半主権国家」に特徴的な「漸進主義的」な政策変化（第1章第1節）の蓄積の成果と考えるべきだろうか．それとも，ビスマルク型福祉国家や連邦制度の改革は，未完の改革に過ぎず，連邦共和国は依然として現状固定に陥ったイモビリズムに囚われているのだろうか．あるいは，国家と社会，そして両者を媒介する3つの「結節点」としての政党，「協調的連邦制」，「準公的制度」のすべてが何らかの変化を遂げたからこそ，ドイツはなおも「半主権国家」として機能し続けているのだろうか．本書は，国家統一が残した負の遺産を乗り越えようとする政治的な試みとその積み重ねの軌跡を振り返り，その到達点としてのドイツ政治の現在を理解することを目的とする．

第1章 「半主権国家」の形成──占領と連邦共和国の成立

1. 分権化された国家，集権化された社会，両者を結びつける結節点

　米英仏の3カ国は，ドイツ連邦共和国の成立後においても共和国の主権を厳しく制限し続けた．この意味において連邦共和国を「半主権国家」と呼ぶことに新味はないのかもしれない．しかし，カッツェンシュタインの慧眼は，共和国が対外関係ではなく（Katzenstein 1987, 9），国家権力が多くの国家機関の間に分有される国内政治においてこそ半主権的である点を強調したところにあった．

　連邦共和国では，その創設時に11を数えた州が連邦を構成する．立法については，連邦が競合的立法権（第2章第3節参照）の活用を通じてその領域を拡大することになったが，元来，基本法は連邦の権限として列挙したもの以外の残余を州の権限とし，そこに文化高権（Kulturhoheit）と呼ばれる学校や放送などの領域を初め，官吏の人事や警察権，地方自治体の組織に関わる権限などを含ませた．一方，法律の執行については，外交や国防などを除き，原則として州が担当し，行政官僚制の主要な部分は州が備えることとなった．また，州政府の代表が構成する連邦参議院が常設の機関として発足し，重要な連邦立法の多くがその同意を得て初めて成立することとされたために，州政府は立法過程においても連邦政府に対して影響力を及ぼすことができるのである．

　さらに，国家行為の全体にわたり，基本法への適合性について判断を下すBVGが設けられた．BVGは，他の裁判所が構成する審級制度から独立し，連邦と州の間や連邦の国家機関相互の間の権限の争い，ならびに個々の法令や他の裁判所が審議する案件に関わる限りでの適用法令の合憲性，さらには基本権の侵害を理由として個人が提訴する「憲法異議」などを対象として判決を積み重ねてきた（第2章第4節）．中絶の自由化から東ドイツとの間の基本条約，

あるいは大学改革や共同決定制度などをめぐり幅広く下された判決は，時々の党派間対立に決着をつけるとともに，基本法の規範をもってその後の立法を枠づけただけではなく，世論からも支持を集めて法的規範の定着を促す役割を果たした．

　ボン基本法は，ナチズムの台頭を許したワイマール共和国の経験を踏まえ，議会制民主主義の安定的な運営を目的として起草された憲法として知られている．戦前のライヒ首相は，確固とした議会多数派の支持を後ろ盾とすることができず，場合によってはライヒ大統領が発する緊急令を頼りとしてはじめてその地位を維持しえた存在であった．これに対し，基本法は政権運営に対する連邦大統領の介入を極力排し，いわゆる「建設的不信任」投票の制度（67条）を導入し，連邦議会が新たな首相候補者について一致することなしには，現職の連邦首相を退かせることはできないとした．連邦議会から信を問われるのは連邦首相のみであり，連邦政府の閣僚は首相によって推挙され（連邦大統領から）任命される（64条）．したがって，閣僚には所轄事務における責任が認められ（所轄原則），閣内に見解の相違が生ずれば合議によって一致が目指される（内閣原則）としても，それらは連邦首相が政権運営の基本方針として定める「政綱（Richtlinien der Politik）」を前提としており，連邦首相の立場はライヒ首相の場合よりも格段に強化された（65条）．しかし，このように強い統率権を与えられた連邦首相であっても，新たな政策を実現するには連邦参議院の多数派との間で事前の調整を行わねばならないし，BVGの見解に慎重な配慮を欠かすこともできなかったのである．

　国家権力がこのように多くの機構間に分散されたのに対し，社会の主体はきわめて高度に組織化された．社会の集権化が典型的に見られるのは経済界である．商工会議所（Industrie- und Handelskammer）は，ナポレオンの影響を受けてプロイセンに成立した商業会議所に起源をもつ最も古い組織である（Ullmann 1988）．それぞれ独自の会議所をもつ農業や手工業を除き，地域の産業全体を代表する公法上の団体であり，職業訓練の場を提供し，職業資格試験を実施するなど，公的な役割を担う[1]．これに対し，ドイツにおける産業化が

---

1) アメリカ占領区では民法上の組織として出発した（Berghahn and Karsten 1987, 168f.）．また，80の会議所を連邦レベルで束ね，政治的に利害を代弁するドイツ商工会

本格的に進展し，国民国家が形成された 19 世紀後半となって国家や労働運動に対する民間の団体である使用者団体と経済団体が組織された．連邦共和国では，連邦レベルの頂上団体としてドイツ使用者連盟（Bundesvereinigung der Deutschen Arbeitgeberverbände: BDA）とドイツ産業連盟（Bundesverband der Deutschen Industrie: BDI）が知られている（Berghahn and Karsten 1987; Schroeder 2013）．前者は，農業や商業，保険業なども含め業界ごとに形成された 54 の団体と 14 の州単位の地域団体を通じ，およそ 6500 を数える使用者団体を傘下に収める．一方，後者は，連邦レベルの 37 の業界団体と 15 の州別の団体を加盟団体とし，総勢およそ 600 の団体を束ねている．BDA は，労組を相手方とする協約の締結や争議への対応，あるいは社会保険制度の運用を担当し，政治的な利益代弁活動を任務とする BDI との間で明確な分業関係にある．団体は，より多くの加盟企業を取り込むほど団体としての発言力を強めることができるが，他方では多様な利害を有する企業間の調整がより困難になる．このようなジレンマを回避するために，団体がさらに上位の団体に加盟する多層的な組織構造が発達したといわれる．

　もっとも，1990 年代になって情報関連企業が加わる団体が BDI とは別に設立されるなど，経済団体はグローバル化の進展によって多様化した産業社会に対応し切れていないともいわれる．労働協約に拘束されない加盟資格を設けるなどの対策にもかかわらず，国家統一以降に加わった東部の企業が，使用者団体から脱退する事態も注目を集めている．80 年代半ばには半分以上の加盟率を保った西部の金属業団体は，90 年代半ばにおよそ 4 割，2009 年にはおよそ 3 割の加盟率にまで落ち込んだ（2009 年の東部ではわずか 7% にとどまる）(Schroeder 2013, 708f.)．

　一方，労働の側では，組合組織が使用者団体との団体交渉に臨んで協約を締結し，場合によっては争議を遂行しつつ，労働者の利益を政治的にも代弁する役割を担った．連邦共和国における全国組織は，ドイツ労働総同盟（Deutscher Gewerkschaftsbund: DGB）である．戦前の労組は，党派別に分かれて組織されたが（Richtungsgewerkschaften），戦後は党派の違いを超え

議（Deutscher Industrie- und Handelskammertag: DIHK）も民法上の組織である．

た統一労組となった（Einheitsgewerkschaften）．当初は，職能身分上，労働者とは区別された職員層が別建ての労組を結成したが（ドイツ職員労働組合 Deutsche Angestelltengewerkschaft: DAG），2001年に公共，民間両部門のサービス業を対象とする統一サービス産業労働組合（Vereinte Dienstleistungsgewerkschaft: Verdi）が産別労組として DGB に加わった．公務員労働組合（Deutscher Beamtenbund: DBB）やキリスト教労働組合（Christlicher Gewerkschaftsbund Deutschlands: CGB）が，なおも別組織に留まっているものの，DGB は，2011年末の時点においておよそ 620万人の組合員を擁し他を圧倒する労組のナショナル・センターである．当初は 16 を数えた傘下の産別労組（Industriegewerkschaften）が，それぞれの業界の使用者団体を相手として労働協約を結んできた．戦後の高度成長期に実質賃金をほぼ 3 倍にまで伸ばし，第 1 次世界大戦後と比べて労働時間を半減させたのは組合運動の実績である（Mielke und Rütters 2013, 279）．

　経済団体とは異なり，これらの産別労組は，相互に合同を重ねることによって就業構造の変化に対する対応を試みてきた（現在の産別労組数は 8 である）．しかし，国家統一後は旧東独の労働者の加盟によって一時的に組合員数を回復させたものの，その後の脱退もあって長期的退勢を逆転させることができず，1970 年代半ばには 34％ を数えた組織率が 2011 年には 20％ にまで低下した（ibid., 276）．

　利害の組織的集約は，労使に限られず他の職能身分についても進んでいる．農業利益については，ヨーロッパ・レベルにおける共通農業政策の制度化によって必要性が低下したものの，各州の農民組織が参加する頂上団体（Dachverband）としてのドイツ農民連盟（Deutscher Bauernverband: DBV）が農民の 9 割以上を組織する．国家統一後も，旧東独の集団農場の経営形態を引き継いだ農民が，州単位の組織を形成して頂上団体への加盟を成功裡に果たしたが（Heinze 2013），これは連邦制度が社会の組織原理としても定着していることを示す好例となった（Lepsius 1990, 69）．また，医師の組織は，ビスマルク期の疾病保険制度の導入に際し，先行して制度化された疾病金庫（Krankenkasse: 労使自治の歴史的伝統をもつ公的医療保険機関）に対抗するために医師利害の集約を試みたハルトマン同盟（ドイツ医師連合会，Hartmannbund）が，

1930年代の緊急令によって公法上の団体の保険医協会（Kassenärztliche Vereinigungen）に転化されたという特異な前史が存在する．医師の資格や免許，職業倫理などの身分的自己規律を目的とする州レベルの医師会（Ärztekammern）と並び[2]，この保険医協会は，疾病金庫を主たる相手方とする診療報酬の決定や，公共政策としての医療費の抑制に携わる限りでは公法上の地位をもつが，ハルトマン同盟と並び医師集団の利益を政治的に代弁する役割も同時に果たす．

　カッツェンシュタインは，このように分権的な国家とよく組織された社会を3つの「結節点」が緊密に結び合わせることにより，ドイツの政策変化を「漸進主義的（incremental）」なものとし，政治に安定をもたらすとして積極的に評価した（Katzenstein 1987, 10, 350, 362）．3つの結節点の第1は，社会の多様な利益を代弁し，対立する利害間の調整をはかりつつ政策の形成を進める政党である．左右の二大政党であるCDU/CSUとSPDが中道を志向し，小党のFDPがこれらのいずれかとの間で連合政権を形成する，という求心的な競争メカニズムをもつ政党システムが念頭におかれる．第2は，州相互間の（水平的）協力とならび，州と自治体が本来果たすべき任務を遂行することが困難となる局面において連邦が協力的に関与する「協調的連邦制」の仕組みである．とりわけ，60年代末の大連合政権によって進められた，連邦，州，自治体間の税収分与（主要3税の共同税化）や，大学の拡張・新設，地域経済構造の改善，農業構造および沿岸保護の改善における連邦の出資や事業計画への参与（基本法91a条），ならびに教育計画・科学研究奨励での協力（91b条）などの「共同事務」の新設，あるいは連邦から州への財政補助の制度化によって強化された政府間関係である．第3は，社会の組織利益に対して政策形成に関与する機会を提供し，党派的対立が高まった場合にも，国家と社会の間の政治的「緩衝器（shock-absorbers）」（Katzenstein 1987, 58）として政策の執行を円滑化する「準公的制度」である．カッツェンシュタインはこれに，連銀や連邦雇用庁などの単一の制度や，多数の疾病金庫，あるいは企業における従業員の経

---

[2]　2010年末において約44万人が登録している．なお，商工会議所の場合と同じく，州の医師会が属する頂上団体である連邦医師会協会（Bundesärztekammer）は公法上の団体ではない（Gerlinger und Burkhardt 2012）．

営参加を定めた共同決定のルールなど,相互に異質な制度を含めている (*ibid.*; Busch 2005).しかし,具体的な制度としては,上に述べた商工会議所や保険医協会のように公法上の地位を有し,国家の監督下におかれつつも具体的な政策を自律的に執行する機関という点において共通する[3].

2. 占領期──連邦共和国の前史

カッツェンシュタインが,連邦共和国の政治構造を以上のように定式化したのは1980年代の後半である.新保守主義ないし新自由主義を掲げて政権に就いたにもかかわらず,コール政権が政策に「転回(Wende)」をもたらすことなく,むしろ前政権との間に継続性を際立たせた点を積極的に評価したのであった.

しかし,「半主権国家」の構造が政策変化を漸進主義的なものにするとしても,その建国以来,3つの結節点が常に連邦共和国の国家と社会を結び付け,安定的な秩序を維持してきたわけではない.連邦共和国の国家機構の大枠は,国家統一という歴史的大変動にあっても旧東独の地域に移植されたものの,いくたびか基本法の改正を伴う改変を免れなかった.また,それぞれが固有の歴史的起源をもつ社会の利益組織や政党システム,協調的連邦制,さまざまな準公的制度も独自の変化のサイクルを経てきた(Kitschelt and Streeck 2003).国家統一以前の段階では,「ドイツ・モデル」として他国に比して相対的に高いパフォーマンスを示すことができたとしても,「半主権国家」は常に内部の諸制度間に「不調和,非対称,不一致」を内包しており(Orren and Skowronek 1994),政治的不信や経済的不振,社会的矛盾の問題から決して自由ではなかった.むしろ,国家と社会の多元的主体が,内外の環境が変化するにつれて次々に浮上する政策課題の解決を試みながら「半主権国家」を「継続的に適応」させてきたというべきであろう(Czada 1999).この意味において,連邦共和国の歴史を,いくつかの変動の時期と静穏な秩序が支配する時期に截然と区別することは難しい[4].しかし,敗戦によってドイツ・ライヒの国家が消滅し

---

3) カッツェンシュタインは,準公的制度は「政治的主体であるとともに政策のアリーナでもある」としている(Katzenstein 1987, 35). Cf. Green and Paterson (2005).

てから東西ドイツが成立するまでの時期は，1つの際立った画期であり，西側連合国による占領は，「半主権国家」として再開するドイツ国家の発展に対し，決定的な「外的衝撃」(Lehmbruch 2001) となったのである[5]．

1945年6月に「ベルリン宣言」を発した英米仏ソの連合国4カ国は，ドイツ全体についてはベルリンにおかれた連合国管理理事会（Allierter Kontrollrat）での全会一致の決定により，そして，4つに分割された各占領区では最終決定権を握る各国の最高司令官の下に占領を行うことを決定した．その後に開かれたポツダム会談の結果，占領政策の基本方針は，非ナチ化（Denazification），非軍事化（Demilitarization），民主化（Democratization），分権化（Decentralization）[6] の4つ，ないしはこれに「デモンタージュ（Demontage）」（後述）を加えた5つのDと定められた．大都市や生産設備が破壊され，交通網が寸断された上に，東方からの被追放民の流入によりドイツは文字通りの「崩壊社会」（クレスマン 1995）に帰していたものの，占領軍は非ナチ的だと考える人物をドイツ側から登用して占領行政にあたらせた．

ソ連は，生産設備や鉄道線路，輸送機械などを解体し，占領区から撤収した上に（デモンタージュ），主要企業を「ソ連株式会社」に転換し，それらの生産物を賠償として徴収する一方，ポツダム会談の開始をまたずに政党活動を許可し，共産党の組織再建活動を先行させた．46年4月，共産党が主導する形で同区内のSPDとの合同が成立し，社会主義統一党（SED）が結成された．民主主義の醸成を重視したアメリカは，占領区内にいち早く州を設置し，州間の連絡調整機関として「州評議会（Länderrat）」を制度化する一方，自治体のレベルから州，占領区全体へと政党活動を許していった．戦災によって国力を疲弊させていたイギリスは，占領政策におけるアメリカの主導権を認めつつも，ドイツ側行政との連携の構築を遅らせることになった．ようやく46年2

---

4) 国家統一の前後の時点に立ってなされた連邦共和国史の時期区分の試みに，それぞれ Broszat Hg. (1990)，平島 (1994)．
5) Czada (1999) は，西ドイツにとって東ドイツとの対抗意識が与えた大きな意義を強調する．両ドイツの歴史を相互に関連付けて考察する試みにクレスマン（1995），フルブルック（2009）．
6) 政治的には，軍国主義の根源とみなされたプロイセンの解体（dismemberment）が念頭におかれたが，経済面ではコンツェルンの分解が意図された．

月,ドイツ側行政に意見交換の場として「地区諮問委員会（Zonenbeirat）」を設け,とりわけ戦後ドイツの命運を担うと目されたルール地区をめぐっては,フランスやソ連の思惑を遮断する目的でノルトライン・ヴェストファーレン州を成立させた.また,ポツダム会談に加わらなかったフランスは,賠償金の厳しい取り立てを要求してドイツの経済的一体性を軽視し,ドイツ側の州境を越える接触にさえも冷淡であった（Eschenburg 1983）.

　東西対立が明確になるにしたがい,ドイツを事実上,占領区に分割したまま懲罰的に継続される弱体化政策から,その工業生産力を回復させて西側陣営に取り込む方針に転換したのはアメリカである.占領の負担を重くみたイギリスは,アメリカの主導にしたがい,占領区を合体させた（47 年 1 月の英米占領区バイゾーン Bizone の成立）.47 年 3 月のトルーマン・ドクトリンの公表後,ジョージ・マーシャル国務長官は欧州復興計画,いわゆるマーシャル・プランを発表し（47 年 6 月）,西側占領区を含めた西欧諸国に経済支援を受け入れるための相互調整を呼びかけた（フランスもアメリカへの支持を固めた）.また,それに先立って同じく西側占領区に限定した通貨改革の実施を決定し（これに反発したソ連は管理理事会から脱退した）,英仏の賛同を得て翌年 6 月に新通貨ドイツ・マルクを導入した.一方,導入に対抗してソ連が西ベルリン地区の封鎖を開始した後,英米仏の 3 カ国司令官は,ロンドンで開かれた 6 カ国会議の決定を受けて 7 月,西側占領区にある 11 の州の州首相に対し,西独の建国に向けた憲法制定会議の招集を勧告した（「フランクフルト文書」の手交）.州首相は,分断国家の固定化を避けることを念頭におきつつ,8 月にバイエルンのヘレンキームゼー（Herrenchiemsee）に専門家を集めて憲法草案を準備させた.そして 9 月,州議会の代表者 65 名がボンで開かれた議会協議会（Parlamentarischer Rat）に参加し,専門家会議が作成した原案をもとに審議を行い,49 年 5 月に基本法（Grundgesetz）の草案を決定したのである.

　確かに占領にあたった西側連合国は,ドイツに対して生殺与奪の権利を握ったのであり,連邦共和国が暫定的に成立した後にもその主権を制限し続けた.しかし,東西陣営間の対立が激化する中にあって,ドイツの主体は許された行動半径の中で「半主権国家」を準備しようとした.第 1 に,基本法が制定され,連邦と州の間の権限配分,連邦参議院,財政連邦制など,「協調的連邦制」の

骨格が定められた（第2章第3節）．占領軍の干渉もあり，連邦参議院の選出方法と連邦の立法における同院の権限をめぐっては議会協議会の議論が紛糾したものの，結果的には19世紀半ばに由来する歴史的な発展経路に沿った制度的構成が強化された（Lehmbruch 2001）．この際，管理理事会令によってプロイセンが解体される以前に（1947年2月），新たな領域をもつ州がすでに各占領区において成立しており，「協調的連邦制」の発展を後押しすることになった（平島1994，16；Lehmbruch 2001，98–100）．第2に，ドイツの政党支持を歴史的に規定してきたミリュー[7]間の溝を克服し，多様な支持基盤を包摂するCDU/CSUが中道右派の政党として登場した．とりわけCDUは，ラインラントや西南部のカトリック・ミリューに軸足を据えつつ，プロテスタント保守主義のミリューをも支持基盤に加え，各地の地域政党や被追放民の政党を徐々に吸収して「統合的な中間層の大政党」（Lepsius 1990，65）となった．CDU/CSUが牽引力となって，連邦共和国の政党間の競争を求心的なものにしていった．第3に，労使双方の組織再建と並行し，建国後に制定される共同決定制度（第4章第1節）の原型が，ルールの鉄鋼業（Eisen und Stahl）において導入された．占領軍による国有化ないし社会化の実施への恐れに起因したとはいえ，相対的安定期のワイマール共和国においては国家の権威に挑戦してロックアウトにまで訴えていた同地区の経営者は，労働者を「社会パートナー」（階級敵ではなく生産拡大のための協力者）として遇するに至り，イギリス占領軍によって解体されたコンツェルンの後継企業における共同決定制度の導入に歩み寄った．このように占領期は，「半主権国家」の国家と社会を結びつける3つの結節点としての政党，協調的連邦制，そして準公的制度の1つである共同決定制度を準備した時代として考えることができる．

---

[7] ドイツ社会には，工業化や民主化が進展する以前から，それぞれに特有の道徳的価値観を共有する複数の共同体としての「社会道徳的ミリュー（sozialmoralische Milieus）」が形成されており，国民国家の統一以降にも存続した点を最初に指摘したのは社会学者のレプシウスである（Lepsius 1993，25–50）．自由主義や保守主義についてもミリューの存在を指摘することができるのか，そもそもミリューをいかに定義し，政党支持のあり方と関連付けるのか，などの点をめぐり論争が続いている．

3. 州，政党，社会パートナーシップの形成

　1949年5月8日に議会協議会が採択した基本法は，その前文において，11の州のドイツ人民が暫定的な国家としての連邦共和国のために基本法を制定するのであり，これに加われなかった人々とともにその自由な自己決定によってドイツの統一と自由を将来に完結することを求められている，と謳った．その11州とは，バーデン，バイエルン，ブレーメン，ハンブルク，ヘッセン，ニーダーザクセン，ノルトライン・ヴェストファーレン，ラインラント・プファルツ，シュレスヴィヒ・ホルシュタイン，ヴュルテンベルク・バーデン，ヴュルテンベルク・ホーエンツォレルンである（地図1）．

　19世紀後半に国民国家として統一されたドイツ・ライヒの支邦との比較では，これらの州の中で以前の領域にほぼ一致するのは，ハンザ都市のブレーメン，ハンブルクとバイエルンに限られる[8]．シュレスヴィヒ・ホルシュタインは，プロイセンの県（プロヴィンツ）の1つであった．また，バーデンは，19世紀初めのナポレオン支配下に創設されたバーデン大公国の版図の内，アメリカがフランスに対して占領を認めたその南半分であった．すでにイギリス占領区のノルトライン・ヴェストファーレンについてふれたように，ハイフン（Bindestrich）で結ばれた州名の多くは，占領政策をめぐる連合国間の思惑の違いを反映していた．歴史的伝統を尊重するならば，アメリカはヴュルテンベルクを自らの占領地域とし，フランスにバーデン全体を与えるべきであったろうが，その場合にフランスが「バーゼルからボン近郊に至るまとまった地域」を影響下に収めることをきらい，バーデンとヴュルテンベルクの北半分をヴュルテンベルク・バーデンとして手元に残したのである（Eschenburg 1983, 82）．フランス占領区のバーデン，ヴュルテンベルク・ホーエンツォレルンと，このヴュルテンベルク・バーデンは，1952年に合体し，バーデン・ヴュルテンベルクという1つの州となった[9]．

---

[8] 占領区と州の成立についてはEschenburg (1983, 77-102).
[9] フランス占領区には，これらの2つの州の他に，バイエルンの飛び地であったプファルツと，プロイセンの県であったラインプロヴィンツの南半分，その他の県などが合わ

地図1　ドイツ（1949年）

3.　州，政党，社会パートナーシップの形成

このようにして占領軍によって多分に恣意的に作られたにもかかわらず，政治と行政の単位としての州は速やかに実体を持つに至った（Merkl 1963, 43）．消滅したライヒの，いわば「総督（Statthalter）」としての自覚をもった州首相は，「現実に即した政治（sachliche Politik）」を追求しようとした．アメリカ軍によりヴュルテンベルク・バーデンの州首相に任命された自由主義派のラインホルト・マイアーは，政治的構想を論ずるのではなく，食料や住居，難民などの目前の問題を解決し，人々が生きていく上で最も必要なことを配慮することこそが政治の任務だと語ったのである（Klein 1990, 63）．歴史家のニッパーダイは占領期のドイツ西部について，「（連邦的な föderativ 国家としてドイツ西部が構成されたことは）1945 年以降におけるほとんど連邦主義的ルネサンス，あるいはより慎重に言えば地域主義と分権化のルネサンスだった」（Nipperdey 1979, 533, 536）と述べている．

　CDU/CSU では，バイエルンとの州境に近いバーデン・ヴュルテンベルクの小都市エルヴァンゲン（Ellwangen）に定期的会合を開いた連邦主義の集団（エルヴァンガー・クライス）もあったが，州首相のすべてがアメリカやスイスのような連邦制国家を目指したわけではなかった．レームブルッフは，議会協議会に集まった代議員の念頭にあったのは，むしろワイマール憲法の起草者フーゴ・プロイスが唱えた「分権化された単一国家」であった，と強調する（Lehmbruch 2001, 97f.; Nipperdey 1979, 526）．SPD のクルト・シューマッハーは，「必要な限りで連邦的に，可能な限りで集権的に」と述べ，党内で極端な連邦主義を掲げる州首相を退けようとしたが（Merkl 1963, 40），CDU においてもコンラート・アデナウアーが連邦主義者を敬遠した．互いに競い合う両者は，選挙によって選ばれた国民の代表者としての政党こそが連邦共和国の政治の担い手としてふさわしい，として各党においても主導権を握ろうとしたのである．

　　さったラインラント・プファルツが属した．ラインラント・プファルツの西南に位置するザールラントは，フランスの保護下におかれ，これらの 11 州には含まれなかった．フランス占領区は，2 つの三角地帯がカールスルーエの南で頂点を接する形をとった．なお，イギリス占領区のニーダーザクセンは，プロイセンの県であったハノーファを中心に周辺の他の小邦が加えられて形成された．アメリカ占領区のヘッセンは，かつてのライヒ自由都市フランクフルトを含むヘッセン・ナッサウ（県）とヘッセン・ダルムシュタット大公国などが合体して成立した．

占領軍は，州におけるドイツ側行政の再建と並行して，政党に対しても活動の開始を促した．活動を許された政党の中では，強制収容所から帰還したシューマッハーが，戦前に起源をもつ各地の組織再建をハノーファを拠点として率いた SPD の優位が予想された（安野 2004）．しかし，各州における最初の州議会選挙において，南西ドイツでは第 1 党の地位を占め，北部においても SPD に次ぐ票勢を示して台頭したのは CDU であった．CDU は，カトリックが優勢な南部の地域では，聖職者や教会系の新聞などのネットワークに，プロテスタントが優越する北部では，都市の経営者や商工会議所，農村部の農民や農民団体などのネットワークに頼り，社会主義への対抗を掲げて組織化を進めた（Bösch 2001）．たとえば，カトリック地域の組織が求めた宗派学校（Bekenntnisschule）の維持に対しては，プロテスタント地域の組織が距離をおき，党名に「キリスト教の（Christlich）」を用いることにさえ拒否的であったなど，宗派間の違いが直ちになくなったわけではなかったが[10]，政党活動を地域的に限定した占領軍の政策がかえって多様な地域組織の並存を許すことになった（ibid., 51f.）．

　CDU が第 1 党としての基礎を固めていく上で原動力となったのは，戦前にケルン市長を務めたアデナウアーである（板橋 2014）．指導者の候補としては，ポンメルン出身で戦前から保守派の政党に加わり，戦後はホルシュタインから CDU の創設に加わったハンス・シュランゲ・シェニンゲンや，戦前は中央党系の農民団体を率い，戦後も DBV の会長職にあった，ケルンのアンドレアス・ヘルメス等を求める呼び声が高かった（いずれも反ナチ抵抗運動に加わった経歴をもつ）．しかし，1946 年 2 月にイギリス占領区における CDU 議長に選出されたアデナウアーは，ソ連占領区の党組織との主導権争いを制しつつ，党組織人事に宗派間のバランスを反映させる一方，州議会選挙に際しては得票を伸ばすために左派的な党綱領の採択を許すなど，巧みな戦略をこらして党のまとまりを保持した[11]．アデナウアーは，議会協議会の議長に選出された後，

---

[10] 被追放民の流入が宗派間の混住をもたらした地域もあったが（Ritter 1998, 20f.），住民の間を分け隔てる宗派間の壁は残り，別の政党に帰属する場合もあった（Bösch 2001, 26, 33, 38）．
[11] 47 年 2 月に採択されたノルトライン・ヴェストファーレン州 CDU のアーレン綱領

基本法が制定された後の最初の連邦議会によって連邦共和国の初代首相に選ばれることになる．

ドイツ帝国の建国とともに始まり，ワイマール共和国に至るまで継続した，保守主義，自由主義，カトリック，社会主義と，その他の民族的少数派の小党群の5つのグループからなるドイツの政党システムは，ナチ支配と占領の時代を経て大きな変容を遂げた．連邦共和国では，自由主義内部でも左右の両派間の歴史的対立が克服された上，後にはSPDが中間層にまで支持層を広げて二大政党を中心とする求心的な競争関係が定着に向かうが，バイエルンのCSUとともにCDUこそが安定的な政党システムへの端緒を切り開いたといえよう．

占領軍は，政党活動と同じく労使に対しても草の根のレベルからより広い領域へとその組織化を促した．経済界では，まず商工会議所が占領政策の支援組織として地域ごとに活動を再開させていったのに続き，各業界団体とそれに遅れて使用者団体も個別の占領区から英米占領区へと連携を拡大し，連邦共和国の建国前後には全国組織を設立するに至った．労働運動の側では，党派の垣根を越える「統一労組」を目指す点では一致があったものの，新組織をトップ・ダウン，ボトム・アップのいずれの方針に沿って構成するのかについては見解が分かれていた（Müller-List Bearb. 1990, 24-26）．しかし，イギリス占領区では，占領軍が過度に集権化された組織を嫌い，労組の指導部も事業所レベルにおける左派勢力を警戒したため，複数の自律的な産別労組を束ねる全国センターを設けることでようやく決着をみた（47年4月のDGB設立）．

一方，新たな経済秩序の形成をめぐっては，労働側が主導権を発揮するものと期待された．経営者側は，占領軍が進める非ナチ化によって逮捕者を出すなど，その道義的立場を著しく損なっていたためである．かつて，ワイマール期の主流労組は，政治の領域のみならず経済生活についても民主化の徹底を求めて「経済民主主義（Wirtschaftsdemokratie）」を目標に掲げたが（ナフタリ編1983），DGBもミュンヘンでの全国組織創立大会（1949年）においてこの理念

（Ahlener Programm）には，労働運動のキリスト教社会主義による主張が強く反映されている．これに対して，最初の連邦議会選挙を前にした49年のデュッセルドルフ指針（Düsseldorfer Leitsätze）は，社会的市場経済の原則を明確に打ち出した．Cf. 野田（1998）．

を引き継ぎ,基幹産業の国有化ないし社会化と並び,経済政策の決定における労働者の同権的参加,国民経済の計画などを求めた(Müller-List Bearb. 1990).社会化については,SPDはもとよりCDUもキリスト教社会主義の立場から求めており(アーレン綱領),基本法に先立って制定された州憲法に関連規定が幅広く盛り込まれていた.しかし,クレメント・アトリー労働党政権が率いるイギリスの占領区で社会化の実現が期待されたにもかかわらず,ノルトライン・ヴェストファーレン州では州議会が可決した鉱山業の社会化法案が占領軍によって無効とされるに至った(48年8月)[12].

したがって,47年初頭の段階におけるルールの鉄鋼業の解体に際して企業レベルの共同決定が導入されたことは,アメリカがドイツの工業生産の再興に重きを置き始め,そのアメリカによる主導に従わざるをえなかったイギリスの占領が残した最後の左派的な政策であったと言えるのかもしれない.確かに,解体後の新企業における共同決定案は,労使間の自主的な交渉から生まれたものではなく,ドイツ側の信託行政担当のハインリッヒ・ディンケルバッハ[13]が占領当局の意を汲んで用意し,イギリス占領区のDGB議長ハンス・ベックラーとの間で先に合意を得たものであった(Berghahn and Karsten 1987, 176-179; Müller-List Bearb. 1990, 93f.).しかし,鉄鋼業においても,生産の早期再開をめぐって労使間には事業所ごとに協力関係が広がっており,経営者は第1次大戦後とは比べものにならないほど妥協的となっていた(Müller-List Bearb. 1990).正式な制度は,連邦共和国発足後の立法化を待たなければならなかったが,労使関係に深まった社会パートナーシップの契機は,「半主権国家」の国家と社会を媒介する準公的制度としての共同決定制度にとっても不可欠の前提条件となったと言うことができよう.

---

12) 一方,ヘッセン州では,州憲法が予定した石炭鉄鋼業,電力,交通部門の社会化を実施する法案が,反対に転じたCDUによって挫折した後(50年),社会化の対象となる企業を限定する趣旨の州憲法裁判所(Staatsgerichtshof)の判決などをはさみ,その後のSPD政権が実施し,対象企業に対する補償も支払われた(ループ 1986, 86-90; *Der Spiegel* 11. Juni 1952, 9-12).

13) 戦前は欧州最大の鉄鋼コンツェルンであった,合同製鋼(Vereinigte Stahlwerke)の取締役であった.

第2章 「半主権国家」の国家

1. 基本法の条文と現実の国家

　前章で述べたように，占領軍の権威によって制約されていたとはいえ，占領下のドイツでは，州行政機構の再建や政党，労使の団体の組織化が自主的に進められた．そして，1949年には，州議会から選ばれた代議員がボンに集結し，基本法を制定して連邦共和国の国家的枠組みを決定しようとした．しかし，英米仏の3カ国は，審議に取り組む議会協議会に対して占領規約（Besatzungsstatut）を送付し，連邦共和国の成立後も幅広い権利を留保することを明らかにした[1]．連邦共和国は，まさに「半主権国家」としての出発を余儀なくされたのである．

　もっとも，議会協議会の代議員も，創設されるべき共和国が，同じく東部に成立しようとするもう一つの国家との統一に至るまでの，あくまでも暫定的な国家であることを意図して連邦共和国の憲法（Verfassung）を「基本法（Grundgesetz）」と呼んだ．この意味においては，連邦共和国は対内的にも不完全な国家として創設されようとした，と言えるのかも知れない．実際，基本法は，連邦共和国の国家についてすべての側面から明確に規定したわけではなかったし，連邦のすべての国家機関ないし憲法機関が，基本法の発効後，直ちに全面的に活動を開始したわけでもなかった．カッツェンシュタインの「半主権国家」がその全貌を現すには，長い時間の経過を要したのである．

　基本法は，「連邦の立法」と題する第7節におかれた79条3項において，「連邦の諸州への編成，立法における諸州の原則的協働，また1条および20条に定められた諸原則に抵触するような基本法の変更は許されない」と定めた．

---

1) ボン近郊のペータースベルク（Petersberg）に高等弁務官府がおかれた．

1条は，人間の尊厳の不可侵性を謳い，20条は人民主権や権力の分立などの原則とならび，連邦共和国が「民主的で社会的な連邦国家」であるとしており，79条3項は，これらの原則を選んで「永久に（ewig）」保障することを表明したと考えられている（Detterbeck, Renzsch, und Schieren Hg. 2010）．しかし，この中の「社会国家」の原則は，国家に対し，市場経済が社会に弊害をもたらした場合に，社会的公正を回復すべく介入するよう要請するにとどまり，特定の類型の福祉国家の構築や個別の社会保障制度の採用を求めるものではない（Nullmeier 2013, 619f.）．そもそも，議会協議会の審議に臨んだSPDは，来るべき連邦議会選挙での勝利を当て込み，経済，社会秩序について諸構想を持ち出して議論しようとしなかった（レンチュ 1999, 73 ; Czada 1999, 400f.; Hockerts 2011, 28）．これに対し，「連邦国家」については，連邦と州の立法権限の配分，連邦の立法と州によるその執行，財政面での両者の関係などに関し，第2節「連邦と諸州」や上にふれた第7節，それに続く第8節「連邦法の執行と連邦行政」に配された数多くの条項によって具体的な定めがおかれた．とりわけ財政連邦制度，すなわち，租税立法権，連邦と州の間での税収の配分，税務行政，ならびにすでに早くも占領期から争点となっていた州間の財政調整などに関する規定は，後に基本法のほかの条項に比べてはるかに頻繁な改正の対象にもなったのである（Busch 2006）．

　制定された基本法が，「半主権国家」の実際の展開をあらかじめ十分に規定できなかったことは，個別の国家機関についても指摘することができる．基本法は，連邦の最高機関の権利と義務の範囲をめぐる係争（「機関争訟（Organstreit）」）や，州法の連邦法や基本法に対する，ないしは連邦法の基本法に対する適合性の審査，すなわち，「抽象的法令審査（abstrakte Normenkontrolle）」，あるいは，連邦と州，もしくは州が相互に権利と義務をめぐって争う「連邦制的争訟（föderale Streitkeiten）」に際し，基本法の解釈に基づいて判決を下すBVGを設けた（それぞれ93条1項1号，2号，3号と4号）．しかし，他方では連邦法の統一性を守る「最高連邦裁判所（Oberstes Bundesgericht）」の設立も予定した（95条）．すなわち，BVGが，この最高連邦裁判所の下位に位置づけられることもありえたし，他の裁判所が構成する審級制度の頂点に立つ連邦の最高裁判所（1954年に社会裁判所が労働裁判所から独立

し，裁判権の系列は通常，行政，税務とならび全部で5つとなった［Ritter 1998, 63］）との間の関係も明らかではなかった．基本法の起草段階では，職業判事の大多数がナチに関わったことから，非職業裁判官による判事の民主的コントロールとその選任方法に多くの議論が費やされたため，議会協議会は連邦の最高裁判所の組織について明確な結論をえないまま，第9節（「裁判」）について妥協したからである（Höreth 2014, 25-29）[2]．したがって，連邦共和国が創設されて2年後に，連邦憲法裁判所法（1951年）によって「遅れて設立された（verspätete）憲法機関」（Schiffers 1984, VII）のBVGが，他の裁判権の審級関係から離れ，連邦議会，連邦政府，連邦参議院，連邦大統領に伍する唯一の最高裁判所となるには，BVGが自らその地位を築き上げねばならなかった．

このように，基本法が「半主権国家」の設計図として不完全なものに止まったとすれば，その不完全性は，事後的な立法によって具体化されるか，改正という手直しを重ねられるか，あるいは国家機関が相互作用の中から条文の内容を確定することによって補うことが必要になったのである．以下ではまず，連邦共和国草創期の社会立法を通じて具現化された「社会国家」から見ていくことにしよう．

2.「社会保険国家」の再興

今日のドイツの社会保障給付はGDPのおよそ3割に相当し（2011年は29.4％，2013年の予想値は29.7％），その絶対額は8122億ユーロ（同じく2013年の予想値）に上る．図2-1が示すように，GDPに対する社会保障給付の比率は，70年代のオイルショックを経て急増し，80年代の新保守主義・新自由主義の時代に逓減した後，国家統一後に新たな水準に上昇した．その後，2000年代後半には「ハルツ改革」（第6章第2節）の影響をとどめて低下した後，リーマン・ショック後に上昇に転じた．給付の規模を制度，ないしスキーム別

---

[2] SPDが判事の民主的コントロールを強調したのに対し，議会協議会の議長となったアデナウアーやラインラント・プファルツの法相アドルフ・ジュスターヘンなど，CDUの多数派は議院内閣制における「議会の専制」を牽制する役割をBVGに託そうとした．Cf. Höreth (2014, 26, 77, Anm. 77); zit. bei Vanberg (2005, 183).

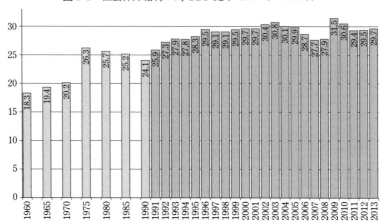

図 2-1　社会保障給付の対 GDP 比率（1960 年〜2013 年）＊

＊ 税控除を含む．1960 年から 1990 年については西ドイツを対象．
出典：デュースブルク・エッセン大学労働・資格研究所のウェブサイトより（図 IIIa）．http://www.sozialpolitik-aktuell.de/finanzierung-datensammlung.html

にみると（表 2-1），年金，医療など 5 つの社会保険制度を通じた支出額は 4947 億ユーロを数え，社会保障給付全体の 61.7％ を占める（GDP に対する割合は 19.1％）．

社会保険制度の原資は，原則として労使によって賄われるが，国庫補助も一定の割合を占めるし，社会保障の給付は，社会保険制度以外にも一般財源を用いた国家の給付制度や民間保険，使用者給付などの諸制度によっても行われる．したがって，社会保障給付をその財源負担についてみれば，国家，使用者，被保険者の三者が，それぞれ 34.1％，34.2％，29.9％ を負担している（図 2-2）．すなわち，ドイツは先進主要国の中でも有数の福祉国家であり（社会保障給付の対 GDP 比率の高さは EU 加盟国中では中位国の上位），労使がその財源の 6 割以上を担う，社会保険制度を主柱とする福祉国家の典型例である（図 2-3）．

もっぱら国家の一般財源を原資とする「ベヴァリッジ型」に対し，社会保険の保険料を財源とする福祉国家が「ビスマルク型」と呼ばれるように，ドイツは，19 世紀末の保守的政治家の主導によって先駆的に社会保険制度を導入したが，失業保険制度の導入ではイギリスに遅れをとった上（1927 年），第 2 次大戦後には退職者や，病休時の労働者（職員に対して支給される手当との間に

表 2-1 社会保障給付：制度・スキーム別給付額 (2013年)*

	10億ユーロ	%	対GDP比
給付総額	812.2	100.0	29.7
社会保険スキーム	494.7	61.7	19.1
年金	263.3	31.1	9.6
医療	192.8	22.8	7.0
失業	28.9	3.4	1.1
介護	24.3	2.9	0.9
労災	12.5	1.5	0.5
奨励・生存配慮スキーム	153.1	18.1	5.6
求職者基礎保障	41.2	4.9	1.5
社会扶助	29.7	3.5	1.1
児童・青少年扶助	30.8	3.6	1.1
住宅手当	1.1	0.1	0.0
両親手当	5.3	0.6	0.2
児童手当・家族支出控除	41.9	4.9	1.5
教育・技能向上奨励	2.6	0.3	0.1
公役務スキーム	64.7	7.7	2.4
公務員年金	47.8	5.7	1.7
公務員手当	13.7	1.6	0.5
特別スキーム（民間の医療，介護，年金保険を含む）	27.3	3.2	1.0
使用者スキーム	76.0	9.0	2.8
賃金継続支払（病休時）	40.0	4.7	1.5
企業年金	24.0	2.8	0.9
付加年金	11.4	1.3	0.4
補償	2.7	0.3	0.1
課税関連課徴金（参考）	28.4	―	1.2
GDP	2737.6		

＊ 項目ごとの見込み額であり，項目間の合算はできない．
出典：デュースブルク・エッセン大学労働・資格研究所のウェブサイトより（表II1）．http://www.soialpolitik-aktuell.de/finanzierung-datensammlung.html

差があった），あるいは子供の多い家計の貧窮を防ぐことができなかった．社会保険制度の近代化は，アデナウアー政権による賦課方式の「動態年金」の導入（後述）を待たねばならなかったのである．しかし，国民経済に対する社会政策関連支出の相対的規模の点から見れば，草創期の連邦共和国は次のような政策によって他の欧州諸国を凌駕し続けた（Hockerts 1981, 321）．

当時の喫緊の課題は，ソ連占領区や，旧ドイツ・ライヒの東方地域から追放

図 2-2　社会保障給付の財源構成（1991年〜2013年）*

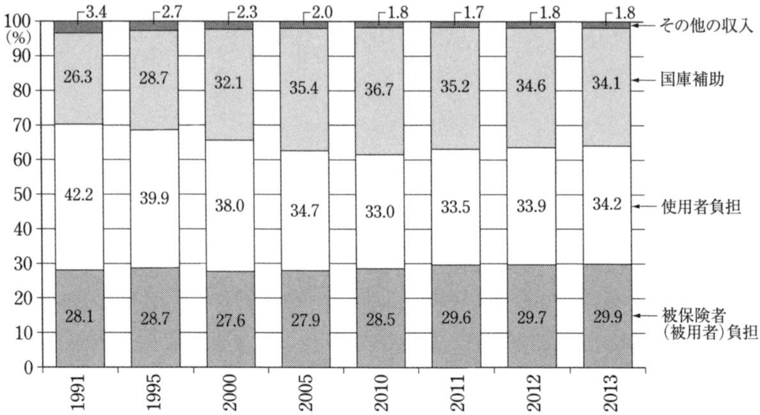

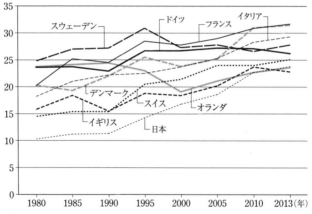

* 2012年は暫定値，2013年は見込み値．
出典：デュースブルク・エッセン大学労働・資格研究所のウェブサイトより（図II22）．http://www.sozialpolitik-aktuell.de/finanzierung-datensammlung.html

図 2-3　社会保障関連支出の推移（対GDP比）

出典：OECD Social Expenditure Database（SOCX），Dataset: Social Expenditure-Aggregated data（public and mandated private）より作成．https://www.oecd.org/social/expenditure.htm

されてきた1000万人近くにも上る難民に生活の基盤を提供し，ナチによる迫害や，戦争から様々な形の被害を受けた人々，さらには通貨改革によって財産を損耗させた人々に可能な限りの補償を行うことなどであった．連邦共和国が

このように重い課題に直面しながらも，アデナウアーの率いるブルジョワ連合と野党 SPD が鋭く対立し，労働運動が当初，左翼的な経済体制構想を掲げた点をみれば（第 1 章第 3 節），共和国は確かに「建国危機（Gründungskrise）」に陥ったといえる．しかし，社会政策史家のホッケルツが続けて強調するように，政府は実際には野党から協力を得て次々に対応策を打ち出していった（Hockerts 2011, 28f.）．政府は，例えば 1950 年の「連邦援護法（Bundesversorgungsgesetz）」によって傷痍軍人のみならず障害を抱えた文民に対しても社会や職場への復帰を促し，1952 年の「負担均衡法（Lastenausgleichsgesetz）」では被追放民を中心に戦争によって失われた国民の財産に対する補償を試み，さらには住宅建設法（1950 年）を制定して 200 万戸に及ぶ低所得者を対象とする「社会住宅」を建設し，民間の住宅建設を後押しした（Jaedicke und Wollmann 1990, 206-208）．

他方，戦前の社会保険制度を継受しようとする点においても，与野党の間には幅広い合致がみられた．占領軍は，確かにいったんは全国民を対象とする画一的な社会保険制度の導入を決定したものの，新制度の実施はソ連占領区に限られた．戦時中に立案されたベヴァリッジ・プランの実現に着手したイギリスは，費用負担の重圧をおそれ，「ベヴァリッジ型」の制度の導入を敬遠したし，冷戦の文脈の中でアメリカも新制度に反対する態度に転じた．統一制度の計画は，ドイツ社会にもナチスによる社会保険制度の換骨奪胎の試み（「指導者原理」の適用）を想起させ，医師や疾病金庫，労組，職員団体などから強い反対の声が上げられた．占領軍によってその実施の延引を強いられたが，英米占領区の経済委員会は，通貨改革後に給付水準を引き上げつつ旧来の制度を温存しようとしたのである（Hockerts 1981, 315-320）．

しかし，共和国の成立後，社会保険制度を戦前の伝統に沿って再興するにあたっては，保険運営機関の編成をめぐり政労使の間に対立が生じた．1889 年に導入された老齢・廃疾保険（Alters- und Invalidenversicherung）では，地域別に編成された保険機関の執行業務は行政機関が任命する官吏に委ねられ（当初から一定額の補助が国庫より支弁された），労使の同数の代表者は，疾病金庫の代表者として業務の執行をただ監督するだけの組織を構成するにすぎなかった．一方，1883 年に導入された疾病保険制度は，すでにそれ以前にプロ

イセンを初めとして労働者の間に広く普及していた互助金庫（Hilfskassen）や，手工業の同業者が加入する疾病金庫（Innungskrankenkassen），経営者が設立する事業所疾病金庫（Betriebskrankenkassen），地域別の疾病金庫（Ortskrankenkassen）など，既存の疾病金庫を新たな公的制度として発足した．各疾病金庫の被保険者は，それぞれが負担する保険料の割合に応じて運営機関に代表者を送り出し，事業主側も3分の1を上限として投票権を得た．しかし，新制度の疾病金庫として登録された互助金庫では，被保険者が保険料は全額負担するものの金庫の運営を独占することができたため，帝政期のSPDは党員の労働者に他の強制加入の金庫から登録互助金庫への「オプトアウト」を推奨し（したがって，登録互助金庫は「代替金庫（Ersatzkassen）」と呼ばれた），党の組織的基盤とする，という歴史的経緯があった（Klenk 2012, 60–63）．

連邦共和国に社会保険制度を再建するにあたり，SPDとDGBは，疾病保険の運営において歴史的に獲得した成果として被保険者から運営機関への3分の2の代表権を強く求めたが，使用者団体やFDPは労使の同数代表を主張した．ここで，キリスト教労働運動を有力な派閥として擁するCDU/CSUの動向が注視されたものの，同派も「同権（Parität）」を主張して党の大勢に同調したため，労使，すなわち事業主と被保険者の同権（同数）代表が決定された（Hockerts 1980, 130–146）．他方，失業保険制度をめぐっては，労使による「社会的自治（soziale Selbstverwaltung）」に対する国家関与のあり方が問われた．同制度は，ワイマール期に職業紹介事業と合わせて発足していたが[3]，労使は当初，新制度の運営を純然たる「社会的自治」に委ねるよう一致して主張した．しかし，政府は，戦前に遡る職業紹介事業の運営や，失業扶助金の国庫負担を理由にして国家関与を継続し，連邦，州，市町村の各政府レベルにおける運営機関の構成を三者間の同権（Drittelparität）とすることを貫いた（しかも，他の社会保険制度とは異なり，労使代表は選挙によってではなく労使の団体が作成した名簿をもとに政府が代表者を任命する手続きが定められた）

---

[3] 1952年の立法によって，戦前の「ライヒ職業紹介・失業保険庁（Reichsamt für Arbeitsvermittlung und Arbeitslosenversicherung）」の後身としての「連邦職業紹介・失業保険庁」が発足した．

(*ibid.*, 155-160).さらに，60年代末の立法によって運営機関が連邦雇用庁（Bundesanstalt für Arbeit）として一新され，職業訓練などの「積極的」労働市場政策がその任務に加えられるとともに，失業保険金の給付事業に限定されていた「社会的自治」の対象範囲は雇用庁の活動全体の中で一層縮小されていくことになった（Klenk 2012, 77f.）．

このように，社会保険制度の「社会的自治」をめぐっては，労使のみならず政府と労使の間にも対立が深まったものの，同権の原則が決定されて以降は，労組側もこれを受け入れ，並行して決着していった共同決定制度（第4章第1節）とともに「半主権国家」の準公的制度として定着し始めた．年金制度については，1957年にアデナウアー首相が政府部内の抵抗を押し切り，積立方式から賦課方式へと給付原則を転換する（「動態化（Dynamisierung）」）改革を断行し，600万人の年金受給者を対象に，まさに一夜にして6, 7割にも相当する年金給付額の引上げを実現した（Hockerts 2011, 36）．アデナウアーが当初，より包括的な社会保障制度の改革を構想したにもかかわらず，その実現は年金保険にとどまったものの，彼の構想に理念的な支柱を与えた「ローテンフェルス覚書（Rothenfelser Denkschrift）」（1955年）は，ドイツの社会保険国家の特質を表現したものとして興味深い[4]．「社会給付の新秩序（Neuordnung der sozialen Leistungen）」と題するこの覚書は，現存する諸制度から離れ（それゆえにその処方箋の実現は困難と批判された），社会生活全体を対象とする社会政策の構築について経済政策や財政政策との相互連関の中において包括的に考察しようとするものであった．とりわけ，上に述べた「連邦援護法」のように，戦争などの予期せぬ災害に遭遇した市民の保護は認められるとしても，国家が自助や「より小さな生活圏の給付能力」を排除し，社会保障を求める個人の要請を直接に満たす「援護国家（Versorgungsstaat）」に堕することに対して警鐘を鳴らし，市町村や事業所などの「より小さな生活圏」の積み重ねによる社会的給付の機能を強調して「補完性（Subsidiarität）」の尊重を説いた（Hockerts 1980, 290-295）．1954年，他国に遅れて児童手当（Kindergeld）が導

---

[4] ちなみに覚書の執筆にあたった学者4名のうち，2名ずつが新旧両派に属した．アデナウアーは，宗派間の「同権」を確保し，覚書がカトリック教徒だけによる産物ではない点を強調しようとした．Cf. Hockerts（1980, 280f.）．

入された際にも（当初は第3子から），国庫による経費負担が相応しかったにもかかわらず，補完性を掲げる CDU の主張にしたがい使用者の負担とされたのである[5]．

　その後，戦前の「公的扶助」制度を引き継ぐ「連邦社会扶助法（Bundessozialhilfegesetz）」が 1961 年に制定され，最後の安全網として，自助が困難となった個人を救済する社会扶助制度が設けられたように（Schmidt 2005, 84f.），「社会国家」を構成する原理から，「生存配慮（Fürsorge）」の原則が排除されたわけではない．財源の点からいえば，生存配慮と援護（Versorgung）の原則に基づく社会保障は国庫が負担するのに対し，「保険原則（Versicherungsprinzip）」の場合は，社会的リスクとそれが現実化した際に受け取る給付の大小に応じて個人が支払う保険料によってまかなわれる．また，同じ保険であっても，民間保険の場合には，個人が支払う（各人のリスクに応じて異なる）保険料は，給付の大小に比例するが（「等価性の原則（Äquivalenzprinzip）」），社会保険の場合の保険料は加入者の間で原則一律であり，リスクの異なる個人同士が（あるいは，追加の保険料なしに保険の対象に含められる扶養家族の有無にかかわらず）相互に支えあう，という点で加入者間の「連帯（Solidarität）」が前提とされる（Olk und Riedmüller 1994, 10-17）．

　一方，保険原則は，保険加入者が保険の給付を受ける際にも，加入者間の所得格差を是正することを予定せず，例えば年金の支給額は所得に比例して決められる．さらに，労働者と一定の所得以下の職員を対象とした 1880 年代のビスマルク期の年金立法に続き，1911 年には職員層を対象とする年金制度が別建てで作られていたが，連邦共和国の立法もこの伝統を踏襲し，1953 年に DAG の主張に沿って連邦職員保険庁（Bundesversicherungsanstalt für Angestellte）が設けられた（Klenk 2012, 74-77）．保険原則は，実際の連帯の制度を単一のものとはせず，リスクや職業，地域に沿って分節することを妨げない．もっとも，産業社会の変化への対応策として，この職員の制度と労働者を対象とする年金制度は，1969 年に財政均衡制度によって結び付けられた（2005 年に両制度は統合される）．労働者と職員の間の格差は，すでに上でふれた病休

---

5) Hockerts（1981, 327f.）; https://www.bpb.de/politik/hintergrund-aktuell/193015/60-jahre-kindergeldgesetz

時の所得補償についても歴然としていた．職員は病欠した際，最長6週間にわたり満額の給与を受け取ることができたのに対し，当初，労働者には賃金の継続支払いの制度がなく，賃金の半額に相当する疾病手当（Krankengeld）を疾病保険から受け取ることができたにすぎない．労働者は，1956年から翌年にかけ，シュレスヴィヒ・ホルシュタイン州において金属労組が訴えた戦後最長のストライキの成果として，職員の場合と同じ期間につき，最初は9割（1957年），次に満額の賃金支払いを定める立法（1961年）をようやく獲得した（Hockerts 2011, 37; Schmidt 2005, 90）．こうして社会国家は，19世紀末の熟練労働者を対象として始まった「ビスマルク型」社会保険制度の骨格を維持したまま，第2次大戦後の経済的復興を背景として「ベヴァリッジ型」制度が目的とする国民に対する普遍的保障への接近をはかったといえよう[6]．

しかし，戦後ドイツの産業社会が，サービス業やさらには知識産業を基盤とする脱産業社会へと移行し始め，低成長の時代を迎える一方，少子化や高齢化が進む中，男性稼得者の立場から選ばれた特定の社会リスクへの対応として構築された社会保険制度は，必然的に改革の圧力にさらされていくことになったのである（Olk und Riedmüller 1994）．

3.「協調的連邦制」の形成——連邦制国家の発展

カッツェンシュタインは，連邦共和国の「分権化された国家」と「集権化された社会」を結びつける3つの結節点の中に，連邦，州，市町村の権限が重なった政策領域における政府間関係を数え，これを「協調的連邦制（cooperative federalism）」と呼んだ（Katzenstein 1987, 45-58）．政策の中には，もっぱら連邦の行政機構が政策を執行する領域（例えば鉄道や社会保険の給付など）や，州ないし自治体が政策を形成し，執行する教育の分野があるが，異なるレベルの政府が政策の形成と執行に関わる領域こそがドイツに特徴的であり，そこでは「中央が主導する改革に抵抗し，政策の発展を制御しようとする持続的

---

[6] 第5次コール政権が，労組との間の対話による社会保険制度の改革に着手したにもかかわらず，病休時に継続して支払われる賃金の金額を一方的にカットしようとして労組側から憤激を招いた点は，第6章第1節を参照．

な試みを受け入れようとしない」政策過程がみられる，と指摘した（*ibid.*, 45）．第1章で言及したように，1960年代末に大連合政権が導入した主要租税からの収入分与の強化や，新設された「共同事務」（後述），連邦が州や自治体に給付する「財政補助（Finanzhilfen）」などがその典型例である．「協調的連邦制」という概念は，（カッツェンシュタインが言うように）ドイツ政治学が案出した概念ではなく，この時期の前後の歴史的文脈の中で連邦制の改革を論じたドイツ人研究者が，元来はアメリカにおいてなされた議論を参照して用いたものであった．しかし，ドイツの連邦制は，異なる政策領域において連邦と州が，それぞれ独自に決定した政策を自らの官僚制を通じて遂行する，「分離システム」あるいは「二元的システム」と呼ばれるアメリカの連邦制とは根本的に異なる点を忘れてはならない．ドイツでは，連邦と州の活動領域が政策分野によって区別されるのではなく，ほとんどの政策領域における政策の形成（立法）を連邦が，その執行を州が分担し，それぞれの任務が機能別に分かれている．

このように「協調的連邦制」という概念は，1960年代に登場し，当時浮上したさまざまな政策課題を異なるレベルの政府がよりいっそう「協調的」に解決できるように制度改革を進めようとする文脈において使用され始めた．しかし，英米仏占領下のドイツでは，州が先行して存在する故に，「単一国家（Einheitsstaat）」の実現は非現実的であったものの，これらの州を束ねて法的・経済的一体性を確保するためには，アメリカの「分離システム」とも異なる連邦制国家を創設しなければならなかった．この意味においてドイツの連邦制国家は，そもそもその建国の時からすでに「協調的」たるべき条件の下におかれていた，といえる．そして，実際に基本法は，連邦と州の任務分担における連邦の立法権限の拡大傾向，連邦参議院の構成，財政連邦制度の3つの点においてこの「協調的連邦制」を連邦共和国の構造の中に埋め込んだのである．

基本法は，連邦の排他的立法権限を列挙する一方（73条），それ以外の残余を州の権限とし（70条），形式上は州に対して幅広い権限を認めた[7]．また，

---

7) ワイマール憲法は，形式上も，ライヒの立法権限を州に対して格段に拡大した．州には残余の権限の帰属もなく，ライヒの立法を制限しうる「必要性」の制約も緩やかで，学校法や官吏法についてさえもライヒが原則を定める権限を有していた．Cf. Scharpf

国家の任務の遂行は，原則として州が行うものとした（30条）．しかし，立法権限の中には，連邦と州のいずれかに排他的に属するもの以外に「競合的立法権（Konkurrierende Gesetzgebung）」の領域があり，ここでは連邦が権利を行使しない限りで州が立法権を有するものと定められた（72条1項）．同条は，連邦は「連邦の法律による規制が必要な限りで」立法権をもつ（同条2項），と続けたが，この条件を厳密に解釈して連邦による競合的立法の範囲を狭く限定するか，あるいは一定の条件を満たしさえすればよしとしてこの立法を積極的に認めていくのかは，実際の運用に委ねられた（Herzog 1979）．もっとも，経過規程を定めた11節中の125条は，非ナチ化によって廃止されない限り，すでに戦前に広く展開されていたライヒ法の継続適用を定めたから，連邦による競合的立法の拡大を強く予想させた（Scharpf 2009, 19; Lehmbruch 2001, 98, 101）．

第2は，連邦参議院の構成方法と連邦の立法におけるその役割である．連邦参議院の構成員をどのようにして選ぶか，また，連邦の立法においてこの参議院が連邦議会に対していかなる位置を占めるか，によって立法過程は大きく左右されることが考えられた．すでに第1章でもふれたが，基本法の起草段階においては，州ごとに選出された代議員が構成する「上院モデル」と，ドイツ帝国の連邦参議院（Bundesrat）やワイマール共和国のライヒ参議院（Reichsrat）のように，州政府の代表が構成する「連邦参議院モデル」との間でつば迫り合いが展開された．SPDやアデナウアー率いるCDUの領袖らが前者を支持した一方，エルヴァンガー・クライス（第1章第3節参照）などは後者に近い主張を掲げた．結局，SPDの法務専門家ヴァルター・メンツェルが後者の選択肢を甘受し，バイエルン首相のハンス・エーハルトが連邦参議院の完全な拒否権を放棄することで妥協が成立した（Busch 2006; Lehmbruch 2001, 102）．連邦法は，連邦参議院の同意を必要とする「同意法律（Zustimmungsgesetz）」と，連邦参議院が同意しない場合でも連邦議会が法案を成立させることのできる「異議法律（Einspruchsgesetz）」に分かれる．後者では，連邦議会は参議院が異議を採択したその多数と同じ多数（過半数ないしは3分の2の多数）によって法案を可決することができるが（すなわち，参議院は法案の成

立を遅らせることができるにとどまる），前者では，両院の同数の議員が構成する「調整委員会（Vermittlungsausschuss）」が作成した妥協案が参議院によって拒否されれば法案は不成立に終わってしまう（77条）．同意法律は，基本法の明文によって規定されるが，財政や税制に関わる法案がこれに含まれ，連邦議会の多数派とは異なる党派が連邦参議院の多数派を占める場合，連邦議会の多数派の支持の上に連邦政府が成立を目指す法案を，野党勢力によって党派的に動員された連邦参議院の多数派が頓挫させる可能性が生じた．すなわち，主要な立法の対象が同意法律となり，その範囲が拡大すれば，連邦議会の優位を意図したメンツェルの期待は裏切られることになった．

　連邦共和国に法的・経済的一体性を確保するためには，連邦法によって税制を統一的に制定し，連邦，州，自治体が主要な税源からの収入を共有し，環境の変化に応じて適切に配分し合うような税システムを構築・運営することが望ましかった．第3の財政連邦制度については，議会協議会はこのような方向で大略合意することができた（レンチュ 1999, 65-94）．しかし，占領軍が，ドイツ側によるこの税源結合（Steuerverbund）の構想を拒否した．アメリカの「分離システム」では政府間の財政移転は限られており，州や自治体はそれぞれ独自の立法権と課税権をもつゆえに政府間に財政均衡の必要はない．各政府に税収と任務遂行に必要な支出との間の不均衡が生ずれば，単に連邦から補助金（grants-in-aid）を支給すればよい．このようなアメリカの常識からすれば，州や自治体の税収を連邦法によって決定することには大きな違和感が抱かれたのである．このため，基本法は，占領軍側の主張に沿った税収配分を規定しつつ，最終的な決定を将来の連邦法による規定に委ねた（Renzsch 1999, 127f.）．すなわち，主要な税についての連邦の競合的立法権を規定した上で（105条），関税や売上税などの消費・流通税を連邦の，所得税や法人税など，これらとは区別された財産税を州の税収とした（106条1, 2項）．その一方で，連邦は，同意立法によって所得税と法人税からの収入の一部を，学校や社会政策を遂行する州に対する財政支援に振り向けることができ（同条3項），同じく同意立法によって，財政力の弱い州を支援するために，全州の税収の一部を用いて財政均衡を行うことができる（同条4項）とも定めた[8]．また，競合的立法権の対象となる税からの収入の最終的な配分は，1952年末までに同意立法によって決

することとされた（107条）．税務行政に関しては，ワイマール期のライヒに集権化された制度を受け継ごうとしたドイツ側と，税収権に応じて連邦と州に分担させようとした占領軍との間に対立があったが，州に帰属する税についても連邦法によって州の行政組織を規律することで妥協が見出された（108条)[9]．

このように基本法によって構造化された「協調的連邦制」は，さらにその後，3つの側面における発展を通じて「協調」の度合いをいっそう強化されていった．その第1は，基本法自体の改正による連邦権限の拡大である．実質上，基本法の制定時に州に留保された独自の立法権限は，州憲法，州行政の組織と人事権，自治体組織，警察権による危険防止，そして教育の分野に限られた，とシャルプはいう（Scharpf 2009, 20）．しかし，これらの権限からも，州公務員の給与と年金（Versorgung）についてはヴィリー・ブラント政権期，州の警察権に関しては，原子炉安全がアデナウアー期，またゴミ除去，大気汚染防止，騒音対策など環境政策に関わるものがブラント政権期，さらに教育については1960年代の大連合政権期に連邦の競合的，ないし枠組み立法権限（詳細の規定を州の立法に委ねる連邦の立法形式）に移された（*ibid.*, 21; 第3章の表3-2を参照)[10]．

第2は，BVGの解釈による同意立法の範囲拡大である．基本法84条1項は，州が連邦法を州の固有の任務として遂行するにあたり（これは連邦共和国全体の行政を担うのは州であるとする原則からして当然である），連邦が連邦参議院の同意を得て別の規定を定めない限りは州自らが官庁の設立や行政組織

---

8) 連邦から特定の州に対する垂直的な交付金の支援と並び，4項で州相互間の水平的な財政均衡が規定されたのは，州が本来は連邦からの支援を嫌ったものの——連邦の補助金は各州を個別的に縛る「金の手綱（Goldener Zügel）」となる——，州が相互間で国家条約を締結し，独自に財政均衡について合意に達することが政治的に著しく困難であることを占領期の苦い経験から知っていたからである（一部の州の反対を押し切り，1年限りの解決を繰り返した．Cf. レンチュ 1999, 25-64）．連邦の同意立法であれば，州が全会一致で合意する必要はない．

9) この結果，おおよそ州ごとに配置され，傘下の税務署を統括する上級税務局（Oberfinanzdirektion）は，連邦税務行政の中級官庁であると同時に州税務行政のそれともなった．連邦と州の税務行政を結びつける組織的要として位置づけられている．Cf. Caeser und Hansmeyer (1987, 929).

10) これらの中で，州公務員の処遇に関わる競合的立法権と教育分野での枠組み立法権は，第1次メルケル大連合政権の連邦制改革によって廃止された．第7章第3節を参照.

を規律する，と定める．BVG は，この条文を根拠として，本来は連邦参議院の同意が問われない法案についても，それが執行手続きの規定を含み，その部分について同意が必要ならば法案全体に対する同意が必要となる，との連邦参議院の主張（「一体性理論（Einheitstheorie）」と呼ばれる）に同調した．1958 年のこの判決は，裁判所の爾後の判断を方向付けるものとなり，同意立法の範囲を広げたのであった（*ibid.*, 22f.）．

　第 3 は，基本法の改正による財政連邦制度の「協調化」である．基本法の発効後，州の間では，依然として財政力の格差が解消されなかったので，上に述べた 106 条の 3 項と 4 項に基づく財政的支援が継続的に実施された．例えば 1947 年には，ハンブルクの一人当たり税収が 1078 ライヒスマルクであったのに対し，シュレスヴィヒ・ホルシュタインでは 223 ライヒスマルクにすぎなかった（レンチュ 1999, 58）．これは，各州の経済構造の特性（貿易拠点港の存在や農業の優越など）や徴税方法による偏りなどのためであったが，さらに後者はニーダーザクセン州などと並び，多くの被追放民を受け入れるなど，戦後処理に伴う過大な負担から圧迫され厳しい財政運営を強いられたのであった．しかし，連邦が同条を根拠として特定の州に対する支援を行う際には，その都度必要性を説明しなければならなかったし，州相互間の「水平的」財政均衡の措置も 1, 2 年の時限立法を繰り返していては，各州が財政の見通しを立てることは難しかった．1955 年の改革によって，連邦は当面の 3 年間は基本法の規定により，さらにその後は隔年ごとの同意立法によって所得税と法人税の税収から一定の配分を受け取ることを規定された他，均衡化の度合いを改善された財政均衡制度が恒久法によって制度化されたのである（Renzsch 1999, 128f.）．

　しかし，この 55 年改革も，財政連邦主義に付きまとう問題に真の解決をもたらしはしなかった．州は，経済成長に伴う所得税や法人税の税収増から恩恵を受けたものの，その支出構造は硬直的であった．その上，欧州の共通農業政策の発足とともに，農業は構造改革の問題に直面し，石炭鉄鋼業は衰退への道をたどり始め，また全国的に教育危機への警鐘が鳴らされるなど，地域経済の構造改革や研究教育奨励などの分野における対応がますます強く求められていった．一方，その主要財源である売上税からの税収は著しくは伸びなかったものの，連邦には柔軟な財政運営を行う余地があった．したがって，その財政支

援は個別の州に対する政治的影響力の行使を指摘する批判を免れなかったとはいえ，支援を求める州の要請がやむことはなかったのである．

これらの問題を解消すべく実現されたのが，クルト・ゲオルク・キージンガー大連合政権による 1969 年の財政制度改革であった (*ibid.*, 129f.)[11]．まず，州に固有の事務領域に対する連邦の出資が「共同事務（Gemeinschaftsaufgaben）」として制度化された．大学建設ならびに地域経済構造の改善，農業構造の改善，沿岸部保護の分野において，連邦と州が共同で計画を策定し実施することとなったほか（91a 条），連邦と州の間のより緩やかな形での合意に基づき，地域を超えた意義を有する科学研究計画の推進が認められた（91b 条）．また，連邦はこのような共同の計画に加わることなく，州が執行する事務に資金を供給し（104a 条 3 項），州や自治体の社会的投資に対する支援が正式に認められた（104a 条 4 項）．さらに，基本法制定時の目標であった主要税の共有化が達成された．所得税，法人税に続き，売上税が連邦と自治体を従えた州との「結合税（Verbundsteuer）」になり，その税収は，連邦と州が「連邦領域における生活関係の統一性」（106 条 3 項）の維持に向けてそれぞれの財政を運営できるように配慮して分配されることとなった[12]．州の税収については，所得税や法人税の場合は，徴税の場所に税収が帰属するとの原則（Prinzip des örtlichen Aufkommens）を維持した上で，帰属の地域的偏りを是正すべく他州との間で配分を分割する工夫が加えられたほか（Steuerzerlegung），売上税からの税収は人口比にしたがって配分された．州相互間の財政均衡は，州全体に配分される売上税からの収入総額の 4 分の 1 を超えない範囲内で，同意立法による一定の基準に従い財政力の弱い州に優先的に配分され（107 条 1 項），さらに連邦から補充交付金（Bundesergänzungszuweisung）が追加されることになった（107 条 2 項）．この結果，財政力の弱い州の一人当たり税収も，連

---

11) 第 21 次基本法改正に関する法律（1969 年 5 月 14 日公布）(*Bundesgesetzblatt* Teil I, 1969, Nr. 37) を参照．経済安定・成長法の制定に示された，ケインズ主義的経済政策の導入の文脈を含め，大連合政権期の財政改革については Lehmbruch (1998, 114-125; 本書第 4 章第 3 節)．
12) 同時に行われた自治体の財政改革の結果，自治体が所得税と法人税の税収から一定の配分を受け取ることになったことへの対価として，従来は自治体の税源であった営業税も連邦，州との間の結合税となった（106 条 6 項）．

邦全体の平均の 95% を超える水準にまで引き上げられた．「協調的連邦制」は，こうして財政面においても完成されたのである (Scharpf 2009, 26)．レームブルッフは，この「協調的連邦制」を「結合連邦制（主義）(Verbundföderalismus)」ないし「執行府連邦制（主義）(Exektivföderalismus)」と呼び，1848年の3月革命期にフランクフルト・アム・マインに招集された国民議会が採択した憲法草案に始まり，ビスマルクの国家統一やワイマール共和国憲法の制定を経て連邦共和国の基本法にまで受け継がれてきた（それぞれの歴史的画期において重ねて選択されてきた），ドイツの連邦制国家に特有の国家構造である点を強調している (Lehmbruch 2001)．

4. 「法治国家」と連邦憲法裁判所

　すでにワイマール期に法学者として名を成していたゲルハルト・ライプホルツは，BVG の判事に就任後間もなく著した内部資料の冒頭において，自由で民主的な法秩序，連邦主義と並び，ボン共和国の国家原理として基本法が認めた「法治国家」の原則は，（州における憲法裁判所とならぶ）連邦憲法裁判所の設立としてこそ理解すべきである，と記した (Leibholz 1957)．その判決を通じて「最高の国家権力の行使」(*ibid.*, 111) に加わる BVG は，必然的に「政治的性格」を有し，他の上級の連邦裁判所とは異質の独立した存在である，と力説したのである．

　実際，序章で述べたように，メルケル政権が野党との間にも調整を図りつつ債務危機に対するヨーロッパの対応策を進めていた際にも，BVG の判断はドイツ国内のみならずヨーロッパ中から固唾を飲んで見守られた．2011年10月末には，EFSF が行う資金提供を決定する特別委員会の設置をめぐり，SPD の議員2名が当該委員会の活動差止めを求めたが，BVG はこの訴えを肯定して仮命令を発した[13]．また，翌年2月，BVG はこの機関争訟の訴えを大筋において認め，連邦議会全体の予算審議権を重視する観点から，その活動に厳しい条件を課した上で当該委員会の設置を認める判決を下した[14]．さらに2012

---

13) http://www.euractiv.de/finanzen-und-wachstum/artikel/verfassungsrichter-stoppen-euro-sondergremium-005555

年9月，EFSFの恒久版としてのESMの設立についても，連邦議会の新たな承認なしに責任限度額を超える資金をドイツは提供してはならない，と留保しつつESMへのドイツの参加と財政協約の締結を承認する判断を示した[15]．この9月の判決は，前連邦議会議員や法学者が加わる市民団体を初め，左翼党，CSU議員らがそれぞれ申し立てた複数の憲法異議に対して下されたものである[16]．

確かに，BVGには，ワイマール期の国事裁判所（Staatsgerichtshof für das Deutsche Reich）にも認められた，連邦制国家に特有の「連邦制的争訟」を審議する権限に加え，連邦の最高機関の「権利と義務」の範囲をめぐり，その機関ないしその一部，すなわち2011年10月の提訴のように，連邦議会からは議員個人であっても提起することができる「機関争訟」の審査，また，連邦政府，州政府，あるいは連邦議会議員の3分の1（2009年以降は4分の1）以上の提訴に対し，連邦法や命令の基本法適合性を審査する「抽象的規範統制」の権限を有する．その結果，訴えの内容が連邦制的争訟に関わるにもかかわらず法令の審査を求める訴えの多くは，連邦議会で野党に属する党派が構成する州政府によって提起されるという[17]．さらに，これらに加え，基本権の侵害を理由として誰もが申し立てることのできる「憲法異議（Verfassungsbeschwerde）」の制度が，連邦憲法裁判所法によって設けられた（基本法には1969年の改正によって追加された）．そのほとんどが真剣な検討に値せず，却下されてきたとはいえ，憲法異議はBVGへの提訴件数のほぼ98%を占めており，国民の間にBVGの権威が幅広く受容されてきたことをうかがわせる（Höreth 2014, 76, Abb.）．他の裁判所が裁判を行うにあたり，適用法規が基本権に適合しているか否かについて疑義をもった際には，裁判手続きをいったん中

---

14) http://www.zeit.de/politik/deutschland/2012-02/bundesverfassungsgericht-sondergremium
15) http://www.zeit.de/politik/deutschland/2012-09/bundesverfassungsgericht-klage-esm-urteil
16) http://www.spiegel.de/politik/deutschland/fiskalpakt-und-esm-fuenf-klagen-beim-bundesverfassungsgericht-a-841548.html
17) 連邦制的争訟と異なり，抽象的法令審査の場合には手続き上提訴に期限が定められていないためである（Stüwe 1997, 555）．

断し，BVG の判断を仰がねばならないが（基本法 100 条 1 項），憲法疑義の大部分は裁判所が下した判決を対象とする（Urteilsverfassungsbeschwerde [*ibid.*, 66, 73f.]）．このように，「憲法の番人」を見誤ってナチズムに道を譲ったワイマール共和国の歴史を教訓とし，政治権力を法的に制約しようとした基本法の起草者たちは，BVG が居を定めるカールスルーエへと至るさまざまな経路を準備した．しかし，必ずしも当初から BVG の独立性が正しく理解され，カールスルーエへの道が適正に歩まれてきたわけではない．

むしろ，BVG は，設立された当初から政治的紛争の渦中におかれた．裁判所を法相の管轄下に留めようとしたアデナウアー政権は，とりわけその予算上の独立性を認めようとはしなかったが，これに対して独立の地位を主張したのが上に述べたライプホルツの覚書であった．初代の連邦大統領や連邦議会議長の選出に強い影響力を及ぼしたアデナウアーに対し（Wengst 1985），CDU の他の領袖のみならず，連邦議会や連邦参議院の国家機関としての地位を守ろうとする議員や州首相が BVG の主張を擁護したため，アデナウアー政府は翌年となってその見解を改めざるを得なかったのである（Vanberg 2000）．

草創期の連邦共和国では，国家機関の運営に携わるすべての主体が初心者であっただけではなく，連邦議会の多数派をかろうじて維持し得たアデナウアー政府にとっても政権の運営は危ういものであった（Schwarz 1981, 169–181）．とりわけ，欧州防衛共同体を設立するために締結された諸条約の批准をめぐってアデナウアーは窮地に陥り，そこで BVG も大きな試練に直面することになった．

連邦共和国を速やかに西側世界に組み込もうとするアデナウアーは，フランスが提案した欧州防衛共同体に西ドイツが参加し（「パリ条約」），それとともに旧占領国と西ドイツとの関係を調整する「ドイツ条約」を締結し（52 年 5 月），これらの批准を進めようとした．これに対し，ドイツ民族の悲願となった国家統一が脅かされると考えた SPD は，共同体への西ドイツの参加に強く反発した．両条約は徴兵制の導入を不可欠の前提とするが，それには基本法の改正が必要であるから違憲である，と論じた同党は，1952 年 1 月末，（批准法案は未成立であったから，その違憲性を事前に確認する）抽象的法令審査の訴えを，その締結に先立って BVG の第 1 法廷に提起した（他の会派の議員を加

え,総勢 144 名の議員が名を連ねた).

これを見たアデナウアーは,テオドール・ホイス大統領を動かし,両条約の合憲性についての「鑑定(Gutachten)」を BVG に求めさせた.アデナウアーから支援を受けて大統領となったホイスは,社会主義に対する反感でも知られていたのである.また,当時の第 1 法廷が「赤い」法廷と呼ばれ,野党寄りの判事が多数を占めていたのに対し(基本権に関わる訴訟を担当),政府は,与党寄りの「黒い」第 2 法廷(機関争訟の担当である)の判事が加わった大法廷ならば,政府の期待に沿う決断を下すものと観測した(正式な判決ではないので,たとえ反対の結論だとしてもその影響は限られる).

批准法案の第 2 読会の開催はさまざまな理由のために遅れたが,そこに臨んだアデナウアーは,1952 年 12 月初旬,法案の審議を突如中断し,その翌日には,法案を連邦議会の過半数によって決定しようとする政府を SPD が提訴によって妨害している,として機関争訟の訴えを第 2 法廷に提出した.

このように,裁判所を政争のあからさまな道具とするアデナウアーに対し,ヘルマン・ヘプカー・アショフを長官に頂く BVG は訴えを退けた上,「鑑定」であっても将来の判決を拘束する,としつつ作業の続行を表明した(Laufer 1968, 404–411).ホイス大統領は,鑑定が判決と同じ意味をもつことが判明した,と述べて鑑定の依頼を取り下げ,モンテスキューが唱えた権力分立が「憲法危機」を招いた,と慨嘆したと伝えられる [18].また,裁判所が法務省の管轄下にあると考えていたトーマス・デーラー法相は,判事の資質を難詰までして事態の混乱を深めた.結局,法案は翌年の 3 月と 5 月にそれぞれ連邦議会と連邦参議院を通過したが [19],54 年夏となってフランスの国民議会が同条約の批准に失敗し,防衛共同体は不成立に終わった.こうして BVG は,与野党が提起

---

[18] "Montesque ist schuld", *Der Spiegel* 17. Dezember 1952, 5–9. 12 月 9 日に緊急で開かれた二度目の閣議の議事録が,閣議の模様と閣僚の発言について詳しく伝えている. "Sondersitzung der Bundesregierung am 9. Dez. 1952", http://www.bundesarchiv.de/cocoon/barch/k/k/k1952k/kap1_2/kap2_87/para3_1.html

[19] アデナウアー政権の対外政策に批判的であったマイアーは,3 つの州の合同によって成立したバーデン・ヴュルテンベルクで CDU を野党に追いやり,SPD とリベラル派との連立政権を率いた.彼は議長の立場を活用し,連邦参議院による批准法案の承認を遅らせた(Schwarz 1981, 177–181; 平島 1994, 78–79).

した訴えに対する憲法判断を示すことなく条約の帰趨を政治の決定に委ね直し，「憲法の番人」としての権威を確立する第1歩を踏み出したのであった[20]．

BVGは，立法過程に直接に関わらないから，連邦参議院や連邦議会の多数派を構成する議員の集団ないし政党とは異なり，現状を変更する連邦政府の立法の試みに対してその同意が常に不可欠であるわけではない．BVGが政府の行動を阻止するためには，他のいずれかの主体がその判断を求めて審査の手続きを起動させなければならない．この意味において，BVGは状況に依存しており，通常の「拒否権プレーヤー」（ツェベリス2009）とは異なる．しかし，政治的主体のみならず国民の間でもその権威が広く受け入れられれば，事後的な判決を待たずとも，時の連邦政府のみならず反対勢力でさえもBVGの判断を事前に斟酌し，その法的見解を尊重することになる．この意味において，BVGは優れて政治的な役割を果たすのである（Höreth 2014, 77-79）．

---

[20] Vanberg（2000）は，BVGが独立性を獲得するきっかけとなったライプホルツの覚書と欧州防衛共同体の設立条約の批准の2つの事例を比較し，前者の事件が世論からほとんど注目を集めなかったのに対し，後者では政府に批判的な新聞報道が大いに裁判所を助けた点を強調している．なお，BVGは，基本法が定める基本権の規定を最高の法規範とし，これに照らして他の裁判所の判断をも審査する権限を樹立した，1958年のリュート判決などを通じ，その最高の権威を司法権においても確立していった．Cf. Vorländer（2011）; Höreth（2014, 35-38）; 木村（2003）．

第3章　政党と政党システム

1.「半主権国家」と政党

　現代の民主政治は政党なくしては成り立ちえない，ということが自明の理となってすでに久しい[1]．とりわけ，ワイマール共和国の崩壊とナチ体制の成立を強い負の教訓として生まれた「半主権国家」は，基本法において政党を規定し，政党に中心的な役割を与えた．21条1項は，その冒頭において「政党は，人民の政治的意思形成に際して協働する」と明記した．さらにカッツェンシュタインは，政党を「分権化された国家と集権的に組織された社会とが公共政策を形成する上で収斂する，重要な制度的アリーナ」（Katzenstein 1987, 35）として，いわゆる政治システムへの入力過程のみならず社会に対する政策的出力の側面においても大きな役割を担う点にも注意を促した．政党は，国家と社会を媒介する最も重要な「結節点」として位置づけられている．

　カッツェンシュタインは，『西ドイツの政治と政策』と銘打った1987年の著書において，CDU/CSUとSPDの2つの主要政党が，極端なイデオロギーの主張に走ることを妨げる勢力を共に党内に擁する上に，そのいずれかが，政党システムの中で要の位置を占める小党のFDPとの間で連合政権を形成する結果，政策を「漸進主義的」に変化させ，中道を志向させてきた，と強調した．もちろん，彼は，政党システムの安定性と中庸を保った政策だけに注目して「半主権国家」を一面的に評価するわけではない．1980年代に初めて連邦議会に進出を果たした緑の党が，二大政党と一小党の間で展開された連合政治に伴う「寡占的な政治スタイル」（ibid., 352）を明らかにした，とも指摘する．ま

---

[1]　ワイマール共和国末期に同時代の政党を分析したノイマンは，「政党危機として現れる現象は，むしろ民主主義，社会経済的世界，それどころかヨーロッパ人そのものの危機である」，と喝破した（Neumann 1965, 96）．

た，アデナウアー政権の西側統合政策（Westintegration）は野党 SPD によって，ブラント政権の新東方外交は同じく当時，野にあった CDU/CSU によって厳しく糾弾されたのであり，両党が外交政策の成果を相互に受け入れるにはより長い時間を要した，と付言することも忘れなかった[2]．

しかし，冷戦の終焉後に突如，浮上した国家統一という歴史的課題にコール首相が取り組む際に見せた専断的ともいえる政治手法や，その後，統一ドイツが国家統一の負の遺産に呻吟しつつ改革への着手に遅れて停滞を招き，ドイツが「ユーロ圏の病人」と揶揄されるまでにパフォーマンスを低下させた事態は，「半主権国家」の定式からは予測困難であった[3]．さらに，赤緑連合を率いたシュレーダー首相が，党内からの強い異論にもかかわらず，再選後に断行した労働市場改革（第6章第2節）についても，カッツェンシュタインの枠組みだけをもってしては説明することは容易ではないだろう．本章は，国家統一はもとより，冷戦の終焉やグローバル化，欧州統合の進展，あるいは少子高齢化などの中で変容し続けてきた「半主権国家」の政治を理解するための手がかりを，政党と政党システムの観点から得ることを目的とする．

以下ではまず第1に，CDU/CSU，SPD，FDP が 1961 年以来，議席を独占した連邦議会に緑の党が参入を果たした後，旧東独の体制政党の後身として統一ドイツに登場した PDS，ならびに「ハルツ改革」をきっかけとして SPD と袂を分かった党内左派が PDS と合同して生まれた左翼党を含め，政党間の競争関係すなわち政党システムの変化について概観する[4]．政党政治の中心は二

---

[2] カッツェンシュタインは，政策の漸進主義的変化が，イモビリズム，すなわち政策の不変化，停滞とは質的に異なる点を強調する．

[3] *Economist* June 3, 1999.

[4] 連邦共和国の選挙制度の原則は比例代表制であるが，多くの小党が分立したワイマール共和国の崩壊を教訓として，5% に満たない票しか得られない党は原則として議席をもつことができない（阻止条項）．したがって，この条項によって議会進出を阻まれてきた極右ないし急進右翼の政党はここでは扱わない．なお，制度は，より正確には「小選挙区比例代表併用制」と呼ばれる．州単位の比例区とならびに全国に 299 の小選挙区があり，有権者は2票を投ずる．従来は，比例区に対する第2票を全国で集計し，その総数をもとに 598 議席を各党に比例配分した（各党の州名簿を結合することになる）．その一方，州と政党によっては小選挙区での当選者数が当該州に配分されたその政党の当選者数を上回る場合があり（多党化の進展とともに，二大政党のいずれかについてより多く発生した），「超過議席（Überhangmandate）」と呼ばれた．その発生分だけ連邦議会の

大政党にあるが,選挙,連合形成や立法などの行動は他党との競合の文脈において戦略的に決定されるからである.

もっとも,連邦議会だけを見ていては,諸政党の行動を十分に理解することはできない.そこで第 2 に,連邦政府の立法政策に大きな影響を及ぼす連邦参議院における多数関係について検討する.「協調的連邦制」を構成する要素の 1 つは,現在は 16 を数える州政府が,州人口の規模に応じた票数をもつ政府代表を送り込む連邦参議院にある.連邦参議院の多数関係は,各州で行われる州議会選挙の結果によって変わりうるが,州議会選挙はその時々の連邦政府の業績を評価する「中間選挙」の側面をも有し (Decker und von Blumentahl 2002),発足したばかりの新連邦政権が州議会選挙の結果,連邦参議院の多数派を失うことも稀ではなかった.かつて,1969 年に発足して国内の改革政策や新東方外交を進めたブラント政権,ならびに困難な経済運営にあたったシュミット政権に対し,連邦参議院の多数派を盾にして CDU/CSU が抵抗を試みる中,シャルプは「錯綜政治 (Politikverflechtung)」の議論を展開し (Scharpf, Reissert, und Schnabel 1976),レームブルッフは連邦制と政党システムの間における作動原理の「構造的断絶 (Strukturbruch)」を指摘した (Lehmbruch 1998).両院の多数派の間にいわば「ねじれ」が生じた場合,同意立法である重要法案が不成立に終わって改革が停滞するのか,それとも連邦政府が議会戦略を駆使して事態を打開するのかによって道が分かれるのである.

最後に第 3 として,国家と社会とを結びつける政党の媒介機能の変化について考えたい.「半主権国家」は国家統一後に重い課題を背負ったが,政党は脱産業化など社会の長期的な変化からも深い影響を受けている.二大政党の比重低下や小党の盛衰は政党システムの作動を直接に左右するが,党員数の減少や

総議席数は増加したのである.しかし,このような二段階の配分方式のために,州と政党によっては第 2 票の増減が逆に議席の減少と増加を生むことが顕著となり(「負の投票価値」),2008 年,BVG はこれが選挙の平等と直接選挙の原則に反するとの判断を示した.2011 年暮れに成立した改正法は,併用制は原則として維持しつつ,第 2 票をもってまずは州別の議席数を決定し,その後州ごとに政党別の当選者数を確定することとした(超過議席も存続した).さらに,議席に結び付かなかった残余の票を全国で集計し,追加議席として配分するが,その結果としてより多くの議席増が生じうる点が欠点だとされる.Cf. 山口 (2012), Seils (2013).

投票率の低下などは，社会内に根を張るべき政党から組織的活力を奪うことを示唆する．政党は，基本法によって保障された特別の地位に頼ってその存在を保持し続けるのか，それとも新たな媒介のあり方を模索して変化の途上にあるのか．組織活動の変化は，長期的には政党間の競争関係に対しても無視できない影響を及ぼすものと考えられる．

2. 連邦における政党システム[5]

(1) 初期の政党システム（1949年〜1961年）

1961年から緑の党が初めて議席を獲得した83年に至る時期において，ドイツの政党システムは二大政党と一小党によって構成され，著しい安定性を誇った．パッピが強調したように，この時期においては，国家介入を抑えて市場経済を優先するCDU/CSUとFDP，政策形成において労使の団体との協調を是認するCDU/CSUとSPD，社会的自由主義への刷新を支持するSPDとFDP，のいずれの組み合わせによっても連合政権の形成が可能となったのである (Pappi 1984)．しかし，このような3党システムが構成されるには，連邦共和国の創設後4回の選挙を数えねばならなかった．最初の連邦議会にはこれら3党以外に8つの小党が進出し，むしろ戦前の多党制との連続性を際立たせた (Falter 1981)[6]．

占領期において「社会主義的で急進的なベルリン，教権主義的で保守的なケルン，資本主義的で反動的なハンブルク，反革命的で分離主義的なミュンヘン」(Pridham 1977, 23) と評されるほどの地域的多様性を見せたキリスト教民主主義は，第1章において言及したように，連邦共和国の成立後，バイエルンのCSUとそれ以外の州におけるCDUとして定着した．ベルリンからは「キリスト教社会主義」を掲げたヤーコプ・カイザーを迎え，ルール地区のカトリック労働運動から支持を得たCDUは，北部のプロテスタント保守主義からも

---

[5] 連邦共和国の政党については，Stöss (1986)，Lösche (1993)，西田・近藤編 (2014) など．また連邦議会の歴代選挙の概要については Andersen (2013)．

[6] 占領軍によって活動を許可された政党 (Lizenzparteien) は，許可されなかった他の政治的集団に対してすでに組織上の優位を保っていた．

支持を調達し，アデナウアーの巧みな指導の下に歴史的なミリューの垣根を越えた最初の「国民政党（Volkspartei）」へと歩み始めた（Wiesendahl 2011）．

SPDに対抗したCDUは，FDPや，ニーダーザクセン以北に地域的な基盤をもつドイツ党（DP）との間で小選挙区ごとに選挙協力を行ったほか[7]，やがてDPの議員を自党内に取り込んでいった．もっとも，CDUが国民政党へと伸張したのは，アデナウアー政権による西側統合政策や「社会的市場経済」を通じた急速な経済復興，あるいは戦災に対する一連の対応策が世論から幅広く支持されたからこそである．「社会的市場経済」は，経済秩序（Wirtschaftsordnungen）には国家的規制が不可欠であるとみなすオルド自由主義（Ordoliberalismus）と，再興されたビスマルク型福祉国家とを共に包含するものであり，新旧両派を架橋するためにも格好の理念であった（Lehmbruch 1992; Manow 2008）．CDUは，連邦レベルでの組織的実体なしに「首相選出団体（Kanzlerwahlverein）」として機能し，最初の選挙ではCSUと合わせて139議席（得票率31.0％）を獲得して第1党に躍り出た．さらに1953年の2回目には243議席（45.2％），1957年の第3回選挙では270議席（50.2％）にまで達し，単独で過半数を制するに至った（表3-1）．

これに対し，カリスマ的なリーダーとして知れ渡ったシューマッハー率いるSPDは，戦前の党組織を速やかに再建させることができたものの，最初の選挙においては131議席（29.2％）を獲得するに止まり，CDU/CSUの後塵を拝した．基幹産業の社会化や経済計画，共同決定などを掲げる経済政策は，「社会的市場経済」が始動する中で説得力を弱めていったし，アデナウアーの西側統合に対する対案としての再統一も冷戦が進行する中で実現から遠のいた．さらに，シューマッハーが集権化を強化した中央の党組織も守旧派の牙城となり，経済復興の中で急速に変化する社会から取り残されていった．戦前には，プロテスタントの熟練労働者を中心に，職場から家庭に至るまで労働者の生活を組

---

[7] Presse- und Informationszentrum des Deutschen Bundestags（Hg.）, *Datenhandbuch zur Geschichte des Deutschen Bundestags 1949 bis 1982*, 3. Aufl., Baden-Baden, 1984, 106-109. なお，ノルトライン・ヴェストファーレン州では，戦前に起源をもつ中央党がCDUよりも左派的な立場をとって一定の支持を集めたが，カトリック教会がCDUをより強く支持したこともあり第3回の選挙では姿を消した．第2回選挙ではCDUはこの中央党との間にも小選挙区候補者の調整を行った．

表 3-1 連邦議会選挙結果（上段：得票率，下段：議席数）

	投票率議席数	CDU/CSU	SPD	FDP	緑の党	PDS[a]	その他
1949年8月14日	78.5%	31.0%	29.2%	11.9%	—	—	27.8%
	402	139	131	52	—	—	80[b]
1953年6月9日	86.0%	45.2%	28.8%	9.5%	—	—	16.5%
	487	243	151	48	—	—	45[c]
1957年9月15日	87.8%	50.2%	31.8%	7.7%	—	—	10.3%
	497	270	169	41	—	—	17[d]
1961年9月17日	87.7%	45.3%	36.2%	12.8%	—	—	5.7%
	499	242	190	67	—	—	0
1965年9月19日	86.8%	47.6%	39.3%	9.5%	—	—	3.6%
	496	245	202	49	—	—	0
1969年9月28日	86.7%	46.1%	42.7%	5.8%	—	—	5.5%
	496	242	224	30	—	—	0
1972年11月19日	91.1%	44.9%	45.8%	8.4%	—	—	0.9%
	496	225	230	41	—	—	0
1976年10月3日	90.7%	48.6%	42.6%	7.9%	—	—	0.9%
	496	243	214	39	—	—	0
1980年10月5日	88.6%	44.5%	42.9%	10.6%	1.5%	—	0.5%
	497	226	218	53	0	—	0
1983年3月6日	89.1%	48.8%	38.2%	7.0%	5.6%	—	0.5%
	498	244	193	34	27	—	0
1987年1月25日	84.3%	44.3%	37.0%	9.1%	8.3%	—	1.4%
	497	223	186	46	42	—	0
1990年12月2日	77.8%	43.8%	33.5%	11.0%	5.0%	2.4%	4.2%
	662	319	239	79	8[e]	17	0
1994年10月16日	79.0%	41.4%	36.4%	6.9%	7.3%	4.4%	3.6%
	672	294	252	47	49	30	0
1998年9月27日	82.2%	35.1%	40.9%	6.2%	6.7%	5.1%	5.9%
	669	245	298	43	47	36	0
2002年9月22日	79.1%	38.5%	38.5%	7.4%	8.6%	4.0%	3.0%
	603	248	251	47	55	2	0
2005年9月18日	77.7%	35.2%	34.2%	9.8%	8.1%	8.7%	3.9%
	614	226	222	61	51	54	0
2009年9月27日	70.8%	33.8%	23.0%	14.6%	10.7%	11.9%	6.0%
	622	239	146	93	68	76	0
2013年9月22日	71.5%	41.5%	25.7%	4.8%	8.4%	8.6%	15.7%
	631	311	193	0	63	64	0[f]

注：a) 2005年選挙では選挙連合「左翼党」、09年・13年選挙では左翼党。
b) DP 17、バイエルン党 17、共産党 15、経済再建連合 12、中央党 10、右翼党 5、その他 4。
c) 故郷被追放者・権利被剥奪者ブロック 27、DP 15、中央党 3。
d) DP 17。
e) 旧東独地域での 90年同盟・緑の党の獲得議席。
f) FDP が戦後史上初めて議席を失った一方、5% の敷居を越えられなかったものの、AfD が 4.7% の得票をみせたことなど小党の得票の合計が著しく伸びた。
出典：Der Bundes Wahlleiter, *Ergebnisse früherer Bundestagswahlen*, Wiesbaden, 2015, 20-25. ただし、連邦議会では議決権をほぼもたない西ベルリン選出議員（1949年～1990年）の人数を各党の議席数から差し引いてある。

織した「連帯共同体」（レッシェ・ヴァルター 1996）も解体していったのである．SPD は，3 回目の選挙においては，かろうじて「30％ の塔（Turm）」を脱却できたものの，過半数を制した CDU/CSU の前に色を失った．党の改革は，シューマッハーの後任となったエーリヒ・オレンハウアーではなく，連邦議会の議員団や州首相などの改革派が原動力となって進められ，58 年のシュトゥットガルト党大会では改革派が執行部の実権を握るための組織改革が行われた．また，その翌年には「可能な限りで競争を，必要な限りでの計画を」という定式で知られたバート・ゴーデスベルク基本綱領が採択され，労働者の「階級政党」から「国民政党」への脱皮が選挙民に向かって訴えられた．さらに，西側統合政策が連邦共和国の再軍備や北大西洋条約機構（NATO）加盟として展開する中で，再統一も現実を踏まえた軍備管理や軍縮を目指す政策へと練り直され，60 年，対外関係についても政権との「共通の外交政策」の推進が表明されたのである．

一方，初回選挙において 52 議席（11.9％）を得た FDP は，小党ながらホイス大統領やヘプカー・アショフ BVG 長官などを輩出し，自由主義の歴史的伝統の継承を印象付けた．その分裂の歴史は克服されたものの，南西部やハンザ都市などに拠点をもつ左派とそれ以外の地域の右派との対立を抱えたまま，右派のナショナル・リベラルの優位の下にアデナウアー政権のジュニア・パートナーとなった．しかし，第 2 次アデナウアー政権が選挙法改正による同党の弱体化を画策すると政権から離脱し，あろうことか「青年トルコ党」と呼ばれたノルトライン・ヴェストファーレン州の右派が同州における CDU との連立を解消して新たに SPD との間に連合を形成した．連邦では閣僚を含め議員団の 3 分の 1 が別の党を作って政権に残留したため党は分裂に至った．「第 3 勢力」を掲げて戦った第 3 回の選挙では勢力を後退させ野党となったが，西側統合に対抗する新たな（再統一のための）ドイツ政策を求めつつ，SPD を助けて連合政権を形成する能力を備えた，「蝶番（Scharnier）」としての党への模索が始まった（Lösche und Walter 1996）．

最初の選挙では州ごとに適用された 5％ の阻止条項が小党の議会進出を許し，BVG が極右の社会主義帝国党（SRP）や極左のドイツ共産党（KPD）を禁止するなど（1952 年と 56 年），政党システムは外在的な要因からも影響を受け

たが，アデナウアー政権の下に CDU/CSU が敵対する SPD を抑え，国民政党としての優位を確立していったことがこの時期の潮流を作った．

(2) 3党システムの時代（1961年～1983年）

CDU/CSU は，1961年には 45.3%（242議席）と過半数からは後退したものの，1980年の9回目の選挙に至るまで 45% 前後の得票率を維持し，72年の唯一の例外を除いて第1党であり続けた．これに対し SPD は，61年に 36.2%（190議席）と優に3割の垣根を越え，ブラント政権の新東方外交をかけて争った72年の選挙では 45.8%（230議席）を手中に収め，CDU/CSU を凌駕して第2の国民政党への到達を誇示した．この間，CDU/CSU は，アデナウアー，ルートヴィヒ・エアハルト，キージンガーと首相を輩出し続けたが，キージンガー大連合政権ではジュニア・パートナーに甘んじた SPD が，遂に FDP と連立を組み，ブラント，シュミット両政権を率いるに至った．FDP は，大連合政権時の野党期を経て，「蝶番」の政党として異なる組み合わせの連合政権への転轍を果たした（表3-2）．

二大政党間の関係はこの時代の前半と後半で大きく異なる．前半の60年代において SPD は，個別の政策分野ごとに議論を公開して政権担当能力を誇示し，西ベルリン市長であったブラントを初め，年老いたアデナウアーに代わって改革を進める若い政治家の群像を前面に押し出した[8]．とりわけ，カール・シラーがケインズ主義理論に基づいて唱えた経済政策は，エアハルトの「社会的市場経済」に対する対案として注目を集めた．しかし，すでに50年代末に始まっていた SPD の党改革が示していたように，SPD はアデナウアー政権の政策を共有すべき実績として承認した上で自党の優位をアピールしようとしたのであり，60年代は大連合政権の形成へと至る両党接近の側面が著しかった．そして，前章で見たように，キージンガー大連合政権は半主権国家の「協調的連邦制」の仕組みをいっそう協調的なものとした．

これに対し，70年代には両党間の対決の契機が濃厚となった．国内改革や新東方外交の推進を掲げたブラント政権は，連邦議会においても不安定な多数

---

8) ブラントの伝記の決定版としてショレゲン（2015）．

表 3-2 歴代政権

首相（出身政党）	在任期間	政権構成政党
アデナウアー（CDU）	1949.9.20-1953.10.20	CDU/CSU, FDP, DP
同第 2 次	1953.10.20-1957.10.29	CDU/CSU, FDP（56.2 離脱），BHE, DP
同第 3 次	1957.10.29-1961.11.14	CDU/CSU, DP
同第 4 次	1961.11.14-1963.10.15	CDU/CSU, FDP（62.11 一時離脱）
エアハルト（CDU）	1963.10.16-1965.10.20	CDU/CSU, FDP
同第 2 次	1965.10.20-1966.11.30	CDU/CSU, FDP（66.10 離脱）
キージンガー（CDU）	1966.12.1-1969.10.20	CDU/CSU, SPD
ブラント（SPD）	1969.10.21-1972.12.14	SPD, FDP
同第 2 次	1972.12.14-1974.5.6	SPD, FDP
シュミット（SPD）	1974.5.16-1976.12.15	SPD, FDP
同第 2 次	1976.12.15-1980.11.4	SPD, FDP
同第 3 次	1980.11.5-1982.10.1	SPD, FDP（82.9 離脱）
コール（CDU）	1982.10.1-1983.3.29	CDU/CSU, FDP
同第 2 次	1983.3.29-1987.3.11	CDU/CSU, FDP
同第 3 次	1987.3.11-1991.1.17	CDU/CSU, FDP
同第 4 次	1991.1.17-1994.11.15	CDU/CSU, FDP
同第 5 次	1994.11.15-1998.10.27	CDU/CSU, FDP
シュレーダー（SPD）	1998.10.27-2002.10.22	SPD, 90 年同盟・緑の党
同第 2 次	2002.10.22-2005.11.22	SPD, 90 年同盟・緑の党
メルケル（CDU）	2005.11.22-2009.10.28	CDU/CSU, SPD
同第 2 次	2009.10.28-2013.12.17	CDU/CSU, FDP
同第 3 次	2013.12.17-	CDU/CSU, SPD

注：BHE: 故郷被追放者・権利被剝奪者ブロック
出典：*Datenhandbuch zur Geschichte des Deutschen Bundestages 1949 bis 1999* (Baden-Baden: Nomos, 1999); *Datenhandbuch zur Geschichte des Deutschen Bundestages 1994 bis 2003* (Baden-Baden: Nomos, 2005); 報道資料より作成．

派に頼って発足したが，CDU/CSU は FDP が州政権から脱落するにつれ，連邦参議院を政府案の修正を迫る場として戦略的に利用していった．オイルショック後の経済運営にあたったシュミット政権も，対決の構図がより鮮明になる中で厳しい政権運営に苦慮を重ねた．

一方，党の組織や基本綱領の点では，二大政党間の類似性が強まっていった．国民政党として社会各層の利害に応えようとする CDU は，結党以来，「連盟（Vereinigungen）」という，党とは別の並行組織を備えていた．青年や「社会委員会（Sozialausschüsse）」と呼ばれる被雇用者，中小企業家などの連盟が

代表例である．SPD はこれに対し，国民政党へと変貌した 70 年代となって青年，女性，被雇用者などの「作業共同体（Arbeitsgemeinschaften）」を党組織の一部として設けた（党大会において動議提出権をもつ）．アデナウアーの時代には，その名に値する連邦の党組織をもたなかった CDU は，政党法（1967 年）による国庫補助もあり，全国的な事務局機能を担うコンラート・アデナウアー・ハウスをボンに設立し，専従の事務局長をおいた．70 年代に，ライナー・バルツェルの後を襲って党首に就いたコールは，法学者であったクルト・ビーデンコプフを事務局長に抜擢し，党改革を進めさせた．もっとも，州組織（Landesverbände）や郡（Kreis）レベルの組織もそれ以上に潤沢な資金を得て充実し，州首相も連邦における発言権を強化した．CDU は「協調的連邦制」をなぞるように，州組織の自律性を高めつつ党全体の近代化を進めたのである（Schmid 1990）．CDU はまた，SPD に対抗して 1978 年に初めて基本綱領を採択した．自由，公正，連帯という基本価値は，SPD の綱領と変わりはなかったが[9]，社会的連帯はカトリックの教義に由来する「補完性」の原則に従って構成された．すなわち，「社会的市場経済」の社会的な側面を支える「社会国家」は，社会の連帯を維持しようとはするが，個人の自助を優先し，社会民主主義的な国家のような再配分の拡大を謙抑する福祉国家として目指された（Clemens 2013）．バイエルンでは，1954 年に野党に転落した CSU がその 3 年後の政権復帰とともに党改革に着手し，CDU と同様に幅広い支持基盤をもつ近代的政党へと変貌し，66 年以降に単独政権を実現していたから（Lösche 1993, 122-126），党改革は政権奪回をめざす政党が取り組むべき共通の必須の課題であったともいえよう．

これに対し，激しい党内論争を経てヴァルター・シェール党首の下に SPD との連立政権を形成した FDP は，新東方外交や開明的な人権政策を支えたものの，オイルショック後の経済運営に苦しむシュミット政権では経済界の利益をより直截に代弁するに至り，政権の運営に不協和音を増幅させていった．党の支持層が大きく交代する一方，党運営の実権は連邦閣僚や少数の連邦議会議員に集中し「閣僚政党」と呼ばれたのである（Schiller 1989, 252）．

---

[9] 両党の基本綱領の類似性を強調する時評として，Rolf Zundel, "Viel Erhabenes, Nichts Seichtes", *Die Zeit* Nr. 20（7. Mai 1976), 4.

(3) 4党システムから「流動的5党システム」へ（1983年～）

　シュミット政権がFDPの離反によって崩れ去り，FDPが再び「蝶番」となってCDUのコールが主導する「新保守主義」政権が1980年代に登場した．その一方，緑の党が83年の選挙で議会進出を果たしたことにより，政党システムは二大政党と2つの小党から構成されることになった．先進国社会には，高度成長が終わって以降，脱物質主義的価値観が広がったが，とりわけ70年代以降の西ドイツ社会では，さまざまな単一の争点をめぐって「新しい社会運動」が叢生し，これらの運動の中から生まれたのが緑の党であった．エコロジー，ジェンダー，少数者の文化など，既成政党が取り上げてこなかった問題を，「底辺民主主義（Basisdemokratie）」を実践しつつ世論に訴えかけ，議会政治に新鮮な衝撃を与えた[10]．

　FDPが，市場経済の活性化を重視するコール首相の「新保守主義的転回」を，新自由主義の国際的潮流に乗って支持したのに対し，緑の党は市場原理の優越を厳しく批判した．しかし，社会の平等や連帯を，党組織の上からではなく市民社会の底辺からの参加を通じて実現しようとした緑の党は，SPDとの間にも一線を画した．一方，緑の党の登場によって得票率が4割を下回り，CDUからも水をあけられたSPDが捲土重来を期してエコロジーの観点を加味したベルリン基本綱領を新たに制定したその矢先，冷戦の終焉とともに政治の争点は一挙に国家統一へと収斂したのである（第5章）．

　早期統一を実現して息を吹き返したコールは，1990年の選挙で勝利を収め，統一前の連合を継続することに成功したが，SPDとならび，党内で現実派が台頭した緑の党は，統一が残した問題を解決できずに行き詰ったコール政権の追い落としをねらった[11]．東独の体制政党であったPDSが，阻止条項の例外

---

10) キッチェルトは，伝統的な左右の社会経済軸に加え，脱物質主義的価値観の賛否をめぐるリバタリアン対権威主義の新しい対立軸が政党間の位置関係を決めるようになった，と主張した（Kitschelt 1989）．
11) 1990年に行われた統一ドイツ最初の選挙では，緑の党は旧西独において5％の敷居を乗り越えることに失敗し，旧東独で結成された90年同盟・緑の党（Bündnis 90/Grüne）だけが8議席を得た（阻止条項は東西別々に適用された）．その後，東西の党が合同を果たし，90年同盟・緑の党（Bündnis 90/Die Grünen）と称した．

的適用や小選挙区での当選によって議会の一角を占めるようになったものの，政党システムでは CDU/CSU と FDP を一方とし，SPD と緑の党をその対極とする両極間の競合が顕著となった．左翼の両党の連合は，すでに多くの州において成立していたが，連邦では 1998 年選挙の結果，ついにシュレーダー赤緑政権として実現したのである．

　全面的な政権の交代にもかかわらず，赤緑政権が前政権と同じ轍を踏んで経済の立て直しに成果をあげることができなかったことを考えれば，2002 年の選挙が CDU/CSU と FDP を政権に戻したとしても不思議ではなかったであろう．しかし，FDP とならび CDU/CSU も議席を微増させるにとどまったため，赤緑政権の続投が決まった．第 2 次政権を組閣したシュレーダーは，予想を覆して政治の停滞を破り，新自由主義的ともいえる社会保険と労働市場の改革を断行した．さらに，シュレーダー首相が強引に実施を早めた 2005 年の選挙では，CDU が極端な減税計画を選挙戦で掲げて世論から不興を買ったために再び CDU/CSU と FDP は政権を取り戻すことができなかった．選挙の結果は，多数派の形成を困難にしたが，苦肉の策として緊急避難的にメルケル大連合政権が成立したのである．

　政党システムにおいて両極間の競合のメカニズムが働いていたにもかかわらず，黒黄連合（黒と黄色はそれぞれ CDU/CSU と FDP のシンボルカラーである）の復活が結局は 2009 年まで遅れたのはなぜであろうか．もちろん，時々の政治状況も選挙を左右したが，政党システムについては次の 2 つの要因が考えられる．第 1 は，2 つの国民政党の凋落である（図 3-1）．SPD は，第 1 次シュレーダー政権の発足後まもなく，伝統的左派を率いるオスカー・ラフォンテーヌ党首に脱党を許し，第 2 次政権後の 2005 年選挙では「アジェンダ 2010」（第 6 章第 2 節参照）に抗議する左派の離反を招いた末に，2009 年選挙では大きく後退して戦後最低の低水準にまで落ち込んだ（得票率 23％ で 146 議席）．CDU/CSU も，2013 年選挙でこそ 4 割台に回復したが，1998 年以降は 35％ 前後の得票に甘んじた．こうして，二大政党のいずれかと一小党との連合政権の形成が自明の選択肢ではなくなった．第 2 は，二大政党の政策位置の移動である．ホルンシュタイナーとザールフェルトによれば，SPD はシュレーダー政権の前後に社会経済軸において中道化とその後の左翼への回帰を示し，

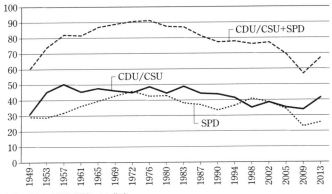

図 3-1 二大政党の議席占有率の推移

出典：表 3-1 と同じ資料により作成．

CDU もメルケル党首の下，2000 年代において移民政策に関わる位置を穏健化させた（Hornsteiner and Saalfeld 2014; 本書第 8 章）．さらに，2013 年の選挙後，CDU が緑の党に対しても連立の打診を試みたように[12]，今後は従来にはなかった組み合わせの連合が連邦でも実現するのかもしれない．州議会のレベルでは，緑の党はバーデン・ヴュルテンベルク州でヴィンフリート・クレッチュマンが政権を率いる（2011 年〜）他，9 つの州の与党であり，西部の大多数の州議会にも議席を得た左翼党も東のチューリンゲン州において，SPD と緑の党をパートナーとするボド・ラメロウ連立政権を 2014 年に成立させている[13]．2009 年以降の連邦議会を前にしたニーダーマイヤーは，二大政党の凋落と左翼党の定着をもって連立の組み合わせの数が増した「流動的 5 党システム」に転換したと主張した（Niedermayer 2011）．FDP が議席を失った 2013 年以降の

---

[12] 2013 年選挙後におけるヴィンフリート・クレッチュマン州首相の談話．http://www.faz.net/aktuell/politik/bundestagswahl/im-gespraech-winfried-kretschmann-die-ausschliesseritis-hat-jetzt-ein-ende-12620582.html

[13] 2004 年に「労働と社会的公正のための選挙選択肢（Wahlalternative Arbeit und soziale Gerechtigkeit）」をドイツ西部で立ち上げたラフォンテーヌは，2005 年の連邦議会選挙で東部の PDS との間で選挙連合「左翼党」を結び，54 議席を獲得した．政党として合同を果たしたのは 2007 年である．左翼党の党内では，ラフォンテーヌが刻印した左翼ポピュリストの潮流と，PDS に連なる現実主義的な流れとの間の緊張関係が続いている．SPD と袂を分かった前者は，同党との連立を峻拒し，ウクライナ危機に際しても親ロシア的立場を表明し SPD や緑の党との間の溝を深めた（Decker 2016）．

連邦議会では，与党の二大政党に対し，左翼党と緑の党が野党として対峙しているから，政党数そのものの点では4党システムが復活した．他方，連邦参議院に代表を送り込む16の州政府のレベルでは，FDPを含む5党が与党として肩を並べている（シュレスヴィヒ・ホルシュタインの南シュレスヴィヒ有権者同盟 Südschleswigscher Wählerverband: SSW［同州におけるデンマーク人の少数民族政党］を除く）．今後，「流動的」な政党システムが，5党構成のままにとどまるのかどうかも予断を許さないだろう．

3. 二大政党と連邦参議院

二大政党のいずれかのリーダーが，連邦議会の多数派によって連邦首相に選出され，連邦政府を構成したとしても，連邦政府は政策の実現を約束されているわけではない．所期の政策を具体化するための法案が連邦議会を通過したとしても，連邦参議院が否決するかもしれないからである．否決の場合は，両院の代表者が構成する「調整委員会」が開催され，この委員会が修正案を提案することになる[14]．法案が「異議法律」であれば，連邦参議院がこの修正案を否決した場合でも，連邦議会が連邦参議院の否決と同じ多数（過半数ないしは3分の2の多数）をもって議決すれば法案は成立する．しかし，法案が連邦参議院の同意を必要とする「同意法律」の場合には，法案はそこで不成立に終わる．したがって，新しい政策を実現しようとする連邦政府にとっては，連邦参議院の多数派の支持を欠くことはできないのである．

連邦参議院は，各州の政府の代表者によって構成されるから，その議員は各州の州民ないしは州政府の利益を代弁して票を投ずる．しかし，ブラント政権の成立後にCDU/CSUの領袖が明言し，実行していったように，連邦参議院の議員であってももっぱら（連邦議会）野党の立場から党派的に投票すること

---

14) 連邦議会からは党派別の比例代表にしたがって16名，連邦参議院からは16の州から1名ずつ，合計32名の委員が送り出され，各16名の委員の中から一人ずつ議長が選ばれる（慣例として一方がSPDの議員ならば他方はCDU/CSUとなる）．非公開の審議は党派別に進められるが，各委員は連邦議会や州政府からは拘束を受けない．議決は多数決による．Cf. http://www.bpb.de/40396/vermittlungsausschuss?p=all

表 3-3　各州の政権構成（2016 年 5 月現在）

州	人口（百万人）	州首相	票数	連立与党
バーデン・ヴュルテンベルク	10.70	ヴィンフリート・クレッチュマン	6	緑の党／SPD
バイエルン	12.68	ホルスト・ゼーホーファー	6	CSU／FDP
ベルリン	3.45	ミヒャエル・ミュラー	4	SPD／CDU
ブランデンブルク	2.46	ディートマー・ヴォイトケ	4	SPD／左翼党
ブレーメン	0.66	カルステン・ジーリング	3	SPD／緑の党
ハンブルク	1.75	オーラフ・ショルツ	3	SPD／緑の党
ヘッセン	6.08	フォルカー・ブフィエ	5	CDU／緑の党
メクレンブルク・フォアポンメルン	1.60	エルヴィン・ゼラーリング	3	SPD／CDU
ニーダーザクセン	7.82	シュテファン・ヴァイル	6	SPD／緑の党
ノルトライン・ヴェストファーレン	17.61	ハンネローレ・クラフト	6	SPD／緑の党
ラインラント・プファルツ	4.01	マリー・ルイーゼ・ドライアー	4	SPD／緑の党
ザールラント	0.99	アンネグレート・クランプ・カレンバウアー	3	CDU／SPD
ザクセン	4.05	スタニスラフ・ティリッヒ	4	CDU／SPD
ザクセン・アンハルト	2.24	ライナー・ハーゼロフ	4	CDU／SPD／緑の党
シュレスヴィヒ・ホルシュタイン	2.83	トルステン・アルビヒ	4	SPD／緑の党／SSW
チューリンゲン	2.16	ボド・ラメロウ	4	左翼党／SPD／緑の党

出典：http://www.bundesrat.de

がある (Lehmbruch 2000, 141f.).　連邦参議院を構成する州政府代表がもつ総票数は 69 票であるが，連邦議会の野党に属する州代表がこのうちの 35 票以上を占めることになれば，連邦議会と連邦参議院の多数派の間に「ねじれ」が生ずることになる．この「ねじれ」は，1970 年代の社会自由連合（SPD と FDP の連立）の時期に CDU ないし CSU 単独の州政権が徐々に増加した際に初めて話題となった．もっとも，州政権が連邦議会の与野党から形成される場合には，通常，連邦参議院における投票の「中立化」，すなわち棄権を申し合わせる協定が結ばれる．4 党システムから「流動的 5 党システム」への移行に伴い，州政権の構成は多様化を進め（表 3-3），さまざまな組み合わせの中立州が現れた．ただし，連邦参議院では，総票数の過半数の賛成によって議決されるので，棄権は結果的に反対と同じ効果をもつ．コール政権の場合は，国家統一の直前

の 90 年の一時期とならび，統一後には早くも 91 年 4 月に，また，それに続くシュレーダー政権の場合も政権発足の翌年の 99 年 4 月にこの多数派を早々と失ったのである（Scharpf 2009, 44-53）．

　もっとも，連邦政府が連邦参議院の多数派を後ろ盾にできないからといって，与野党が常に法案の可否をめぐって対立し，法案を未成立で終わらせるとは限らない．まずは連邦政府が，提出法案を異議法案と同意法案とに分割し，前者の成立を先行させるという戦術をとることも可能である[15]．あるいは，連邦政府が，与党のいずれかが連立に参加する「中立」州に対して特別の代償措置を提供し，与党側の戦列に引き込もうともするだろう（Stüwe 2004）[16]．しかし，たとえ連邦議会が議決した法案に連邦参議院が与しなかったとしても，調整委員会が召集され，その協議を通じて妥協案が成立することの方がはるかに多い[17]．連邦参議院で勢いを増す野党多数派に対峙していた第 5 次コール政権がその末期に成立させた「建築・空間秩序改正法（Novellierung des Bau- und Raumordnungsgesetzes）」（1998 年発効）を事例として立法過程を分析したホルトマンによれば，表向きに掲げるイデオロギーにもかかわらず，政党は個別の法案作成にあたり，専門家や行政実務の知見を取り入れつつ，多様な利害を配慮する妥協案を編み出すことができる（Holtmann 2000）．彼によれば，野党が対決を演出して法案を廃案に持ち込むことよりも，与党から引き出す最大限の譲歩を優先させる限り，与野党はともに調整委員会による仲介という，事前にはその内容を十分に予測し難い結末を想定しなければならない．ホルトマンは，政党がこの前提から出発して連邦政権の連立与党間や（連邦議会の専

15）　シュミット政権時の例について Lehmbruch（2000, 144）．

16）　第 1 次シュレーダー政権による 2000 年の税制改革がその一例である．Cf. Lehmbruch（2003, 165）, Sturm（2013）．

17）　連邦の連立与党がその任期中，連邦参議院の多数派を失う時期が長かった場合の方が，そうではない政権期に比べて調整委員会がより頻繁に召集された．Cf. Schmidt und Zohlnhöfer（2006, 16）.最近の例では，第 2 次シュレーダー政権の第 15 立法期には，連邦議会が議決した 401 の法案につき，調整委員会の召集を伴ったものが 102 件（25.4%）であったのに対し，第 1 次メルケル大連合政権の第 16 立法期には 629 の内 18 件（2.9%）にとどまった．Cf. Silke Podschull-Wellmann, *Die Tätigkeit des Vermittlungsausschusses in der siebzehn Wahlperiode des Deutschen Bundestages*, Berlin, 2013, 28.

門委員会を場とする）与野党間で進めた交渉を当事者へのインタビューによって再構成し，そこで議員が発揮したプラグマティズムを強調する一方，それらが連邦の所轄官庁と財務省を初めとする他の省庁との間や，連邦と州の所轄官庁の間など，行政内部の（水平的・垂直的）調整機能を果たした点を指摘する．とりわけ，「国民政党は，（FDPなどの小党に比べれば）比較にならないほど幅広い党内の派閥や集団の利益を反映させなければならないため，党是に拘って硬直化することから遥かによく守られ」(ibid., 115)，立法過程において調整の役割を果たしえたのである，と．

　もちろん，同じ時期に政治争点化した税制や年金改革に際しては，SPDのラフォンテーヌ党首が対決の姿勢を鮮明に打ち出したように，党派的対立が改革の試みを挫折させ，政治の停滞を招く可能性は常に存在する．しかし，両極間の競争のメカニズムから強く牽引されたとしても，政党システムが常に連邦制の作動を妨げるわけでもない．政党システムの具体的な作動を理解するには，その制度的文脈と政党の戦略の両面を無視することはできないのである．

4. 国家と社会を媒介する結節点としての政党

　著名な政党研究者であるカッツとメアーは，かつて，政党論の系譜を振り返りつつ，従来の議論のほとんどが大衆政党（mass party），すなわち19世紀後半に勃興した社会主義政党を究極の政党モデルとし，政党をもっぱら（市民）社会との関係の観点から分類し，理解しようとしてきた，と批判した（Mair and Katz 1997）．彼らによれば，戦後の高度成長期には大衆政党に代わって「包括政党（catch-all party）」が台頭したが，1970年代以降にはこれらの包括政党が相互間の競争に手加減を加える一方，政治的パトロネージや国庫補助を分け合うことによって国家の中に根を張る「カルテル政党（cartel party）」に移行したのであった．彼らの主張の当否をめぐってはさまざまな議論が展開されてきたが，ここでの目的はそれらの議論を総括し，再検討を加えることではない．しかし，もし，政党が社会から離れ，国家の内部に閉じこもるとしたら，「半主権国家」の社会は，国家との間の媒介手段を失い，民主主義そのものが重大な危機に陥っていることになる．以下では，本章のこれまでの

議論に関わらせて，「カルテル政党」論の視角から今日のドイツの政党について いくつかの指摘を行いたい[18]．

まず，2つの国民政党は，「カルテル政党」と呼ぶべきなのだろうか[19]．80年代以降に4党システムから「流動的5党システム」へと移行してきたドイツの政党システムにおいては，左右の連合政権（二大政党の1つと一小党の連立）であれ，二大政党間の大連合政権であれ，政党は政権に参加せず野合するよりは，あくまでも政権に就くことから得られる利得を極大化しようとして連合を形成してきた．再三に及んだ大連合政権は，選挙後の議席配分から導かれた最小勝利連合の選択肢の1つにすぎない．また，前述のように，CDU/CSUこそ直近の選挙（2013年）において得票率が4割台に回復したものの（41.5％），SPDはその前における歴史的低迷からは脱したが3割には遠く及ばず（25.7％），「国民政党」ないし「包括政党」としての地位さえ危ぶまれている．確かに，第1次メルケル大連合政権時に，両党が2007年に相次いで制定した新基本綱領は，ともに自由，公正，連帯を基本価値として掲げ，無視できない共通点を見せた．SPDが，すでにバート・ゴーデスベルク綱領によって「社会的市場経済」を原則として承認したように，グローバル化の中でドイツに固有の経済秩序を維持していこうとする姿勢にも大きな違いはない．しかし，例えばSPDのハンブルク綱領が，個人間の連帯を支える役割を「支援する社会国家（Vorsorgender Sozialstaat）」に期待し，非婚や同性間のパートナーシップをも家族として積極的に肯定するのに対し，CDUのハノーファ綱領は，補完性の原則から社会に対する国家の介入を抑制し，キリスト教に基づく人間観から伝統的な家族像の優位を守ろうとするものであった[20]．CDU事

---

18) CDUに関する興味深い考察は，Turner (2013)．
19) ドイツでは「国民政党」はほぼ「包括政党」と同義である（Wiesendahl 2011）．カッツとメアーは，これらの政党の諸類型を互いに独立したものというよりは，「カルテル政党」へと至るダイナミックな過程として理解すべきだとする（Mair and Katz 1997, 105）．包括政党の概念を提示したキルヒハイマーが，すでに包括政党によるさまざまな「カルテル」形成の傾向について指摘していた（Krouwel 2006, 258–260）．
20) SPD, *Hamburger Programm: Das Grundsatzprogramm der SPD, Kurzfassung* (Beschlossen am 28. Oktober 2007); CDU, *Freiheit und Sicherheit: Grundsätze für Deutschland, Kurzfassung des Grundsatzprogramms* (Beschlossen vom 21. Parteitag in Hannover, 3.-4. Dezember 2007)．第2章で言及した社会保障の3原則としての，

務局長のロナルド・ポファラは，新たな基本綱領をもって，左傾化する SPD に対して「中道」の CDU をアピールしようとしたのであり，呉越同舟の政権に潜む次期政権をにらんだ競合を見て取ることができる[21]．

一方，組織面については，かつての大衆政党では党指導部と一般党員が強い権利（指導部の選出権）と義務（選挙運動や組織運営への動員）の関係で結ばれていたのに対し，包括政党では潜在的な支持者としての非党員にも権利が開かれる一方，党員は組織活動への関与を弱め，指導部と党員との結びつきは緩む，と定式化される（Mair and Katz 1997, 112-114）．カルテル政党では，このような変化がいっそう進み，党内の意思決定における代議員の関与の度合いも低下するが，その動員力のゆえに末端の地域組織の地位が温存される結果，党全体の組織は多層化する（stratarchy）ともいう．例えば，緑の党（90 年同盟・緑の党）は，今日では，1 つの州で首相を輩出する他，全部で 10 の州政権の与党であり（表 3-3 参照），連邦参議院では多数派をもたない第 3 次メルケル大連合政権にとって，主要な立法に際しての事前の調整を欠かせない有力政党となっている[22]．しかし，緑の党は依然として高学歴，高所得でサービス部門に職を持つ社会層から強く支持されており，国民（包括）政党ですらない．また，赤緑政権における与党経験もあり，命令委任や党役職・議員職のロ ー テ

「援護（Versorge）」，「生存配慮（Fürsorge）」，「保険（Versicherung）」とは異なる点に注意されたい．「支援する（vorsorgen）」とは，個人に対する事後的な救済よりも事前の援助に重点をおく北欧をモデルとする福祉国家を念頭に置いている．Cf. Sven Jochem, *Der »vorsorgende Sozialstaat« in der Praxis*, Berlin: Friedrich Ebert Stiftung, 2012.

21) http://www.spiegel.de/politik/deutschland/cdu-grundsatzprogramm-pofalla-rueckt-sich-in-die-mitte-a-520439.html　ハノーファ基本綱領は，メルケルの主導のもとに社会国家の新自由主義的な改革がめざされた 2004 年のライプツィヒ党大会の方向性を修正するものであった．冷戦の終焉によって反共イデオロギーは統合力を失い，脱産業社会がもたらした世俗化もキリスト教の力を希薄化させたから（田口・土倉編 2009），国家統一後の CDU の「国民政党」としてのアイデンティティは，「社会的市場経済」や「補完性」などの理念によって維持されている（社会主義体制が重んじた平等の価値や働く女性の地位の尊重も CDU の自己理解を直ちには左右しなかった）．綱領の変化は，これらの理念の下に並存するカトリック社会主義，オルド自由主義，保守的伝統派の 3 つの勢力間の力関係の推移として理解することができる（Clemens 2013）．

22) http://www.bpb.de/politik/hintergrund-aktuell/176416/schwierige-mehrheitsverhaeltnisse-im-bundesrat

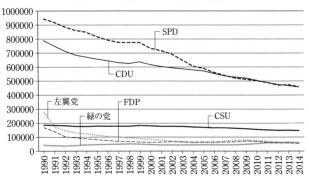

図 3-2　主要政党の党員数の推移

出典：Oskar Niedermayer, "Parteimitgliedschaften im Jahre 2014", *Zeitschrift für Parlamentsfragen* 46 (2015), 376, Tabelle 1: Entwicklung der Parteimitgliedschaften 1990 bis 2014 (Stand jeweils 31. 12., Veränderung zum Vorjahr und zu 1990 in Prozent) より作成．個々の注記は省略．AfD については 2013 年の党員数が 1 万 7687 人とある．

ーション，その兼職禁止など，「底辺民主主義」に則って当初設けられた規則は徐々に緩和・廃止されてきたものの，党員による党首選出，くじ引きによる登壇者の決定や議論に長い時間を費やす党大会など，組織運営の伝統が失われたわけではない（Raschke und Hohlfeld 2013）．

　また，2013 年の選挙で阻止条項を乗り越えることができず，現在は議席をもたない FDP では，インターネットを用いた公開の議論をも交えて選挙マニフェストが作成された他，最終的には党指導部によって覆されたが，ESM の設立に対する反対が党員投票によって決定された（序章参照）．指導部を選出し，重要政策を決定する党員の権利を拡充し（2013 年には CDU/CSU との連立の可否まで党員投票に付された），最終的な決定権は代議員が留保したものの，選挙マニフェストに対する提案の一般公募など，SPD もまた同様の組織改革を進めている（Hornsteiner and Saalfeld 2014, 91-93）．大政党，小政党に共通するこれらの改革は，党員数の減少（図 3-2）などにみられる社会的基盤の狭隘化に警戒を強めた指導部による（場合によっては苦し紛れともいえる）危機打開の試みであり，党員の軽視から出たものとはいいにくい[23]．今日の政党は，

---

23)　http://www.sueddeutsche.de/politik/mitgliederentscheide-die-basis-soll-es-richten-1.2198221　なお，統一後，主要政党の党員数は減少の一途を辿っている．2014 年の段階

選挙戦においても広告業という外部の専門サービスへの依存を強めてはいるが，そもそも連邦議会の選挙制度は，小選挙区と州ごとの比例代表区による選出を規定しており，各選挙区の候補者の人選や比例代表名簿の順位決定について党中央が下部組織に介入することは許されない (Poguntke 1994, 188f.). カルテル政党であるか否かにかかわらず，政党は，その組織を連邦制国家の構造に対応させているのである (Sturm 2013; Turner 2013).

　カッツとメアーは，党員から徴収する党費や党外からの寄付金などよりも，国庫からの助成金に活動の資金を頼る点をカルテル政党のもう一つの特徴としてあげる (Mair and Katz 1997, 105-107). 議会を構成する政党が結託し，議席をもたない政党を排除して政党活動の助成制度を設けるならば，まさしく「カルテル政党」と呼ぶにふさわしい．しかし，今日の政党は国庫補助以外にも収入源をもつし，国庫補助の制度も，BVG が下した判決の要請に応えて改革を積み重ねてきた (Pehle 2015). むしろ，活動資金の調達を政党の自助努力に任せれば，経済界からの潤沢な献金を期待できない政党は不利な立場におかれ，基本法によって国家機関に準ずる地位を認められたはずの政党が，機能不全に陥るおそれがある．他方，政党は社会の中に根を下ろし，国家からは自立した存在であるべきだから，国庫からの助成はその活動を賄う財源のあくまでも一部にとどまるべきだとも考えられた．こうして，政党の活動を保障する「機能性」，「国家からの自由」，「機会均等」，そして政党会計の「透明性」が制度の原則として定着してきた．

　2011年における主要各党の収入源の内訳をみれば（図3-3），例えばSPDの場合，その他の費目を除き，金額の多いものから，党費，国庫補助，党員として議員が収める議員負担金，寄付の順に並ぶ．党費が最大なのは労働者の「連帯共同体」としてのSPDの歴史的起源に由来するものと考えられるが，小党では国庫補助金が最大の収入源である[24]．直近の選挙において0.5%以上（連

　　で，CDU と SPD がほぼ同数の約46万人，CSU が 14万7000人，緑の党，左翼党，FDP の小党がそれぞれ約6万1000人，6万3000人，5万6000人と報じられている．
　　http://www.faz.net/aktuell/politik/inland/mitgliederschwund-volksparteien-schrumpfen-die-afd-waechst-13340441.html

24) SPD の財源調達については，レッシェ・ヴァルター（1996, 287-299）．

図 3-3 主要政党の歳入構成（2011 年）

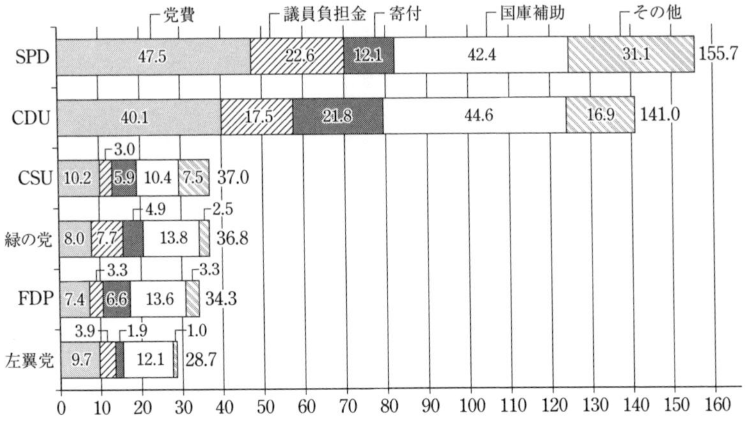

	党費	議員負担金	寄付	国庫補助	その他	計
SPD	47.5	22.6	12.1	42.4	31.1	155.7
CDU	40.1	17.5	21.8	44.6	16.9	141.0
CSU	10.2	5.9	3.0	10.4	7.5	37.0
緑の党	8.0	7.7	4.9	13.8	2.5	36.8
FDP	7.4	6.6	3.3	13.6	3.3	34.3
左翼党	9.7	3.9	1.9	12.1	1.0	28.7

単位：100 万ユーロ
出典：Bundeszentrale für politische Bildung, 2013, https://www.bpb.de/, Einnahmen des Parteien

邦議会と欧州議会の場合．州議会では 1% 以上）の票を得た政党は，次回の選挙までの期間に毎年得票数に比例した一定の金額（議席を得られなかった政党に対して機会均等を図る趣旨から，400 万票を超える得票についてはより少ない金額で算定する）の補助を受け取るほか，党費と寄付収入についても同様に一定の係数を乗じた金額に相当する補助を国庫より受け取る．コール首相の長期政権の末期に闇献金事件が明るみに出たように，活動資金をめぐる不正は後を絶たないが，政党は資金調達面においても依然として国家と社会とを媒介する結節点であり，国家の一部とは言い難いだろう．

第4章 「半主権国家」とコーポラティズム

1. 準公的制度

　第1章において触れたように、「半主権国家」の特質は、分権化された国家と集権化された社会が3つの「結節点」によって結び合わされ、その結果、政策が漸進主義的に変化する点にあった。カッツェンシュタインによれば、包括政党として社会から多様な利害をくみ取って調整するCDU/CSUとSPDが、小党のFDPを連立のパートナーに迎えることによって極端な政策の追求をいっそう強く自制するだけではなく、連邦と州が、複数のレベルにおける地域的利害を「協調的連邦制」の枠組みの中で調整するために、「大規模な（large-scale）」政策の変更を防ぐことができたのである（Katzenstein 1987, 350）。

　しかし、左右の連邦政権がその政策を穏健なものとするだけでは、「半主権国家」は内外の環境の変化から取り残され停滞に陥るかもしれない。停滞を免れるためには、政権は、実現可能な政策を打ち出し、社会の新しい要請に広く応えなければならない。そこで、専門知を注入して政策の形成を助け、形成された政策を円滑に執行する「準公的制度」が第3の結節点として政策領域ごとに登場する。準公的制度は、効果的な政策の形成と執行を促すだけではなく、組織された社会の利益を忠実に代表する一方、政策の執行が政党間で政治的争点となることを防ぐ。

　こうして、カッツェンシュタインが政治的「緩衝器」と呼んで一括した準公的制度は、著しい多様性をもってさまざまな政策領域に出現する（Busch 2005; 表4-1）。まず思い浮かぶのは、ドイツ・マルクの擁護を掲げた連邦銀行であろう。20世紀の両大戦後に激しいインフレを経験したドイツでは、通貨価値すなわち物価の安定は国民生活を再建する上で欠くことのできない前提条件の1つであった。公法上の連邦機関としての地位を与えられた連銀は、政府の指示

表 4-1 異なる政策領域における準公的制度

政策セクター	準公的制度のタイプ
経済運営	連銀,経済諮問委員会
労使関係	共同決定,労働裁判所
社会福祉	社会保険機関,連邦雇用庁,民間福祉団体,教会
移民労働者	連邦雇用庁,民間福祉団体,教会
大学改革	西ドイツ学長会議,科学審議会,ドイツ教育審議会

出典:Katzenstein (1987, 60)

に縛られずに金融政策を遂行することを通じて,連邦政府の経済政策を支えることを期待された(連銀法12条).実際,国家統一時に総裁職にあったカール・オットー・ペールは,SPDの党籍をもつ専門家としてシュミット政権から推されて就任していたが,在任中に連銀が進めた金融政策はシュミット首相に退陣を迫る要因の1つとなった.その最高意思決定機関である中央銀行理事会(Zentralbankrat)は,それぞれ連邦政府と連邦参議院の推挙を受けて連邦大統領が任命する役員会(Direktorium)メンバーと州中央銀行(Landeszentralbanken)総裁によって構成された(役員会は,総裁,副総裁,その他の理事から成る).このような2層構造は,1948年の通貨改革を前にしてフランクフルトに設立されたドイツ諸州銀行(Bank deutscher Länder)から受け継がれたものであったが,理事会は多数決によって政策を決定する合議体としての一体性を連邦政府に対しても誇示したのである(Deutsche Bundesbank 1995, 19)[1].

金融政策のみならず,経済全般にわたる政策の立案を助けるため,現状の理論的分析を行う独立の諮問機関として経済諮問委員会が1963年に発足した(正式には「経済全体の発展を診断する専門家委員会(Sachverständigenrat zur Begutachtung der gesamtwirtschaftlichen Entwicklung)」).ドイツでは,ケインズ主義からマネタリズムに至るまでの理論的諸潮流を幅広く反映する経済研究所が,報告書の公表や経済動向の予測を随時行っているが(とりわけ,ベルリン,ハンブルク,キール,ミュンヘン,エッセンのものが「5大研

---

1) 連銀のこの独立性は,当初はその設立法(1957年)によって規定されたのであり,基本法が明記することになったのは,国家統一後の改正(1992年)以降である.Cf. Busch (2005, 103f.).

究所」として著名である），この経済諮問委員会は，連邦政府に対して「診断」を毎年報告し，逆に連邦政府もその「年次経済報告書」においてこれに対する正式な見解を表明しなければならない．委員会を構成する5名の委員（「5賢人」と呼ばれる）については，慣例として労働界に近い人物1名があてられ，社会的公正の観点が配慮されている．また，アメリカの「大統領経済諮問委員会」とは異なり，その任務は理論的な分析と予測に限られ，特定の政策を推奨することは明確に禁じられている（Johnson 1998, 55-58）．この委員会も，連邦政府から独立して政策形成に資する専門知を提供する準公的制度の1つである．

このように，連銀と経済諮問委員会が経済運営の領域における準公的制度として位置づけられるのに対し，カッツェンシュタインが同じく労使関係の領域の対応物として指摘する共同決定制度と労働裁判所は，それぞれ別の意味においてこれらとは大きく異なる．

共同決定（Mitbestimmung）は，私企業における個々の事業所と，経営方針を決定する監査役会（Aufsichtsrat）の2つのレベルにおける被用者の経営参加を定めた制度である．従業員が5人以上の規模をもつ事業所では，被用者から選出された事業所委員会（Betriebsrat）が，賃金の支払い方法や勤務，休暇計画の策定など就労に関わる待遇や，人員の補充や昇進などの人事についても一定の範囲内で経営側と共同で決定する（経営者の決定に対して拒否権をもつ）ほか，企業の財務や経営方針についても情報を求めることができる．また，ドイツの企業の意思決定機関である監査役会についても，株主側との対等の発言権の獲得を目指し，被用者側を代表する役員の選出が定められている．事業所委員会の原型はワイマール期に遡り，戦後も各経営において早々と再興されたが，これに加えて監査役会での共同決定もイギリス占領区の鉄鋼業において先駆的に導入され（第1章第2節を参照），「経済民主主義」の実現を掲げた労働運動が，全産業への制度の拡大を追求した．

1951年のモンタン産業（石炭鉄鋼業）共同決定法が，当該産業分野における企業の監査役会について労使対等（同権）の構成を定めた後，翌年の事業所構成法（Betriebsverfassungsgesetz）は，事業所委員会の設置とならび，モンタン産業以外の分野における従業員500人以上の大企業について監査役会における3分の1の被用者代表役員の選出を規定するにとどまった．しかし，劣

勢からの挽回を期する労組との厳しい交渉を経てシュミット政権が76年に共同決定法を成立させ，従業員2000人以上の企業における監査役会の構成を被用者側にとって有利な方向に戻すことになった．もっとも，対等が謳われたとはいえ，被用者側代表には管理的職員の代表が含まれたし（その立場は経営者側に近い），監査役会の票決が賛否同数に割れた場合には株主によって選ばれた会長が最終的な決定を下すなど，実質的には51年の法律が定めた対等には及ばず，労組は大きな幻滅を味わった，といわれる．確かに，事業所委員会の実態についても，80年代半ばに約2300万人を数えた西ドイツの就労者の71.3%に相当する1640万人が適用対象に含まれたが，実際に設けられたのはその中の7割台にとどまり（Visser and Van Ruysseveldt eds. 1996, 151），相当数の中小企業が委員会を備えていなかった（Berghahn and Karsten 1987, 130）．

　共同決定制度の外側で結ばれた労働協約や，各企業で経営者と被用者の間に結ばれた労働契約の履行について，被用者の利害を擁護する観点から監視することが事業所委員会の役割だとはいえ，事業所委員会は経営者との間に協調と信頼の関係を守りながらその任務を果たさねばならない．解雇や賃金などをめぐり事業所内で争いが生じた場合でも，まずは企業内に仲裁委員会が設けられ，紛争の解決がはかられる．しかし，司法による解決を必要とする紛争の発生を防ぐことはできず，カッツェンシュタインは，他国に比べて極めて多数の訴訟案件を迅速に処理する労働裁判所を，労使関係における第2の準公的制度として捉えている（Katzenstein 1987, 65f.）．労働裁判所は，他の裁判権系列と同じく3つの審級から構成されており，最初の2つの段階では職業裁判官1名の他に，労使双方から1名ずつ推挙された名誉職裁判官2名が審査に加わる．ほとんどの紛争は第1審の調停によって解決に至るが，これは名誉職裁判官だけが当事者との間で交渉を行うものである（当事者間に妥協が成立しない場合に初めて職業裁判官が加わった正式の審議が始まる）．

　このように，労働裁判所は法的な規制によって緊密に構成された共同決定制度の円滑な運営を，部分的には労使からも支援を受けつつ側面から支えてはいるが（名誉職の判事が審議に加わるのは社会裁判所でも同様である），あくまでも国家機関の一部であり，準公的制度と呼ぶのは無理があるかもしれない．また，カッツェンシュタインが強調するように，ドイツの労使関係の最大の特

色が賃金決定に対する国家の不介入であるとすれば（法令によって賃金の水準が統制されることはない），共同決定のルールだけをもって準公的制度とするのも不適切なのかもしれない．事業所委員会の構成員の多くは労組の組合員でもあり，共同決定制度の運用は労使間の団体交渉と密接に連関しているから，個々の事業所における合意も労働協約と無関係ではないのである．

　国家と社会の間を橋渡しし，それを場として主要な経済の利益団体が国家と共同して社会保障制度を運用する（Katzenstein 1987, 69），という意味では社会保険の運営機関が準公的制度としてもっともふさわしかったであろう．第2章で述べたように，年金保険では国家管理の要素が強かったものの労使代表が運営に加わる「社会的自治」の体裁が保たれた．医療保険については，労働者側の強い発言権を維持しようとする SPD の主張が退けられた後に，ほとんどの疾病金庫の運営機関が労使の同数の代表者によって担われることになった．また，ワイマール共和国の時代に創設された制度に起源をもち，職業紹介と合わせて失業保険事業を担当することになった連邦雇用庁では，（労使が当初，労使だけの代表者による「社会的自治」を求めたものの）国家と労使の三者を同数ずつ代表する委員が運営機関を構成した．これらの機関は，確かにその後，制度の随所で手直しを被った．戦後，DAG が DGB に抵抗し，職員層を対象とする制度を分離させた年金保険では，60年代末に労働者年金と職員年金の2つの制度間で財政調整の仕組みが設けられた（Klenk 2012, 74-77）．70年代以降，医療費の支出削減を求めて制度改正が繰り返された医療保険では，国家統一後にもなお，およそ1200を数えた疾病金庫の統廃合が90年代半ば以降に加速し，2000年代末には200を切る水準にまで進んだ．さらに，連邦雇用庁についても，1960年代末に積極的労働市場政策の観点が盛り込まれ，監督官庁たる労働省ないしは労相が失業保険事業についても労使と対等の発言権を得る一方，「社会的自治」を体現する運営委員会は労働市場政策の執行に関わる権限を削られもした（*ibid.*, 77f.）．しかし，それにもかかわらず，これらの社会保険機関は準公的制度と呼ぶにふさわしい媒介の役割を果たし続けたのである．

　社会福祉と移民労働者の政策領域については，今日の福祉国家の比較研究がともすれば看過しがちな民間の福祉団体が，保険機関や雇用庁などとならんで言及されている（坪郷 1989, 156-171）．ドイツでは，カトリックの「ドイツ・

カリタス連盟 (Deutscher Caritasverband)」，プロテスタントの「ドイツ福音教会・ディアコニー (Diakonisches Werk der Evangelischen Kirche in Deutschland)」，ならびに非教会系の「ドイツ同権福祉連盟 (Deutscher Paritätischer Wohlfahrtsverband)」，「労働者福祉 (Arbeiterwohlfahrt)」，「ドイツ赤十字 (Deutsches Rotes Kreuz)」，「ドイツ・ユダヤ人中央福祉局 (Zentralwohlfahrtsstelle der Juden in Deutschland)」という合計6つの頂上団体に統括された数多くの団体が社会福祉の領域で活動している．これらの関連団体は，ドイツにおける老人，障碍者ホームの6割以上，託児施設の半数近く，総合病院の4割以上を運営し，112万人（1996年の時点）の雇用を生み出し，おそらくはその倍以上の人数に達するボランティアを動員するという規模を誇る (Backhaus-Maul 2002)．民間の団体でありながら，社会扶助ないし社会サービスの実施を自治体の行政に優先して担当する公的な地位を認められている（補完性原則の現れの1つでもある）．さらに，経済界の団体と同様にその組織も連邦制の国家構造に照応して整備されており，これらの頂上団体は連邦のレベルで「非法定福祉事業・連邦作業共同体 (Bundesarbeitsgemeinschaft der freien Wohlfahrtspflege)」によって相互に調整されるとともに，数多くの自治体（！）や他の福祉関連団体をも加えた「公的・私的生存配慮のためのドイツ同盟 (Deutscher Verein für öffentliche und private Fürsorge)」という登録団体を形成している (Schmid 2013, 775–777)．このように，公的な役割を担うとはいえ，（公法上の地位をもたない）民間の福祉団体を含めるとすれば，準公的制度の概念は異質な要素を内包することになり，理解が困難になるといえるかもしれない．

2. 国家のコーポラティズム化戦略

　国家が公法上の機関として設立し，そこに社会の構成員による幅広い自治を認める，という点では，占領期にドイツ側行政を末端において支えた商工会議所が最も古い歴史を有する準公的制度であろう（第1章参照）．商工会議所の原型は，ナポレオンに対抗する開明官僚が上からの近代化を急いだプロイセンの商業会議所にある．プロイセンは，商人が特権を享受した社団 (Korpora-

tion）の伝統を残しながら，ナポレオンがライン左岸の地域にも導入した，国家主導的な性格をもつ会議所（Chambres）を，同地域を奪回した後に採用し，商人を強制的に加入させた．一定の区域ごとに設立された商業会議所は，国家にとって経済政策の立案に必要な情報を収集する便宜を提供する一方，商人や手工業経営者にとっても国家に対して利益を代弁する窓口として重用された．
19世紀のドイツでは，関税同盟の形成や鉄道建設を梃子とする工業化の進展とともに，地域によっては民間の業界団体の形成が（商業会議所の人的，組織的資源を活用しつつ）進むが，国家統一前の段階ではこの商業会議所が経済利益の組織化を牽引した．早くも統一後には民間の経済団体が主流となっていくものの，国家統一を求める経済界の声をドイツ全体で代弁したのも，これらの商業会議所が地域の垣根を越えて自発的に結成した，いわばハイブリッドな組織としての「プロイセン商業会議（Preußischer Handelstag）」や「ドイツ商業会議（Deutscher Handelstag）」であった（Ullmann 1988, 22-31）．

　レームブルッフによれば，プロイセンにおける地方自治制度の導入でさえ，市民社会の形成を促進し，そこから活力を汲み上げようとする官僚の主導によるところが大きく，国家による経済社会の組織化は農業部門においてこそより顕著であった（レームブルッフ 2004, 105-106）．第2次大戦後の「半主権国家」でも，安易な理解を阻むほど多様な形をとる準公的制度が媒介項となり，政策領域ごとにおいて組織された社会の主体を国家に結び付けているが（Katzenstein 1987, 58f.），「政策ネットワーク」が「上からの改革」の伝統を継承する国家行政によって社会との間で戦略的にデザインされることがある．

　そのような例の1つとして，1970年代以降に医療支出の抑制を目的として形成された政策ネットワークを指摘することができよう．50年代末に，診療報酬額を法定に変更することによる医療支出の抑制の試みが，その決定権を守ろうとする保険医協会と疾病金庫の反対にあって失敗したことを教訓として，時のシュミット政権は，野党から提案を受け入れて「医療分野における協調行動（Konzertierte Aktion im Gesundheitswesen）」を開始した（1977年）．保険料収入に見合った医療支出の規模を，疾病金庫と保険医協会に加え，病院経営体，製薬会社，薬剤師，非法定の福祉団体など，医療に関わる財とサービスを供給する主体を交え，多様な主体が構成する団体間の協議と合意によって

達成することが目指された (Alber 1992).

　デーラーとマノウ・ボルクヴァルトによれば，社会保険機関における自治を秩序規範として掲げる労働省は，数次に及んで立法を重ね，疾病金庫に対して財とサービスを提供する諸主体のそれぞれを団体として結集させ，自己規律を働かせた上で，疾病金庫との間にいわば協約を結ばせることによって経費を抑制しようとした (Döhler und Manow-Borgwardt 1992). すなわち，疾病金庫と保険医協会の間で決定される開業医の診療報酬については，保険医協会が戦後，その権限を強化されてきたために両者間に生じた不均衡を (Lindner 2003)，交渉の枠外にあった代替金庫を交渉の当事者に加え[2]，疾病金庫側の足並みをそろえることによって解消しようとしたほか，州ごとに行われた両者間の交渉を連邦レベルで統率すべく，連邦医師・疾病金庫委員会（Bundesausschuss für Ärzte und Krankenkassen）が設立された．また，各種病院の（施設費とは区別された）診療費については，それぞれ異なる経営方針にしたがって運営される自治体病院や福祉団体系，民間の病院の各団体に，疾病金庫との交渉によって費用を決定するよう義務付ける一方，薬剤費についても，金庫が負担する医薬品への支払い総額を，製薬会社の団体と疾病金庫の間の協議によって決定することとしたのである（医薬品市場における薬価競争の間接的制限）．デーラーとマノウ・ボルクヴァルトは，このような手法を行政による「コーポラティズム化（Korporatisierung)」，すなわち団体形成の戦略と呼ぶ．

　「医療分野における協調行動」は，90年代半ばにいたって会合の開催が間遠となった後，2000年代には廃止されてしまった．したがって，この協調行動が準公的制度として定着したわけではない．しかし，より長い時間的射程において見れば，準公的制度はさまざまな安定性をもって存在するといえるのかもしれない．実際，まったく別の政策分野の移民統合政策においても，2000年代に新たな移住法が制定された後，政府が主導権をとって「連邦移民・難民庁」を新設し，「統合サミット」や「ドイツ・イスラム会議」の開催を働きかけ，移民や少数民族の団体形成に対して一定の影響を及ぼす，という展開が見られた (Musch 2012; Czada 2010). カッツェンシュタインが事例の1つとして

---

[2] 公的疾病金庫への強制加入は，一定の所得水準以下の労働者を対象として始まったが，労働者の一部や職員の多くは公的制度からオプトアウトし，民間の代替金庫に加入した．

扱った「移民労働者」政策は（表4-1参照），国家統一後に移民労働者やその家族，子孫を初めとしてドイツ社会に定住する外国人や少数民族の社会統合をめざす政策へと転換したのである．この経緯についての詳細は第8章に譲るが，特定の政策目的を達成しようとする国家行政は，歴史的な先例を参照しつつ社会を戦略的に組織化し，組織された社会の主体との間の政策ネットワークを維持するためにさまざまな形態の準公的制度を作り出すものと考えられる．準公的制度は，まさにこのために著しい多様性をみせるのではないだろうか[3]．

3. コーポラティズムとその変容

(1) キージンガー大連合政権の制度改革

　さて，政策の目的に合わせて準公的制度がしつらえられたとしても，政策によってはそれだけで目的の達成が約束されるわけではない．ケインズ主義の観点から，政府に対して景気の変動に応じた機動的な対応を期待するマクロ経済運営がその好例であった．国民経済に均衡のとれた成長を確保しようとすれば，「半主権国家」を構成する公私の多元的な主体の間に政策の調整が不可欠となる．連邦政府は，分権化された国家を構成する州や市町村のみならず，使用者団体や労組など，集権化された社会の主体との間においても政策を調整しなければならなかった．また，準公的制度たる連銀も，政府の財政政策に呼応するよう適切に金融政策を運営することが求められた．

　もっとも，経済が順調に復興を続け（1950年代の末には完全雇用がほぼ達成された），「社会的市場経済」の理念に疑念が抱かれない限りは，ケインズ主義が西ドイツに地歩を広げる余地はなかった．しかし，60年代を迎えて成長が鈍化，物価が上昇し始める中，奇跡の復興の立役者であったはずのエアハルト首相が景気過熱の抑制に注意を奪われ，1966年の冬に戦後初めての不況に

---

[3] レームブルッフは，マクロ・レベルの政策ネットワークとしての利益システムは，「歴史的発展における形成期の間になされる組織や制度の学習の過程において生じ，（多かれ少なかれ）そのような形成期の戦略的選択から切り離され，過去の組織的選択の制度的な残余物として後に残るのだろう」として，主体の戦略とシステムの構造を別の要素として考察する発生論的アプローチの有効性を強調している（レームブルッフ 2004, 46）．

直面するという事態が新たな局面を開くことになった（66年夏に10万人を数えた失業者が翌年2月には67万人まで急増した）(Korte 1987, 109; Borchardt 1990, 31). 政府予算の編成をめぐる対立からFDP閣僚の辞任を招いたエアハルトに代わり，CDUのキージンガーを次期首班とする大連合政権への参画を決定したSPDが，ケインズ主義的経済政策の枠組みの導入を可能にしたのである．

大連合政権のマグナ・カルタと呼ばれ，適正な経済成長，物価安定，高い雇用水準，対外経済的均衡という両立しがたい（「魔法の四角形」）目標を掲げるいわゆる「経済安定・成長法（Stabilitäts- und Wachstumsgesetz）」の制定であった（1967年). 同法は，エアハルト政権が準備していた「経済安定法」とは異なり，景気の過熱予防のみならず不況への対応の側面をも含めた国民経済の「総体的制御（Globalsteuerung）」を連邦が主導する経済政策の目的に据えた．すなわち，連邦は，5カ年の中期的計画（ないし多年度の投資計画）の中に毎年度の予算を位置づけ，新設の「景気調整積立金（Konjunkturausgleichsrücklage）」を増減させつつ財政政策を運営し，景気の安定化をはかる．また，連邦の景気対応策は，経済相が主宰し，州や市町村の代表者もまじえた景気委員会（Konjunkturrat für die öffentliche Hand）の開催を通じ，州や自治体によっても共有されることになった．さらに，連邦政府は，毎年1月に経済諮問委員会の診断に対する態度表明を含む「年次経済報告書」を議会に提出し，目標とする国民経済の概要を示した上で，その実現に向けて政府が策定する経済政策を説明するものとし，これを指針として州，市町村とならび労使の団体に「協調行動（Konzertierte Aktion）」をとるよう促したのである（佐藤 1983).

経済安定・成長法の生みの親でもあった経済相シラーが主宰した「協調行動」は，連銀を含めた参加者の行動を縛る固い制度ではなく，関係主体の間に経済の現状についての認識の共有を深め，とるべき政策について意見を交換する非公式の場として設けられた（Pelinka 1981; Lehmbruch 1977). そして，66年冬の不況は，喧伝された連邦の積極的予算こそ機動性を欠いたものの，連銀が金融政策を緩和し，労組も67年，68年と賃金引上げを経済相の予想を下回って抑制したために直ちに解消された（Scharpf 1987, 154, 159).

もっとも，そもそも政府間の政策調整が困難なドイツの財政連邦主義の枠組みでは，景気の動向に有意な影響を与えるだけの予算を機動的に組むこと自体が極めて困難であり，経済安定・成長法でさえもこの点を根本から変えることがなかった．69年の基本法の改正によって，主要な税のうち，所得税は連邦，州，市町村が，法人税，付加価値税は，連邦と州が税収を分有する共有税となった．その税率や配分率の変更は，同意立法の対象であり，党派的対立を惹起しやすい（第2章第3節参照）．他方，社会保障に関連する連邦の支出は，有意な景気対策とはならずビルト・イン・スタビライザーとして働くにとどまるし，州の支出の大部分を占める義務的な人件費や教育関連支出は著しく硬直的であり，公共事業を直接に執行する自治体も起債を含め州の厳格な財政監督に服していた．さらに，大連合政権下で新設された連邦と州の共同事務に属する事業も，その執行は双方の担当者が構成する計画委員会の決定に委ねられ，そこに景気対策の観点を持ち込むことは難しかった（Kock 1975; Scharpf 1987, 261–279）．

　協調行動に加わった労使代表にとっても，連邦政府が提示する指標に沿った労働協約の締結は容易ではなかった．とりわけ，労組が交渉に臨む方針を一本化し，当初目指した通りの内容に多数の協約をそろえられるかどうかは予断を許さない．ドイツでは，結社の自由に基づく協約自治の原則にしたがい，労使の団体が国家の介入を排除して労働協約を結ぶが（基本法9条3項と1949年の労働協約法），労組側の当事者は（北欧諸国のような）全国センターのDGBではなく，産業別の労組である[4]．各単産が，州よりも狭い領域の協約地域ごとに当該地域の使用者団体の地域支部を相手として個別に交渉を行う．しかし，もっとも強力な組織に恵まれた金属労組（IG Metall）が特定の協約地域を戦略的に選んで交渉を先行させ（Lohnführerschaft），そこで妥結された協約を目安として他の協約地域の金属労組や他の単産が後に続くのが通例であった（Berghahn and Karsten 1987, 79f.）．労組の組織率は決して高くはないが，経営者の使用者団体への加盟率はそれよりも高く，経営者は企業内の組合員はもとより，非組合員の被用者に対しても労働協約を順守した[5]．

---

4) 表4-1では経済運営の領域に団体交渉制度は登場しないが，労使の団体はSPD主導の政府による政策調整の相手方であった．団体交渉制度のあらましについては，Berghahn and Karsten (1987), Visser and Van Ruysseveldt eds. (1996).

一方，各企業の事業所ごとに設けられた事業所委員会は，協約の当事者である労使の団体が，協約の内容に反する取決めを許す趣旨の「開放条項（Öffnungsklausel）」を協約中に明記しない限り，賃金や労働時間など，労働協約が定める事項には一切触れることができない．事業所委員会は，単に，超過勤務時間や操短，あるいは臨時の交代制導入などに関する経営者との合意によって，間接的に協約内容に影響を与えるにすぎない．こうして就労者は，全体としてその大部分がほぼ同じ内容の労働協約の適用を受けることができた．もっとも，労働協約は，賃金や労働時間について当事者が守るべき最低条件を定めるものであり，個別の企業や事業所は被用者にとってより有利な取り決めを追加的に結ぶことが可能である．したがって，好業績の企業や業界において「賃金ドリフト」が生じえたし，69年には労組指導部の意に反して「山猫ストライキ」が拡大し，結果的に協約の水準を大幅に上回る賃上げが獲得されてしまった（Scharpf 1987, 158）．労組は，組合員に対する統率力を維持するためにも，70年とその翌年にはシラー経済相の期待に反し，物価上昇率を大きく上回る賃上げを要求し，手中に収めたのである．

(2) ブラント，シュミット両政権の経済運営

　「協調行動」は，参加者の数が増えるとともに情報共有の場としてさえその意義を低下させ，シラーが財政支出を拡大させるブラント政権を批判して1972年に辞任し，後任の経済相にFDPの閣僚がついて以降は政府と労組との関係はいっそう希薄化した．労組は，「協調行動」を見限るかのように賃上げの攻勢を強め，73年に再度，「山猫ストライキ」を許した後，第1次オイルショック後の74年には公共部門の労働者，職員が属する「公務員・運輸・交通労働組合（Öffentliche Dienste, Transport und Verkehr: ÖTV）」が団体交渉を先導し，強硬な賃上げの要求を掲げた．交渉相手となったハンス・ディートリヒ・ゲンシャー内相の頭ごしにブラント首相が政綱決定権を掲げて賃上げの

---

5)　国家が協約に対し，他の業界や地域についても効力をもたせる一般拘束力宣言制度は戦後のドイツにも存在するが，実際上の適用はまれである．他の多くの欧州諸国でみられ，協約の効力を非組合員にも認める，いわゆるエルガ・オムネス（*erga omnes*）条項もない（Schulten 2010）．

抑制を強く求めたことが，協約自治の原則を脅かす行為として映ったからでもあった（Scharpf 1987, 165–167）．

　連銀は，オイルショックの到来に先立つ 73 年初頭の変動相場制への移行の局面においてインフレを強く懸念し，公定歩合を段階的に引き上げていたが，オイルショック以降も引き締めた金融政策を容易に緩めようとはしなかった．その結果，物価高が続く中で 74 年には失業者数が年間を通して前年の倍近くの 60 万人の水準にまで上昇し，年末には 100 万人を超えるにいたった．

　経済の総体的制御を掲げた「協調行動」は，ものの見事に失敗に終わったのである．固定相場制の下では連邦政府が為替レートの決定権をもっていたが，変動相場制への移行とともに通貨間の交換レートは市場において決まることとなった．しかし，連銀は国内に向けた金融政策を通じて国内外の資本の出入にも影響を及ぼすこととなり（マルク・レートの上下を伴う），金融政策の威力は飛躍的に増大した．連銀はやがて，経済全体の「潜在的生産力」に対応するように通貨量を調整することが中央銀行の役割であり，政府や労使に対しても事前にその金融政策の方針を明確に伝えることがその使命である，という理解を深めていった（SVR 1974/75, 128）．こうして，マネタリズムの方針を掲げ，物価水準の安定を優先する連銀が，経済運営の成否に決定的な影響を及ぼすことになったのである[6]．「協調行動」そのものは，76 年に成立したばかりの共同決定法について使用者団体が憲法異議の訴えを提起し，これに強く反発した労組が撤退することにより 78 年に終了した．

　このように，「協調行動」は，連邦政府の財政政策と連銀の金融政策，そして労組の賃金政策を雇用の維持に向けて適切に組み合わせるための装置となることができなかった．政府の側では「協調的連邦制」の枠組みが機動的な財政政策の発動を妨げた一方，団体交渉に臨む労組が連邦政府の期待に反する行動をとるに至り，連銀の不信感を深めていったからであった．もっとも，政府と労使とのコンセンサスに基づいた関係は，準公的制度としての連邦雇用庁を軸

---

[6] シャルプは，「(連銀は) こうしてゲーム理論にいう第 1 手がもつ決定的な有利を得た」（Scharpf 1987, 176）という．また，シラーが当初，「協調行動」を始めた際に連銀法を改正し，連銀に対して連邦政府が主導する経済政策との調整を義務付けなかった点に注意を促している（ibid., 175）．

とする移民労働者政策の場合では維持された (Thränhardt 2009). 外国人労働者の募集は，1960年にギリシアとの間の二国間協定の締結によって開始され，翌年にはトルコとの間にも協定が結ばれた．61年以降の5年間に，外国人労働者の数は増加の一途をたどり，131万人にまで達した．66年の時点では，トルコ人労働者の数は，南欧諸国やユーゴスラヴィアからの労働者数よりも少なく，外国人労働者の総数は景気の変動に応じて調節されていたが，73年には250万人にも膨れ上がり，オイルショックと同時に新規募集が全面的に停止された (Korte 1987, 112f.). この間，労組は外国人労働者を積極的に組織し，事業所においても事業所委員会の委員に対する（被）選挙権が認められ（72年の連邦議会の決定），外国人委員が選出されていった．73年夏の大規模な山猫ストライキの1つは，自動車メーカーのフォードのケルン工場においてトルコ人労働者が引き起こしたものであった (Huneke 2011). この争議を教訓とした金属労組は，外国人労働者の組織化を強化し，後年には外国人組合員が労組の貴重な争議戦力となった，といわれる (Thränhardt 2009, 157). 外国人労働者が，労働力の不足を一時的に補う安全弁であり，景気が後退すれば出身国に帰るものだと臆断される限りは政治的争点になることもなく，その募集の決定や変更についても，雇用庁を場とする DGB と BDA の間の定期的な協議が続けられた．彼らがドイツにとどまり，家族とともに定着することによって政策として取り組むべき課題が一変し，「トルコ人問題」が政治的争点として80年代に浮上するのである (Katzenstein 1987, 214).

(3) コール政権の経済運営

新自由主義ないし新保守主義の立場からシュミット政権の財政運営を批判して登場したコール政権は，外国人労働者についてもその数の半減を公約として掲げた．そこで，新政権は，応募期間を限定して一時金を支払い，年金保険料を還付することを条件に帰国を促す「帰国促進法（Rückkehrförderungsgesetz）」（1983年）を制定したが，その効果は疑わしいものであった[7]．もっとも，コール政権の主たる目的は，ケインズ主義の観点から雇用を維持するので

---

7) Green (2006, 123); Irina Ludat, "Eine Frage der größeren Angst", *Die Zeit* Nr. 43 (18. Oktober 1985).

はなく，財政再建を進め，そこから捻出した財源をもとに企業の負担を軽減するための税制改革を実現することにこそあった．したがって，連邦政府は，シュミット政権が残した250万人にも達する大量失業に対して国家財政を用いて対応するのではなく，失業の増加を防ぐための負担を社会保険制度に肩代わりさせようとしたのである．

　コール政権は，年金制度と失業保険制度にさまざまな改変を加えることによって高齢労働者の労働市場からの退出，すなわち早期退職を拡大しようとした．元来，ドイツの年金制度は，原則として受給開始を65歳（女性は60歳）とし，60歳からの受給は「就労不能」である場合か，「59歳ルール」と呼ばれる別の制度が定める，1年間以上失業状態にある場合に限られていた（Trampusch 2009, 59f.）．60年代末以降，労働裁判所が就労不能の判断材料に労働市場の状況を加味する解釈を繰り返したために，就労不能による早期受給はより使いやすい制度となったし，余剰人員を整理しようとする大企業が失業保険手当に加え，給付金を上乗せして支給することで「59歳ルール」による早期退職者も増大した．さらに，ブラント政権が「柔軟な定年制度（flexible Altersgrenze）」を導入し，35年以上の加入歴をもつ63歳以上の加入者にも年金の支給を認めるなど（72年），すでに70年代に早期退職を促すいくつかのルートが準備されていたということができる（Manow and Seils 2000, 141f.）．

　これに対してコール政権は，58歳以上の退職者に対して使用者が，現役時の最低65%の賃金を通常の年金を受給し始めるまで支払う，という「退職前賃金支給法（Vorruhestandsgesetz）」を84年に制定した．表向きの理由は，若年失業者の就業支援であったが（高齢労働者の退職後に使用者が新規の雇用を行った場合に政府が費用の一部を負担する），実際には「59歳ルール」の適用に際して雇用庁が支給する失業手当の負担を，使用者に肩代わりさせることが目的であった．もっとも，政府は87年には，制度の創設以来12カ月に据え置かれてきた失業保険手当の支給期間を32カ月にまで延長し，その結果「59歳ルール」をほぼ「57歳ルール」にまで拡大した．年金制度と失業保険制度を戦略的に組み合わせることにより，若年の雇用を改善する手段に転用しようとしたのである（ibid., 147-149）．

　新自由主義の国際的潮流に乗って登場したコール政権であってみれば，（イ

ギリスのマーガレット・サッチャー保守党政権のように）労組に対しては敵対的であったというべきかもしれない．時あたかも金属労組が，40時間であった週当たり労働時間の35時間への短縮を求めてストライキに訴えた．戦後における最大規模の労働争議の1つとなった84年の金属業争議では，政府は協約自治の原則こそ直接には触れなかったものの，労組の立場をより不利なものとする立法（後述する就労促進法116条の改正）を事後に行ったし，争議後に労使間で結ばれた合意は，事業所ごとに異なる内容となったために労組と個々の事業所委員会との間の緊張関係を強める方向に作用することになった．

　83年末，労働条件一般を定める協約の改訂交渉に際し，労働時間の短縮を，大量失業を克服するための処方箋として掲げる労組側に対し，単なる時短は企業の対外的競争力を阻害する，と経営者側が反論して両者間の対立は厳しさを増した．その翌年，労使双方は，バーデン・ヴュルテンベルク北部とヘッセンの協約地区においてストライキとロックアウトに踏み切るに至った．金属労組は，当該地区内の特定の経営を選んで指名スト（最小の支援投入によって最大の効果をえる，という趣旨の「ミニマックス戦略」）に訴える一方，使用者側も争議から間接的に影響を受ける経営を意図的に選んでロックアウトを挙行した．争議は，SPDの労相経験者によって仲裁されて終結したが，労組側は労働時間の38.5時間への短縮を獲得したものの，経営者側は労働時間を「柔軟化」し，同じ事業所内でも従業員ごとに異なった勤務時間を割り当てることによって円滑な設備稼働を維持することに成功した．

　この争議が労使関係にもたらしたのは，争議に臨む当事者に対する雇用庁のスタンスの変化であった．従来，雇用庁は，同じ要求を掲げる限りは争議から間接的な影響を受けるだけの組合員に対しても操短手当や失業手当を給付していた．しかし，雇用庁長官は，当事者に対する中立性を保つために，ロックアウトに加わらずそれによって就業を間接的に妨げられたにすぎない組合員に対しては同手当を支給しないことを指示したのである．争議後の政府は，労組や野党の反対にもかかわらず就労促進法（Arbeitsförderungsgesetz）の116条を改定し，手当の不支給を新たに規定した（Oschmiansky 2010）[8]．当時の労相

---

8) 改定された116条について金属労組が提起した憲法異議の訴えに対し，BVGは1995年，労組側の争議遂行能力が決定的には失われておらず，「まだ違憲ではない」との判断

であったノルベルト・ブリュームが，改定の趣旨を「武器の平等」を賃金交渉の当事者の間で回復するため，と説明したように（Weber 1987, 133），労働争議という局面では労使それぞれが一枚岩の団結を誇っているようにも見える．しかし，労働時間の柔軟化を求めたのは大企業であり，「多品種・高品質生産」（Streeck 1992）を強みとする大多数の中小企業は一律の時短を選好していた（Weber 1987, 140）．一方，労働時間の一律の短縮ではなく，柔軟化をも受け入れざるを得なかった金属労組は，約1万を数える事業所単位の合意の成立を許すことになった（Visser and Van Ruysseveldt eds. 1996, 153）．これらの合意の結果，労働条件は「脱標準化」され，賃金交渉そのものも産別労組の指揮を離れ，個々の事業所委員会へと分権化されていった（*ibid.*）．シュトレークが強調したように，（労働者全体の連帯を掲げる）労組が警戒すべきなのは山猫ストライキではなく，事業所委員会を制度上の核として個別企業ごとに経営者と従業員との間に形成される，いわば「山猫同盟」，すなわち生産に向けた「事業所エゴイズム（Betriebsegoismus）」なのであった（シュトレーク 1987)[9]．

こうして，金属労組による戦闘的な政策が失敗に終わった後には，化学労組

を示した（Oschmiansky 2010）．
[9] 以下の表は，2013年における西部と東部の間の違いを示したものだが，労組の連帯にとっては，事業所委員会の有無ではなく，労働協約，とりわけ部門別協約の締結こそが問題なのであった（企業別協約は企業を超えた連帯を保障しない）．この年，20人以上の従業員をもつ企業の48%（西部）ないし30%（東部）だけが部門別協約によってカバーされていた．Cf. 大重（2014）．

労働協約の適用範囲と事業所委員会の設置（2013年）*

	西ドイツ地域	東ドイツ地域
事業所委員会＋部門別協約	28	15
事業所委員会＋企業別協約	7	10
事業所委員会＋労働協約なし	8	10
事業所委員会なし＋部門別協約	20	15
事業所委員会なし＋企業別協約	1	3
両方なし	35	46

* いずれも被用者全体に対する比率（従業員20名以上の企業）．
出典：Birgit Kraemer, "Germany: Continued Decline in Collective Bargaining and Works Council Coverage", Eurofound 2. Feb. 2015. http://www.eurofound.europa.eu/observatories/eurwork/articles/industrial-relations/germany-continued-decline-in-collective-bargaining-and-works-council-coverage

を初めとする非主流派労組が掲げる生涯労働時間の短縮（Lebensarbeitszeitverkürzung）だけが選択肢として残り，政府と労使は，早期退職によって労働力の供給を制限する点について一致していった，とシュトレークはいう．すなわち，社会保険制度の転用によって輸出部門の国際的競争力を維持しようとする「福祉コーポラティズム」が，ケインズ主義の観点から景気循環の調整をはかる国家の機能的等価物として形成されたのである（Streeck 2005）．

オイルショック以降の「半主権国家」においては，政府は，雇用の維持を最優先して「協調行動」を労使との間で維持しようと試みたものの，緩やかな形でのコーポラティズムでさえ安定的に作動させることは困難であった．これに対し，財政再建を雇用維持に優先させて登場したコール政権は，連銀の立場に同調しつつ，行動の選択肢を奪われた労組からも消極的な追認を調達し，雇用のさらなる悪化を防ぐための手段として社会保険制度を利用しようとした，といえよう[10]．このように，連邦政府はその実現を追求する政策目的に応じて準公的制度を組み合わせ，社会の主体との間に調整をはかったのである．

しかし，社会保険制度の転用を永遠に続けることはできなかったし，80年代末となって「半主権国家」は誰もが予想できなかった国家統一の課題に直面することになった．次章では，国家統一の政治過程と統一が残した課題について検討することにしよう．

---

[10] この点において，表4-1にある社会福祉の政策セクターに登場する準公的制度も政府の経済運営に関わったといえる．なお，Manow and Seils（2000）は，シュミット政権がその末期においてより厳しい財政再建策に着手していたこと，また，好況期に社会保険制度の給付内容を手厚くし，不況時にその支出を抑制する，という「病理的対応パターン」を繰り返した点でシュミット政権とコール政権の間に見られた共通性を強調している．

第5章 「半主権国家」と国家統一

1. 統一の政治過程

　カッツェンシュタインによれば、「半主権国家」の政策は、政党を初めとする3つの結節点によって国家と社会が相互に結びつけられ、政策の形成過程に多数の主体が関与するために漸進主義的にのみ変化するにすぎない．したがって、政策を転換し、新たな政策の実現をめざす連邦首相にとっては、「半主権国家」の構造は制約要因となる．それゆえに、国内政治の制度的制約から離れた外交政策は、首相にとって政治的主導権を発揮することのできる場の1つであった（Katzenstein 1987, 23, 361f.）．実際、アデナウアーやブラントは、建国後間もない連邦共和国において西側統合政策を牽引し、あるいは、ソ連や東欧諸国に対する新東方外交の展開を通じて東西間の緊張緩和を推進することにより、政権の基盤を強化したのである．

　1989年、ベルリンの壁の崩壊に直面したコール首相もその例外ではなかった．東独では、ソ連のミハイル・ゴルバチョフ書記長が主導する社会主義体制のペレストロイカに抵抗するホーネッカー第一書記がSEDの一党支配を保持するかに見えたものの、国内の抗議運動の高まりと西ドイツへの越境者の増大に耐えきれず、10月に退陣に追い込まれたばかりであった．エゴン・クレンツが書記長の地位を継いだ後の11月9日、当局側が国外旅行の自由化を発表すると、検問所に数万人もの東ベルリン市民が詰めかけ、西ベルリンへとなだれ込んだのである（高橋1994）．

　その後、東独の主要都市で月曜日ごとに行われていたデモが参加者の数を増し、「われわれが主権者だ（Wir sind das Volk）」というスローガンは、「われわれは1つの国民だ（Wir sind ein Volk）」へと変化し始めた．アメリカは、東西ドイツが民主的な手続きをふみつつ、欧州統合の進展の文脈の中で統一へ

93

と歩みを進めることを支持する方針を固めたが，英仏を初めとする西欧諸国は統一そのものを警戒する構えを見せた．コールは，パリに召集された欧州共同体（EC）の特別首脳会議において，西側同盟に対するドイツの忠誠を誇示すべく統合を推し進める必要性を力説しなければならなかったのである（Küsters und Hofmann Hg. 1998, 60）．これに対し，最も強い牽制を示すかと思われたソ連指導部において，ペレストロイカの進展とともに東独の体制がやがては崩壊し，東西ドイツの統一が日程に上るシナリオが検討されている，という情報が首相府の側近によってもたらされた（テルチク 1992, 49-52）．これを受け，首相の周辺で起草され，連邦議会における予算演説の際に公表されたのが「ドイツとヨーロッパの分断を克服するための10項目提案」であった（11月28日）[1]．コール首相は，東西ドイツの統一を現実に達成可能な課題として位置づけ，内外における統一への気運を高めることに成功したのである．

壁の崩壊後に東独の連合政権を率いることになったハンス・モドロウは，両独間に「条約共同体」を形成することを唱えたが，コールの提案は，東独の体制改革の進展を条件としつつ，これを段階的に緊密化して「国家連合的構造（konföderative Strukturen）」を構築し，その延長線上に両独が「連邦（Föderation）」に到達する，というものであった．もっとも，このような構想を実現するには，西ドイツがその前提として尊重しなければならない多国間，二国間の「制度的条件」があった（Banchoff 1999）．すなわち，アデナウアーの西側統合政策がもたらしたNATOとECへの加担であり，ブラントの新東方外交の成果としての東方諸条約と全欧安全保障協力会議（CSCE）の枠組みである．10項目提案は，その後半部分において，「ドイツ統一への道」が，かつてドイツ占領にあたった4カ国から支持と承認を受けつつ，欧州統合ならびにCSCEを場として構築すべき「欧州共通の家」の文脈に組み込まれることを求めたのである．

外交上の制度的条件を満たしながらも，関係国への事前通告なしに公表されたこの10項目提案は，西ドイツが国家統一への主導権を握る決定的な契機となった．ゴルバチョフ書記長との間で冷戦終結への交渉を進めていたアメリカ

---

1) https://www.bundesregierung.de/Content/DE/Bulletin/1980-1989/1989/134-89_Kohl.html

は，翌 90 年 2 月に開かれた CSCE の会合の機会をとらえ，東西ドイツを主役にすえてドイツ問題を最終的に解決する「2 プラス 4 条約」の方式を提案する（ベーカーIII 1997, 406-428；Ritter 2009, 27f.）[2]．当事者間の交渉は，統一ドイツから経済援助を引き出そうとしたソ連の思惑や，統一ドイツへの不信感をぬぐえずに土壇場で統一を遅延させようとしたサッチャーの動きもあり最後まで紛糾したが，9 月，モスクワにおける 4 度目の会合において調印に至った．4 カ国はベルリンとドイツ全土に対する留保権を放棄し，ポーランドの西部国境線（オーデル・ナイセ線）を含めて国境を画定された統一ドイツは，国際社会における主権国家としての地位を確立することになった．コール首相は，この条約の締結交渉の進捗をにらみながら東独との統一交渉を進めていったのである[3]．

政治的なタイミングを全てに優先させるコールの行動は，いわゆる「通貨同盟」（のちに「通貨，経済，社会同盟を創設する条約」によって成立した同盟）の提案においても繰り返された．この通貨同盟は，直接には，モドロウがコールに求めた 150 億マルクにのぼる緊急の財政支援を拒絶し，その代案として提案されたものである．コールは，体制内改革に取り組むモドロウ政権を見限り，来るべき人民議会選挙後に形成される新政権との統一交渉を期待した．そのためにコールは，翼賛政党であった東の CDU（Ost-CDU）と CSU の友党たるべく結成されたドイツ社会同盟（Deutsche Soziale Union: DSU），ならびに在野勢力の一角を占めていた「民主主義の出発（Demokratischer Aufbruch）」の間に選挙協力を目的とする「ドイツのための同盟（Allianz für Deutschland）」を結成させ，その選挙運動を支援した（Schäuble 1991, 44f.）．また，ときあたかも東ドイツから多数の越境者（Übersiedler）が流入を続け，

---

2) 正式には「ドイツに関する終結規定条約」と称する条約の締結に至る歴史過程を，各国首脳の動きから再構成したものに高橋（1999）．
3) サッチャー首相は統一に対して拒否的な態度をとり，フランス社会党のフランソワ・ミッテラン大統領も当初は統一へと至るテンポに留保を示したが，ストラスブールで 12 月に開かれた EC の首脳会議はドイツ人の自己決定を尊重する声明を発表し，翌年 4 月にはダブリンにおいて東独の加盟を新規のものとは扱わず，西独の領域的拡大とみなして必要最小限の手続きをとることを決定した．この手続きは，統一条約の締結交渉にドロール委員会側から担当者が加わることによって，滞りなく進められた（Spence 1992; Schäuble 1991, 115）．

その受入れにあたる自治体の財政を圧迫したため，当初は歓迎ムードにあった西ドイツの世論も受入れ制限の支持へと傾きつつあった．野党の SPD 側からは，1月のザールラント州議会選挙で圧勝をおさめ首相候補として名乗りを上げたラフォンテーヌが，難民よりも越境者を優遇する措置の中止を掲げて世論から支持を集めていた[4]．CDU/CSU においても，越境者の受入れに上限を設けようとする声が強まったが，これに断固として反対するヴォルフガング・ショイブレ内相がかろうじて同党による制限措置の決定を防いだ．政府にとっては，早期の通貨同盟の成立を約束することによって越境者の波を食い止めることも必要であった (ibid., 58-78)．

東独にドイツ・マルクを早急に導入する提案は，元来は SPD の財政専門家が唱え始めた提案に対し，より慎重な導入を目指す対案を蔵相が提示した後に発表されたし，首相提案の後にも経済相がその段階的導入を主張して異を唱えた．また，連銀のペール総裁は，同提案は連銀の権限を侵すものであるとして強い抗議を表明し，経済諮問委員会も段階的導入案を支持した (Priewe und Hickel 1994, 81f.)．しかし，政治戦略の決定がコール首相に「集権化」されるとともに，政策論議から市場経済への移行に伴うべき様々な副次的効果の考慮が捨象された．健全な通貨を導入しさえすれば財政的支援による補完なくしても市場メカニズムが作動し始めるはずだとする臆断が広がり，複雑な問題が極端なまでに単純化されたともいえよう (Lehmbruch 1991)．

西の通貨の導入を控えた東独経済の実態調査には，両ドイツの財務省が設けた専門委員会が速やかに着手していたが[5]，条約の交渉自体は，東ドイツの人民議会選挙後に，「ドイツのための同盟」の3党にリベラル系諸派が選挙同盟として結成した自由民主連盟 (Bund Freier Demokraten) と SPD を加えたロタール・デメジエール政権の発足を待って開始された．新政権側は首相付政務次官のギュンター・クラウゼが，西ドイツ側は財務省から連銀の役員会に転じたばかりのハンス・ティートマイヤーが交渉団を率いた．通貨同盟が予告されてからは両通貨間の交換比率をめぐって議論が高まったものの，連銀の主張

4) "Wird Lafontaine Kanzler?", *Der Spiegel* 6/1990, 38-47.
5) 専門委員会における西ドイツ側の代表者は，当時は財務省事務次官であり後に大統領に選出されたホルスト・ケーラーであった．

通りに 1：2（東独の 2 マルクを西独の 1 マルクに換算する）とする原則が採用された．しかし，選挙運動においてコールが公言したこともあり，個人が受け取る賃金や年金，一定の金額以下の貯蓄に対しては 1：1 の比率が例外として適用された．こうして，通貨同盟の実施細目についても首相府において実質的な決定が下されたのである（Schwinn 1997, 43-45）．

　以上のような首相による政治的主導の強まりは，国家統一を早期に実現する可能性が高まるとともに，次の連邦議会選挙を前にして激化した二大政党間の競合を反映するものであった（Lehmbruch 1991, 589; Ritter 2009, 46f.; Seibel 1993, 118）．基本法の上では，国家統一を達成するには 2 つの道があった．東独の人民議会か，あるいは東独に新たに州を設立しそれらの州が「ドイツの他の部分」として連邦共和国に加入し，基本法の適用を受けるという基本法 23 条が定める道である．かつて，住民投票によって帰属を決定したザールラントは，この規定に従って加入を表明し，同地が移行する法的関係を定める連邦法が制定される（1956 年 12 月）という前例があった．もう一つは，ドイツ人民の自由な決定によって基本法に代わる新たな憲法を制定する，という 146 条の道であった．当初から早期の国家統一を目指したコール政権は，制憲議会の召集や審議に費やされる時間を嫌い，23 条が定める統一を想定し，デメジェール政権も連立協定にこの点を掲げた．もっとも，デメジェール政権は，東独の単なる一方的な加入の表明だけではなく，西独との間に統一条約を締結し，かつて収用された私有財産の返還問題など，そこに東独として譲ることのできない最低限の条件をあらかじめ明記することをも求めた．統一条約は基本法の改正を伴うから，その批准には連邦議会と連邦参議院の 3 分の 2 の多数による承認が必要となり，連邦議会の SPD 会派や SPD が率いる州の支持も不可欠となった．

　しかし，コール政権が断固として進める早期統一に対し，野党 SPD の軸足は定まらなかった．ハンス・ヨッヘン・フォーゲル党首や会派の領袖は，一定の修正を求めながらもいわゆる国家条約（「通貨，経済，社会同盟を創設する条約」）を全体として甘受しようとした一方，首相候補となったラフォンテーヌは同党を条約反対へと動かそうとして対立したのである．折しも，1990 年 5 月に行われた 2 つの州議会選挙の結果，ニーダーザクセンにおいて赤緑政権へ

の政権交代が起こり，連邦与党側は連邦参議院の多数派を失った．しかし，ラフォンテーヌが首相であったザールラントとニーダーザクセン（CDU と FDP の連合政権を率いるエルンスト・アルプレヒトに代わり，シュレーダーが首相となった）以外の SPD 州が賛成票を投じたため，通貨同盟を成立させる国家条約は，通常の手続きにしたがい両院の過半数をもって無事批准された[6]．

事実上，始まっていた連邦議会の選挙戦の中で，党利を露わにしたのは SPD だけではない．選挙の日程こそ当初から 12 月 2 日が想定されていたものの，東独地域での実施方法については各党が相反する主張を明らかにした (Jesse 1994; Schäuble 1991, 80–97)[7]．SPD と FDP は，それぞれの東の友党を含め，全選挙区を対象とする阻止条項の適用を主張した．統一後には，東独の人口はドイツ全体の 2 割強にとどまるために，SPD がライバルと目する PDS の議会進出を阻止することができるからであり，FDP にとっても他の小党の進出を防いで連立戦略上の要の地位を確保できるからであった．一方，DSU の進出を期する CSU は東西ごとの条項の適用を主張し，ショイブレ内相も州単位の適用によって東独の市民運動勢力に配慮しようとした．東独の CDU も東西別の適用を唱えたが，PDS と市民運動勢力は，阻止条項そのものの廃止を訴えた．また，緑の党は，全選挙区を対象とする阻止条項なしの比例代表を支持した．選挙の方法をめぐる対立は，二大政党と FDP が，阻止条項の適用は選挙区全体を対象とするものの，（ベルリンを除き）いずれの州においても競合しない政党相互間には候補者名簿の結合を許す，という妥協に到達して収拾されたかにみえた[8]．しかし，この妥協案は，DSU の議席獲得を助けるもの

---

6) SPD の修正要求は部分的に受け入れられたにすぎない．ラフォンテーヌは，首相候補者に留まりながらも，条約の締結が統一ドイツに残すだろう多大な負担を強調した (Grosser 1998, 311–321)．一方，州は東の新州を財政均衡制度に組み込むことを阻止し，統一に伴う財政負担を「ドイツ統一基金」の設立によって賄う決定を連邦に強いることに成功した（後述）．同条約の不成立は，SPD の州首相にとってもこの成果を反故にすることを意味した (ibid., 313)．

7) 7 月初めに行われた最初の統一条約交渉の時点では，デメジエールは，東独地域での選挙は国家統一と西独地域での連邦議会選挙の後に別に行うものと想定していた (Schäuble 1991, 126–129)．

8) 妥協に従って選挙条約案が作成された直後，デメジエールは，新たな州において議会選挙が行われる 10 月 14 日に東独の加入と連邦議会選挙を同時に実施する提案を突如，

の，西独の地域での得票や他党との名簿結合を期待できない PDS に一方的な不利をもたらすものであった．そこで，PDS や緑の党などが，同選挙条約法案は機会均等を損なうものであるとして BVG に提訴し，同裁判所は 9 月末に違憲の判断を下したのである [9]．

5月中旬に締結され，7月1日に発効となった国家条約が，西独の市場経済秩序を東独に移植しようとするものであったのに対し，10月3日をもって成立すべき統一ドイツ全体の法的秩序を枠付けたのは，いわゆる「統一条約」である．西独側では，すでに2月，コール首相の下に「ドイツ統一」内閣委員会とその下部組織として6つの作業部会が設けられていたが，その中の「国家構造と公的秩序」部会を統括するショイブレ内相が，東独側との条約交渉を率いることになった．ショイブレは，基本法の法秩序を東独の地域に導入することを原則とし，東独時代の旧法の存続を例外とすること，また，統一の機会に乗じた連邦共和国法の改革の試みを厳しく退け，「無条件に必要な修正」に限定しつつ，可及的速やかな統一を達成するべく交渉にあたった（Schäuble 1991, 125, 150-155）．

例えば，統一に際し，東独時代に強制的に収用された私有財産は「社会的市場経済」の理念に沿って元の所有者に返還されるべきであったが，錯綜した権利関係を一刀両断に画定し直すことは不可能であった．ショイブレは，補償よりも返還を優先させる原則を定めながらも，ソ連占領下の土地改革や基幹産業での没収を不問とするデメジエール政権の要求を受け入れた両政府間の合意を，そのまま条約中に取り込んだのである（ibid., 101-106）．また，一定の条件下で妊娠中絶を罰則の対象とする刑法の規定については，党派間で論争が再燃し，締結の間際にまで続いたが，最終的な解決は統一後2年以内での立法に委ねら

公表した（コール首相がこの提案通りに議会解散を挙行できるかどうかは疑問であった）．この提案を知ったノルトライン・ヴェストファーレン州のヴォルフガング・クレメント首相が，統一条約の交渉に共に携わっていた自分に向かい，信頼が裏切られたことへの憤懣を明らかにした，とショイブレは回想している（Schäuble 1991, 158-167）．選挙日程の前倒しが SPD の得票減を招き，その利害を著しく損なうものと受け取られたことを示している．

9) 統一後，旧人民議会側からの議員を加えた連邦議会が，判旨に沿った修正法案を可決した．

れ,先送りされた (*ibid.*, 230-250)[10]. あるいは,東独の国家保安庁,いわゆるシュタージ (Stasi) の記録文書の保管と公開をめぐってにわかに表面化した東西間の対立も,条約締結後の立法のための指針を追加的に確認することによって事なきを得た (*ibid.*, 272-280). ショイブレは,連邦省庁の政策知によって強化された交渉当事者の戦略的利点[11]を最大限に活用しつつ,東独政府や野党,時によっては連立パートナーの FDP や CDU/CSU からの異論をも懐柔しながら交渉を妥結にまで導いたのである.

もっとも,統一の過程において連邦政府があらゆる決定をその意向どおりに下しえたわけではない. 統一に伴うコストは,せいぜい東独政府が残した債務の引受けや新たに導入される社会保険制度への支援にとどまり,それも,分断国家であったがために強いられていた西ベルリンや国境地域への財政支援の節約や,信託庁による民営化が生み出す売却益によって容易にまかなえるものと臆断された. 何よりも,通貨同盟の発足によって市場経済の秩序が整えられ,戦後の経済復興が再演されることが期待されたのである. それでもなお,連邦は国家条約を締結する際,統一の結果生じうる財政負担を州に分担させようとしたものの,一致団結した州はその関与を最小限に抑えた. すなわち,西の州は,東独の地域に創設される新たな州を財政均衡制度に組み込むことを退けたばかりか,91年と92年につき,連邦・州間の売上税の税収配分比率(当時は連邦が65%,州が35%)を維持して連邦に有利な変更を妨げたのである. その代わりに,旧東独地域の援助のために5年間の時限措置として,総額1150億マルクの「ドイツ統一基金 (Fonds Deutsche Einheit)」が新設され,州は,大部分は起債によって調達されたその原資 (950億マルクは起債による) の年次償還金の半分を負担するにとどまった (Schwinn 1997, 46-54).

確かに,ショイブレによってその交渉への参加を許された州は,統一条約に

---

10) 東独では,働く女性の権利を重視する観点から妊娠後3カ月までの中絶を罰則の対象としない「期間ルール (Fristenregelung)」が妥当していた. 70年代の西独の立法は,それまでの厳格な規制を緩める方向でこのルールを採り入れたが,これを違憲とした BVG の判断を受け,罰則適用の猶予に一定の正当事由を必要とする「指標ルール (Indikationenregelung)」が定められた.

11) レームブルッフは,これを「折衝者の特権 (Kontaktprivileg)」と表現する (Lehmbruch 1991, 587).

含まれたさまざまな争点につき，党派的にも異なる立場をとることがあった (Schäuble 1991, 117, 195)[12]．しかし，財政制度をめぐっては連邦に対する固い結束が再び誇示された．通貨同盟の発足後，急速に崩壊し始めた企業生産をみて東独政府も財政均衡制度への新州の組み込みを求めた（*ibid*., 70）．そこで連邦は，連邦が基金から受ける交付金を減額する一方，州に対しては国家条約の締結時と同じ要求を繰り返したが，財政均衡制度の全面的な適用は改めて退けられ，売上税の税収は，新州と旧州が別々に分かれてそれぞれの間で配分されるにとどめられた（新州の住民が受け取る一人当たりの配分額は，91年から94年の間に西の旧州の住民一人当たりの55％から70％まで引き上げられた）（中村 1991；平島 1996）．支援を仰ぐべき当事者（東の州）が不在のままでは，条約の締結を急ぐショイブレにとって（西の）州の要求を甘受するほかはなかったものと考えられる．

2. 統一後の政治過程——常態への回帰

コール政権によれば，計画経済を解消し，市場メカニズムを起動しさえすれば，旧東独においても生産活動は自動的に始まるはずであった．しかし，信託庁がコンビナートを解体し，人民所有企業の売却を進めようとするやいなや生産は頓挫をきたし，大量の失業者が生み出された．国家条約の結果，1対1の比率で交換された新通貨で支払うべき賃金の重圧に加え，一夜にして厳しい競争に投げ出された企業は収益力を失って生産を続けることができず，同地域のGDPは1990年の第4四半期に条約前の水準の65％，その翌年の第1四半期には47％にまで落ち込んだ (Seibel 2000, 232)．また，東部における就業者数は，通貨同盟の発足後の半年間に931万人から805万人に，さらに翌年の第3四半期には690万人にまで縮小したのである（*ibid*., 233）．

[12) 州側からは，首相官房長ないし所轄官庁の事務官が交渉団に加わった（Albert 1993, 6f.）．ショイブレは，自ら乗り出そうとするハンブルク市長のヘニング・フォシェラウに対し，基本法制定時とは事情が異なる，としてその参加を拒んだ（Schäuble 1991, 115f.）．統一後の基本法の改正に関しては，連邦制改革の観点から州全体の要望が表明された（Albert 1993, 22-27）．

図 5-1 東への財政移転 (1991 年)

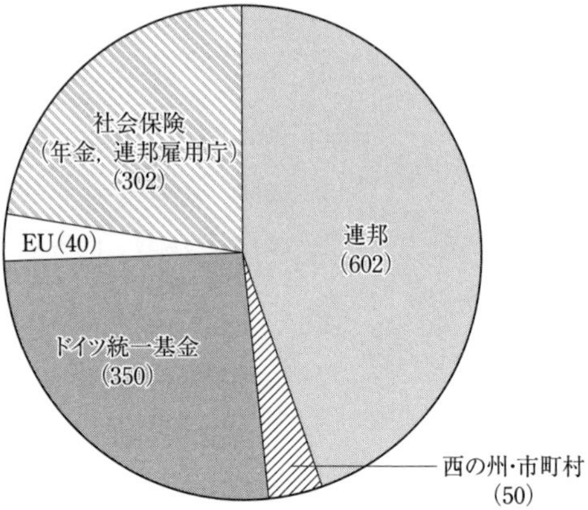

社会保険
(年金, 連邦雇用庁)
(302)

EU (40)

ドイツ統一基金
(350)

連邦
(602)

西の州・市町村
(50)

単位：億マルク
注：a) 連邦は，ドイツ統一基金に 40 億マルク，年金保険に 56 億マルク，連邦雇用庁 (失業保険) に 59 億マルクの合計 155 億マルクの補助金を支給した．図では連邦からの移転が 602 億マルクとなっているが，これらをすべて重複して数えれば，757 億マルクとなる．
b) 旧州から新州に対する保険会計を通じた移転は，失業保険の 187 億マルクであった (1991 年については，年金ではなかった)．図では各保険会計が国庫から受け取った補助金の金額を含む．なお，年金では保険料が 1% 引き下げられたが，失業保険では一挙に 2.5% 引き上げられた．
c) 新 5 州 (東ベルリンを含む) で徴収され連邦全体に還流した税収 287 億マルクを差し引くと，東への財政移転の純計は 1057 億マルクとなり，GDP の 3.8% に相当した．
資料：SVR (1995/96, 151)

急速な産業の崩壊を前にしたコール政権は，1991 年 3 月に「東部躍進共同事業 (Gemeinschaftswerk Aufschwung Ost)」と銘打ち，当該地域における自治体の投資を促し，雇用を創出し，交通基盤や住宅の建設を支援するために各年 120 億マルクずつ，2 年間で合計 240 億マルクの規模の連邦支出計画を打ち出した．さらに，東の州と市町村の歳入を拡大するため，連邦はドイツ統一基金から受け取るべき資金を放棄したほか（東の州にとっては 52.5 億マルクの歳入増となった），西の州も東への売上税税収の配分につき，統一条約で定めた割引きを取りやめ，直ちにその満額を配分することを認めた（同じく 48 億マルクの増収となった）(Schwinn 1997, 94f.; 東への財政移転の大要については図 5-1 参照)[13]．

これらの一連の措置をまかない，歳入全体を増やすために，湾岸戦争に際しての国際貢献という名目の下に「連帯付加税（Solidaritätszuschlag）」として所得税や法人税などに 7.5% の追徴（91 年 7 月から 1 年間の時限措置）が課された他，連邦の消費税である鉱物油税，タバコ税，保険税の税率が引き上げられ，さらに 93 年からは売上税の税率が 14% から 15% へと引き上げられた（ibid., 95f.）．連邦税である連帯付加税やこれらの消費税とは異なり，連邦と州の共有税である売上税の場合には，税率の引上げは連邦参議院の同意を必要とする．91 年 4 月のラインラント・プファルツ州議会選挙の結果，同院の過半数を失った連邦与党側に対し SPD はこの増税案への抵抗を強めたものの，新 5 州の中で唯一 SPD から州首相となったマンフレート・シュトルペが戦列を離れて政府提出法案に賛成したために引上げが実現した．シュトルペは，党派的立場よりもブランデンブルク州の固有の利害を優先させたのであった（ibid., 115f.）．

　しかし，「半主権国家」は，これらの増税による歳入増だけによって財政の帳尻を合わせることができたわけではない．ドイツ統一基金がその原資の大部分を起債によって調達した他，連邦政府も 91 年当初，およそ 670 億マルクの新規借入れを予定し，国家全体では 1200 億マルク近くにものぼった（Schwinn 1997, 95）．連邦議会選挙前に政権によって掲げられた「増税なき統一」という公約の破綻は早くも明白となった．

　もっとも，こうして財政赤字を膨張させながらも，準公的制度として発足した信託庁の活動を通じ，コール政権は複雑な現実に見合った東部再建への手がかりを少しずつ探り当てていった．元来，旧国営企業を私企業へと転換する役割を期待されてモドロウ政権が設置した信託庁は，デメジェール政権期の立法によって分権的な組織経営を規定されたにもかかわらず，むしろ旧東独の集権的国家制度の遺制を保ちながら民営化に着手した（Seibel 2000）．これは，初代

---

13) この他，西の州に対して連邦から供与されていた構造支援（Strukturhilfe）が 92 年以降に廃止され（その代償として 6 億マルクの支援措置が 91 年に講じられた），それに相当する金額がドイツ統一基金の増資に回された（Schwinn 1997, 100; Altemeier 1999, 105-118）．売上税の増税は，法人税改革などによる税収減を補うことを目的として提案された（ibid., 118f.）．

長官となったデトレフ・ローヴェダーが，株式会社たるべく監査役会を設ければ，前代未聞の課題の遂行を前にして意思決定が麻痺してしまうことを恐れたからだと言われている．しかし，長官，副長官を初め総勢 8 名の役員が構成する役員会を選任し，監督する運営理事会（Verwaltungsrat）は，連邦政府が任命する 20 名の理事によって構成され，彼らは連邦政府（財務省と経済省の事務次官），州政府（首相）ならびに労使の団体を代表していた（労組からは DGB，金属労組，化学労組の単産，職員労組の DAG の 4 団体の議長が加わった）(Busch 2005, 99).

　国家と社会の主体をこのように結びつける信託庁の制度に加え，ベルリンにおかれた首相府の現地事務局においては首相府と東の州政府，信託庁との間で東部支援策をめぐる不断の調整が行われた他，信託庁の地方支部においても地元の商工会議所の協力により，さまざまな主体との間で地域の懸案の処理に向けた協議の場がもたれた（Czada 1994, 257f.). 東部の州政府や労組との間に張り巡らされたこのようなネットワークを通じ，信託庁は，事業の閉鎖をも辞さない合理化から雇用を守る経営の再建へとその民営化の方針に軌道修正を加えていった．信託庁が，労使の団体や州政府との間に次々に協定を結び，経営者と従業員との間で結ばれる「社会計画」に従って解雇される従業員に対して補償金を支払い，労使の団体や州政府との協議を経て「雇用促進会社（Gesellschaften zur Arbeitsförderung, Beschäftigung und Strukturentwicklung: ABS）」の設立を促す一方，連邦雇用庁もこれらの会社に対し，賃金支払いの一部を負担することになった（92 年末の就労促進法改正）．かくして，ザクセン・アンハルトのハレ近郊にあった化学コンビナートなどが「工業中核地帯（industrielle Kerne）」と呼ばれて救済され，経営の立て直しに向けて支援が続けられたのである（Roesler 2006; Neubauer 1992). 信託庁は，これらの中核地帯を除く 126 のコンビナートをおよそ 1 万 2000 の企業に分解した上で，その中の 8000 弱を民営化し，4000 弱を閉鎖する（その他にも 2 万近くに及ぶ小売事業，2000 弱の薬局などや，旧東独の国土の半分以上の土地も所有下にあった），というおよそ不可能にも思われた任務を達成した後，1995 年に後継機構に道を譲った（Flockton 1996, 226f.).

　こうして，コール政権は，統一以前にも増して「統一の負担」を強調する

SPDの抵抗を牽制しつつ，信託庁をいわば政治的隠れ蓑として東部の再建を進めようとしたものの，他方では債務残高の膨張を許してしまった．1991年とその翌年では，信託庁の債務は400億弱からおよそ1070億マルクにまで急増し，連邦政府においても6000億マルクの水準を超えるに至った．州や市町村を含めた連邦国家全体，さらにはドイツ統一基金や旧東独の残債をまとめた債務返済基金（Kreditabwicklungsfonds），同じく東部の住宅建設に関連する旧債務などをも加えれば公的債務の全体では，約1兆1700億マルクから1兆3300億マルクへと顕著に増大したのである（SVR 1995/96, 144, Tabelle 37; Schwinn 1997, 151）．一方，統一後の東部において拡大した消費に応えて西部の生産が伸びたことによるブームと物価の上昇を前にした連銀は，91年から92年半ばにかけて公定歩合を段階的に引き上げ，高い水準を維持した．この結果，統一前の「半主権国家」に見られた同じメカニズムが働き，東部の再建に取り組む連邦政府は財政の緊縮を同時に迫られることになった（Czada 1995, 83-85）[14]．

そこでコール政権は，93年1月に「連邦再建プログラム（Föderales Konsolidierungsprogramm）」を公表し，官吏や軍人の給与の引下げや農業，炭鉱，造船所向けの補助金の削減とならび，児童手当，（コール政権が1980年代に「母親手当」に代えて導入した）養育手当，教育奨励，住宅手当などの社会保障関連の給付金，そして失業手当・扶助や社会扶助という社会保険や社会扶助制度の根幹に関わる削減を唱えた．これに対し，野党SPDは社会保障全般や社会保険制度に関する給付の削減を断固として拒絶し，租税減免措置の廃止や「労働市場税（Arbeitsmarktabgabe）」によって再建をはかるべしとする対案を唱えた（ibid., 175f.）．この「労働市場税」というのは，統一の負担が事実上，社会保険制度に重くのしかかってきた事態に鑑み，保険料の負担を免れてきた自営業者や官吏にも負担を求める趣旨のものであった．当該プログラムの社会政策支出の削減に対しては，CDU内の社会委員会や東部出身の議員さえ反対の声をあげたこともあり，基本的に歳出の削減は実現されないまま残ることになった．

---

14) 高金利は，国外における信用の調達を確保するためでもあった．なお，連銀は，連帯協定（後述）の交渉の進展に歩調を合わせるように高金利を解除していった．

もっとも，財政再建を進める上で「半主権国家」が優先的に決着をつけなければならない問題があった．すなわち，5年間の時限措置として統一条約が設けたドイツ統一基金に代わる，新5州への新たな恒久的な財政支援制度の構築である．92年5月には，BVGが慢性的な財政赤字に苦しむブレーメンとザールラントに対する連邦の財政支援義務を確認する判決を下したから，財政均衡制度の再編は憲法上の至上命題としてもその解決が求められた（Renzsch 1994; Czada 1995）．

　しかしながら，すでに売上税の引上げの際に見られたように，統一政策の主導権を独占してきた連邦政府が，財政力において大きな格差を抱え込んだ諸州を分割して統治することも考えられた．実際，連邦財務省の原案は，州間の財政均衡（州相互間で行う税収の再配分）の度合いを長期的に下げることによってバーデン・ヴュルテンベルクなど西の富裕州を厚遇しつつ，連邦が受け取るより大きな財源をもって新州への支援に充てる（受益州は，ブランデンブルクを除きすべてがCDU州であった），という党派的な意図がこめられたものであった（Renzsch 1994, 123）．しかしながら，16の州は，売上税税収から受け取る配分そのものを増加させ，それを用いて著しく脆弱な新州の財政基盤をあらかじめかさ上げすることにより，ほぼ従来どおりの財政均衡の仕組みを踏襲する対案で一致することに成功した．（CSU州の）バイエルンが唱えた対案を，直ちに（SPD州の）ノルトライン・ヴェストファーレンが支持したことにより，州間における党派的な対立の顕在化が未然に防がれた（ブランデンブルク州は，今回は与野党の間で引き裂かれることなく，逆に党派間を橋渡しした）(*ibid.*, 125)．連邦が売上税の税収からの州に対する配分の7%増（37%から44%への）を甘受したことは驚きをもって迎えられたが，連邦の譲歩は，連邦と州の首相間の非公開協議という交渉手続きが選ばれたこと（連邦議会と連邦参議院における審議，ないしこれに加えた両院間での調整委員会の設置という公式の立法手続きをとっていては二大政党以外の政党も交渉に加わることとなり，調整は遥かに大きな困難を極めたであろう），また，財政均衡制度という複雑な作動原理を内包する制度を維持しつつ，その微修正によって解決がはかられた点が交渉を妥結させた要因として指摘されている（表5-1を参照；*ibid.*, 129-133; Czada 1995, 85-90）．

表 5-1　連邦・州間の税収配分の変化（1994 年と 1995 年の比較）

	連邦	西の 10 州	新 5 州＋ベルリン
売上税税収の配分	−16500	＋1700	＋14800
水平的・州間財政均衡	—	−9000	＋9000
不足分 BEZ	−4600	＋1100	＋3500
特別需要 BEZ 1	−1540	＋665	＋875
特別需要 BEZ 2	−14000	—	＋14000
過渡的 BEZ	−1345	＋1345	—
ドイツ統一基金・年次償還金負担の付け替え	＋2100	−2100	—
合計	−35885	−6290	＋42175
東部建設投資奨励法	−6600	—	＋6600

単位：百万マルク

注：表は，財政均衡制度への東部の州の組み込みを初め，連帯協定 I（1993 年）がもたらす連邦と州の歳入額の増減の概要をまとめたものである．

　BEZ（Bundesergänzungszuweisung，連邦補充交付金）は，財政調整制度の最終（第 4）段階として，連邦がその税収の一部を特定の州に対し「垂直的に」供与する交付金であり，いくつかの下位カテゴリーに分けられる（売上税の税収を連邦と州全体で配分するのが第 1 段階，後者の間で基本的には住民数に比例させつつ，その一定部分については州間のばらつきの下限を平均の 95％ 以上に引き上げるために配分するのが第 2 段階，そしてなお残る格差を縮小させるために州が相互に税収をやりとりするのが第 3 段階の狭義の「州間財政均衡」である．表中の「売上税税収の配分」は第 1 段階と第 2 段階に相当する）．

　「不足分 BEZ」は，格差の下限を 99.5％ 以上におさえることが目標となる．「特別需要 BEZ 1」は，小州の「政治指導コスト」（州議会や州政府に関わる費用）の補塡とブレーメンとザールラントに対する財政再建の支援とを名目とする．また，「特別需要 BEZ 2」は，分断克服のために新 5 州とベルリンが 10 年間にわたって受け取るものであり，「過渡的 BEZ」は，同じく 10 年間に西のブレーメン，ニーダーザクセン，ラインラント・プファルツ，ザールラント，シュレスヴィヒ・ホルシュタインが，財政均衡制度への東の州の組み込みによって結果的に生ずる不利益の埋め合わせとして受け取る交付金である．

　「ドイツ統一基金・年次償還金負担の付け替え」は，財政均衡制度には関わらないが，連邦と州間の負担の組み替え全体の一部として考えられた．

　以上とは別枠で，東部建設のための投資奨励として連邦から受け取る 66 億マルクを加えると，新 5 州とベルリンは，総計およそ 488 億マルクの歳入増（前年比）を確保した．

出典：SVR（1995/96, 143）

こうして結ばれた「連帯協定 I（Solidarpakt I）」では，新 5 州の新しい財政均衡制度への組み込みとならび，債務返済基金，信託庁，旧東独の住宅建設関連の一部の債務が「承継債務減債基金（Erblastentilgungsfonds）」に一本化され（総額で 3350 億マルク），この基金への年賦返済を連邦のみが負担することになった点，また，95 年より 7.5％ の連帯付加税が無期限で再導入されることについて合意された．しかし，すでに言及したように，歳出削減と租税減免措置の廃止については今後の協議に委ねられるにとどまった．

3. 統一後の「半主権国家」

　こうして，統一の過程で前面に押し出された政治的決定の集権化と政治戦略の単純化は，統一後には早くも解消され，やがてかつての政治過程におけるメカニズムが見られるようになったが，その過程において「半主権国家」はどのようにして旧東独の地域に移植されたのだろうか．

　まず，統一条約の締結を準備する段階において人民議会が「州導入法」を制定し（1990年7月22日），ブランデンブルク，メクレンブルク・フォアポンメルン，ザクセン，ザクセン・アンハルト，およびチューリンゲンの5つの州が成立した（東西に分かれていたベルリンでは，全23区Bezirkがベルリン市として1つの州となった）．これらは，ソ連占領軍によって必ずしも歴史的由来を踏まえずにいったん形成されながら，体制の民主集中化を進めるSEDによって1952年に廃止された州が復活したものであった．しかし，これに先立って新たに設置された地方自治体とともに，州は，一党独裁に対抗して市民運動が獲得した民主化の成果として市民から強く支持された．もちろん，国家行政が党権力によって一元的に統御されていたところでは，複雑に分岐した行政事務を法令にしたがって執行する行政機構を自前で新たに構築することは困難であった．かつて中央の意向を自治体に対して下達した14の県（Bezirk）の行政から人員を調達することは論外であり，SEDやシュタージの活動と結びついた人物の任用を続けることも許されなかった．それでも各州は，パートナーとなった西の「姉妹州」から行政支援を仰ぎつつ「比較的迅速に，滞りなく」（Ritter 1998, 197）その組織を立ち上げることができたのである[15]．

　これらの新州に問題があったとすれば，ザクセンを例外とするその規模の小ささにあった．5つの州の人口規模は，西の州のおよそ半分にとどまり，郡のレベルにおいても西部における平均の約2分の1の領域と3分の1の住民数を擁するにすぎなかった（Seibel 2000, 124）[16]．その結果，統一後の連邦参議院に

　15）　各州は，パートナーとなった西の州から制度作りの点でも強く影響されたから，新州の間では，行政官庁の組織や自治体制度，官吏任用の実際において多様性がみられた．Cf. Goetz（1993）.

地図2 新5州を加えた全16州

おける新5州は，合わせて19票を数えるにとどまり，3分の2の多数による基本法の改正を防ぐにはベルリンの4票を加えねばならなかった（連邦参議院全体の票数は，統一前には完全な議決権をもたなかった西ベルリンの4票を除いた41票から68票となった）[17]．さらに，上に述べたように，発足したばか

---

16) 郡の人口は西では平均17万人程度であったが，メクレンブルク・フォアポンメルンでは4万1600人，ザクセンでも6万8700人であった（Seibel 2000, 456）．

りの新州には財政均衡制度への加入さえ許されなかった．したがって，「半主権国家」の国家と社会を結びつける結節点の1つとして働くべき協調的連邦制は，統一の時点では未完成であったことになる．国家統一が成った直後の1990年10月，新5州において州議会選挙が行われ，ビーデンコプフ・ザクセン州首相を初めとする4人のCDU州首相と，SPDではブランデンブルクのシュトルペ州首相が誕生した（ベルリン市議会選挙は，連邦議会選挙と同時に12月に行われた）．国家条約と統一条約によって据えられた枠組みを踏まえ，連邦や西の旧州から財政的支援を引き出していくことが，これら5人の州首相にとっての当面の課題となった[18]．

それでは，国家と社会とを媒介する結節点の中でも中心的な役割を果たす政党と政党システムは，国家統一によってどのように変化したのだろうか．1990年12月に行われた，統一ドイツ最初の連邦議会選挙は，コール首相が率いるCDU/CSUとFDPの与党連合に勝利をもたらした．国際的な新自由主義の潮流に乗り，「新保守主義」を掲げて登場しながらも，80年代後半には指導力に陰りをみせていたコールは，歴史的偉業をなしとげた宰相として息を吹き返し，政権の続投に成功した．一方，今回の選挙における左翼勢力の敗北は明らかであった．SPDでは，党首のフォーゲルやその前任者であったブラントが統一そのものへの支持を表明したのに対し，首相候補者として選挙戦を率いた，ザールラント州首相のラフォンテーヌは，統一の経済的負担を強調し，コールが進める統一のテンポを速すぎるとして批判し続け，説得力のある戦術を貫くことができなかった．また，80年代に初めて連邦政治に登場した緑の党も，多文化社会の理念を掲げて政治的庇護を求める難民の受入れを唱えることはあっても，東独からの越境者を優先的に迎え入れることを理解する概念を持ち合わせていなかった．しかし，選挙の焦点は，富の配分や民主主義の手続きではな

---

17) 基本法の旧51条2項は，600万人以上の人口をもち，したがって相対的に強い財政力を有する4つの州に5票を与え，全票数45の3分の1以上に相当する票数を割り当てていた．統一条約の締結に際し，新州を含め，人口の大小に応じた票数の再割当てをめぐる調整が最後までもつれ込んだのは，発言権を保持しようとする豊かな4州が強硬な態度をとったからである（改正により700万人以上の州の持分は6票となった．Cf. Schäuble 1991, 219-223).

18) http://www.zeit.de/1991/09/der-deutschen-einheit-zweiter-akt

表5-2　1990年・1994年連邦議会選挙結果*

	西		東		連邦全体	
	1990年	1994年	1990年	1994年	1990年	1994年
CDU/CSU	44.3	42.1	41.8	38.5	43.8	41.5
SPD	35.7	37.5	24.3	31.5	33.5	36.4
FDP	12.9	3.5	10.6	7.7	11.0	6.9
緑の党**	4.8	7.9	6.2	4.3	5.1	7.3
PDS	0.3	1.0	11.1	19.8	2.4	4.4
その他	4.3	3.9	3.7	2.4	4.2	3.6

　*　数字は，各党の得票が第2票の投票数全体に占める百分率を示す．1990年には阻止条項は西の州全体（西ベルリンを含む）と東の新5州（東ベルリンを含む）について別々に適用された．1994年には阻止条項は連邦全体で適用された．
　**　90年同盟・緑の党の共同名簿を含む．
出典：Bundeswahlleiters, *Ergebnisse früher Bundestagswahlen*, 2015, 18f.

く，ナショナリズムによる共同体の完成となり，SPDにとっては1957年以来の，緑の党にとっても1980年以来の最低の結果となった．とりわけ，緑の党は，西において4.7％の得票にとどまり，5％の敷居を乗り越えることさえできなかったのである（Kitschelt 1991; 表5-2）．

しかしながら，投票率が記録的な低さを示した1990年の選挙に関して忘れてはならないのは，CDU/CSUの得票率が伸び悩み，ほぼ前回通りの，すなわち，西では87年の連邦議会選挙，東の選挙区では90年3月の人民議会選挙の結果の水準に止まったことである．すなわち，有権者は，極端に単純化された統一戦略に積極的に応えたのではなく，すでに通貨同盟の発足後に明らかとなり始めた東独経済の解体を見て，むしろ不可避となった統一を国民としての責任感から甘受したというべきであった．連立のパートナーのFDPが東の選挙区において見せた高い得票も，東独出身のゲンシャーの個人的人気がもたらしたものにすぎなかった．市場経済の原則を重視する同党が，失業問題に関心が集まる中では支持を得ることは難しく，続く90年代の州議会選挙では敗退を重ねていった（Ritter und Niehuss 1995; Bürklin und Roth 1994）．

統一戦略の破綻が明らかになるにつれ，CDUは旧東独地域の農村部でこそ票勢を維持しえたものの，当初は西の友党から組織的支援を受けて強い吸引力を及ぼした労働者からの支持を早くも失っていくことになった．これに対し，3月の人民議会選挙において，ザクセンやチューリンゲンにおける戦前の金城湯池の消滅を経験したSPDは，社会的文化的な紐帯の復活には及ばずとも，

遅ればせながら労働者の組織化を進めていった．さらに緑の党においても，SEDの一党独裁に対抗して市民運動から興った90年同盟・緑の党が，東においてかろうじて議席を確保したのに続き，東西の友党間でついに合同を果たし，94年の連邦議会選挙において党勢を挽回していったのである．

旧東独地域において，CDU，SPDに次ぐ勢力として現れたのは，意外にもSEDの後身たるPDSであった．PDSは，3月の人民議会選挙での得票（16.4％）からは後退したものの，90年には11.1％を獲得して東の選挙区の第3党となった．その後，阻止条項が再び全国レベルで適用された94年の連邦議会選挙においても，東ベルリンの小選挙区で4名の当選者を出して議席を確保し（全体では4.4％で30議席），自治体の議会や州議会にも安定した地歩を築きつつ，続く98年の選挙では，5.1％の得票率をもってついに阻止条項を乗り越えるに至った．SED時代の県の中心都市を地域的拠点とするPDSは，統一によって疎外された旧体制のエリートを組織の担い手とし，統一事業が遅れる中，「西側の人々（Wessis）」に対して一般市民が抱く反感の受け皿となり，「普通の」政党として受容されていった．

こうして，国家統一後に「体制移行」に突入した東部を抱える「半主権国家」は，州レベルの一部に他とは異なる政党システム，すなわち政党間の競争関係を内包することになった（Wessels 2004; Eith 2000）．とりわけ，統一の完成に向けた事業に手間取るコール政権を批判して連邦での政権奪回をねらうSPDにとっては，西の州における組み合わせとは異なる連立の選択肢が東部の「3党システム」において開かれたのである[19]．

冷戦終焉後の「体制移行」について，東独が他の東欧諸国と異なっていたのは，旧東独自体の改革の試みが連邦共和国による「制度移植」の本格化によってごく短い期間内に終息した点にある．国家機構や政党組織の建設が，連邦共和国の行政官僚や西の既成政党の強い支援によって進められたように，準公的制度もまた西の主体による強力な介入なくしては，迅速に創設されはしなかっ

---

[19] 連邦議会のPDSは，他党から連立の相手方とはみなされずに孤立したが，例えばザクセン・アンハルトではSPDと緑の党の少数政権を閣外から支持した（PDSによって「容認」された連合政権の「マクデブルク・モデル」）．ベルリンでは，2001年の市議会選挙後にまずSPD単独少数政権を容認した後，翌年，政権に加わった（Decker 2015）．

たであろう．

　「労働に対する権利」を憲法によって保障した東独は，労働者を解雇から守り，完全雇用を確保する一方，働く者を（労働者と職員を区別することなく）等しく包摂する社会保険制度を国家の制度として備えた（体制のエリートや国家機構に携わる者には特別の制度が特権として追加された）（Schmidt 2005, 125-147）．しかし，賦課方式をとらない年金の給付が実質的には最低保障の水準に低下していたにもかかわらず，住宅供給へのてこ入れや生活必需品に対する価格補助などによって，ホーネッカー体制末期の国家財政は深刻な危機に陥っていた．したがって，西独から提案された「経済改革を伴う通貨統一」と同時に国家条約の正式名称に含まれるように「社会同盟（Sozialunion）」をも達成し，社会保険制度を中心とする西独の社会保障とならび，団結の自由にもとづいた自律的な団体交渉や事業所委員会，共同決定の制度など，労働と社会に広く関わる一連の制度的枠組みを受け入れることは，東独にとってこそ差し迫った要請であった．実際に，国家条約を締結した後のデメジェール政権は，東独史上かつてなかったほど数多くの社会立法に集中的に取り組んだのである（リッター 2013, 158-170）．

　こうして年金制度は，実際には統一条約の締結を経てその後にも修正が続けられたものの，一挙に給付水準が引き上げられ，一定水準以下の年金受給者に対して支払われる定額の「社会的付加給付（Sozialzuschlag）」が経過措置ながら残された．また，完全雇用の実現を標榜する東独には存在しなかった失業保険制度については，労働争議に間接的に関わった被用者にも失業手当を支給する運用を認めたほか（第4章第3節を参照），操短手当の支給条件を大幅に緩和するなど，東独の労働市場の厳しい現状を踏まえた特別の配慮が加味された．さらに，医療保険制度については，当初は西独の制度改革をも含めた新しい全国制度への長期的な移行が構想されたものの，結果的には西独における現状の制度への収斂がめざされた（Czada 1994, 255)[20]．すなわち，さまざまな疾病金

20）　地域疾病金庫やSPDから提案を受けて労働省が構想した再編計画に最も強く反発したのは職員（代替）疾病金庫であった．Cf. Manow (1998)．なお，大規模な制度改革と統一との前後関係が異なったことも（年金保険では1989年に西独で実現され，92年から統一ドイツで実施されたが，医療構造法［第6章第1節参照］は統一後の92年に成

庫が競争的に設立され，東独に固有の外来診療施設（ポリクリニーク Poliklinik と呼ばれ，複数の診療科を備えるが病院とは異なる）を離れた医師が開業医や病院勤務医として保険医協会や医師の団体へと加入する一方，西独にならい，疾病金庫と保険医協会との間の交渉を通じて診療報酬が決定されることとなった．これらに伴い，連邦雇用庁の労働市場行政を地域で支える雇用局が短期間で構築された他，疾病金庫に続いて労働者年金の州保険機関においても人員の調達が進められたのである[21]．

　新5州における制度創設に伴う困難は，他の準公的制度の場合にも共通に見られた．裁判所の判事や弁護士の人事については，一般に旧体制に関わった人物は排除されたが，とりわけ解雇の訴訟案件を大量に抱え込んだ労働裁判所の人材不足は深刻であり，西の旧州から応援を仰ぐことになった（Ritter 1998, 202f.）．また，民間の福祉団体は，社会扶助の執行において自治体との間で協力関係を築いてこなかったこともあり，教会系の団体や国家の大衆組織からの自立を遂げなければならなかったドイツ赤十字，あるいは同権福祉連盟に属することになる東独に固有の「人民連帯（Volkssolidarität）」などの組織化も順調には進まなかった（Ritter 2009, 65f.）．

　もっとも，準公的制度は，国家と社会をつなぐ結節点の1つであり，国家が制度を準備したとしても社会に根ざした団体が自生的に組織化されてこない限りは円滑な機能を期待することはできない．脆弱な団体の形成は，とりわけ労使の団体において顕著であった．東独では，全国組織の自由ドイツ労組連盟（Freier Deutscher Gewerkschaftsbund: FDGB）とその傘下の個別労組が中央集権的に組織されていたが，それらはSED支配の組織的道具の1つにすぎなかった（社会保険制度の再建は，制度運営からのFDGBの分離を意味した）．

　　立した），制度移植の過程に相違をもたらす一因となった，と考えられる．
21)　社会保険制度の移植に伴うコストについては，連邦財務省は当初，失業保険や新5州における制度発足の経費を含め，国庫補助を一切認めようとはしなかった．しかし，実際には失業保険制度を通じて国家条約後に財政移転が始まったし，他の保険分野においても東独が残した負債を引き受けた．統一後には，年金についても保険機関を通じた東への財政移転が始まった．シュヴィンは，90年代前半における失業と年金の保険会計を通じた東への移転総額を年間約200億マルクから300億マルクへの漸増としている（Schwinn 1997, 121）．

DGBやその傘下の単産は，当初はこのFDGBと協力関係を築こうとしたものの，従業員の間に根強く残る旧来の労組に対する不信を見て方針を転換し，西から専従職員を派遣して東への組織拡大を，場合によっては単産の相互間で陣地を奪い合うようにして展開した（Ritter 2009, 82f.）．一方，経済界の組織化も西独の団体の支援によって急速に進められた（Padgett 2000, 39–43; Schroeder 2010, 33f.）．末端では，小売業や貿易に携わる人民所有企業の経営者などを主たる担い手として商工会議所が創設された．また，旧体制の経営エリート出身者や生産設備の返還を受けた者などを中心とする新しい経営者が，BDAに提携を呼びかけ，西から支援を仰ぎつつ金属業を先頭として業界ごとに使用者団体の州支部組織を立ち上げていった．いわゆる通貨同盟の発足後には，民営化が急速に進む中で労使間対立も熾烈化したために労組との団体交渉が急務となったのに対し，業界の政治的な利益代弁の必要性が低かったこともあり，独自の業界団体の結成はザクセン州にとどまり，その他の州では使用者団体が業界団体の機能を兼ねることになった．こうして，労使の団体が形成されたにもかかわらず，新5州での賃金交渉は地域経済の実情を反映するものというよりは，西の団体中央の利害関心と戦略に従って行われたし，連邦雇用庁の州組織においても労使代表を加えた「社会的自治」は直ちには実現されなかったのである（リッター 2013, 160–161）．

　93年3月に結ばれた「連帯協定 I」は，92年秋頃からコール首相が首相府から野党や東の新州のみならず，労使の団体にも向けて呼びかけた協議のための会合がもたらした成果の1つであった（Sally and Webber 1994）．コールは，信託庁が進める民営化に雇用維持の観点を加味することの代わりに，労組に対しては，西部において賃金を抑制し，東部においても急速な賃金水準の引上げのテンポを緩めるように求めた．金属労組のフランツ・シュタインキューラー議長は，今後5年間，インフレ率の上昇を超える賃上げを西部では行わないと応じたものの，東部での賃金水準の引上げについては交渉の余地を認めなかった（*ibid.*, 27f.）．91年3月に金属業の120万人の労働者を対象として結ばれた労働協約は，東部の賃金水準を3年後には西部における水準にまで引き上げる趣旨のものであった．しかし，この協約は92年秋以降の不況の中で使用者によって解除された後，ザクセンでの争議を経て翌年5月，引上げの時間幅を

96年にまで延長する新たな協約が締結され直した（Ritter 2009, 95f.）．しかし，東部における労働協約にはさまざまな形の例外規定が含まれるようになり，政府・労組間にも緊張を残したのである．

第6章　社会国家の変容

1. 国家統一から「構造改革」へ

　第2次世界大戦後の「繁栄の30年間」に形成された先進国の福祉国家は，1970年代に二度のオイルショックを経験して以来，今日もなお内外の環境変化に対する政策対応の試練にさらされ続けている．福祉国家研究の第一人者として著名なエスピン・アンデルセンが，福祉国家を，自由主義，社会民主主義，保守・コーポラティズムの3つの類型に分類して以来（エスピン－アンデルセン 2001），福祉国家における政策対応も，これらの類型に従いそれぞれが独自のものとして考察されてきた（Scharpf and Schmidt eds. 2000; Pierson 2001）．もっとも，グローバル化や地域統合が進展し，社会が少子高齢化する中で，保守・コーポラティズム型に属する大陸欧州諸国こそが，最も困難な道を歩んできた，といわれる（Esping-Andersen 1996）．ビスマルク型福祉国家の原型たるドイツにおける90年代後半の「改革の停滞」が，その証左の最たるものとされたのである．

　しかし，社会保険制度を社会保障の柱に据えるこれらの国々も，2000年代を迎えて以降は，失業保険制度の運用に「活性化（activation）」の観点を導入して雇用政策を転換させ，公的制度を要とする年金制度に任意加入の個人年金を加えつつ，高齢労働者の労働市場からの退出から就労の促進への転換をはかった．また，医療保険の分野においても，国民全体を対象とする普遍的な制度が新たに設けられたり，保険者と加入者，あるいは保険者と医療サービス提供者との間に競争への誘因が導入されたりした．もっぱら，福祉国家の変革を妨げる政治的，制度的障害の分析に集中してきた従来の学説とは異なり，気鋭の社会政策研究者であるパリエは，大陸諸国に共通するこれらの「構造改革（structural reforms）」に着目する．彼は，過去30年間に及ぶ「改革の軌跡

(reform trajectory)」の延長線上にこれらの改革を位置づけるべきだと主張するのである（Palier 2010; Palier and Martin eds. 2008）.

パリエによれば，「構造改革」が実現された 2000 年代は，1970 年代の二度のオイルショックを経た後の 80 年代を第 1 段階とし，続く 90 年代の前半と後半における第 2 と第 3 の 2 つの段階を引き継ぐ 4 番目の段階として位置づけられる（Palier ed. 2010, 333-362）. 第 1 段階は，シュトレークが「福祉コーポラティズム」と呼んだように（第 4 章第 3 節参照），失業が増大し，対外的競争の環境が厳しさを増す中，労使が中核的労働者の雇用を守るために高齢労働者に労働市場からの退出を促し，その結果として，社会保険の支出が増大し始めた時期であった（保険料が引き上げられ，国庫負担が増大する）. 続く第 2 段階では，財政負担に耐えかねた政府が，社会保険支出を抑制すべく社会パートナーとの協議をふまえ，保険制度の加入者に対しては給付を削減し（例えば，年金給付の段階的切下げ），制度の外部者に対しては給付条件の厳格化（長期失業者に対する給付への活性化要件の導入など）や，税源を用いた若年失業者を対象とする新たな給付制度の導入などを試みた. しかし，それにもかかわらず支出の制御は困難であったため，政府は第 3 段階において保険制度そのものを問題の原因とみなすに至り，保険財政に保険料以外の税収をあてたり，社会パートナーの自治を脅かす形で保険機関の運営に介入したりした. 保守・コーポラティズム型の特質は，市民権や国籍に対してではなく就労上の地位から派生する権利として現金が給付される点にあるが，その財源を管理し，制度を運営する保険機関（医療保険では疾病金庫）の「制度改革（institutional change）」が試みられた. こうして，大陸諸国に「雇用なき福祉」をもたらし，その矛盾を拡大した第 1，第 2 段階の労働削減戦略と第 3 段階の「制度改革」に続き，「構造改革」が 2000 年代の第 4 段階において実現された. 職業別に組織された社会保険制度の拡充を通じて社会的リスクから国民全体を守ろうとしてきたはずのビスマルク型福祉国家において，今や社会保険制度により国民の雇用と福祉を分断する「二元主義（dualism）」が現れた，というのである.

確かに，他ならぬドイツにおいても，第 2 節で見るように，2000 年代には失業保険制度の改革を含む労働市場政策の転換（「ハルツⅣ」改革），リースター年金の導入，そして医療保険制度における「保健基金」の創設など，社会保

険制度の「構造改革」が相次いで実現された．しかし，そこに至るドイツの道筋は，このような「改革の軌跡」とは異なっていた．国家統一後の東部における雇用危機に際し，1970年代や80年代とまったく同様に，失業保険や年金制度を手段として用いた政策対応がより大規模に繰り返されたのである．第5章で述べたように，就労促進法の改正によって操短手当の支給条件が緩和され（労働時間がゼロにまで短縮された被用者までが含められた），雇用促進事業や職業訓練，再教育制度の適用対象が拡張されたことにより，労働市場政策は著しく「積極的」なものとなった．高齢の失業者に対する年金受給前の手当金も，（統一条約が定めた）特例に従い，対象年齢を拡大して支給され，早期退職が促進された (Hassel und Schiller 2010a, 89).

　医療保険では，年金保険機関と連邦雇用庁が，年金受給者ないし失業者・雇用促進事業対象者の医療保険料を負担したため保険会計に欠損が生まれず，東西の疾病金庫の間で財政移転は起こらなかった．東部に一律に適用された保険料率が暫時据え置かれながらも全体として保険財政が悪化したため，制度の改革が東西に共通する全国制度の課題として取り組まれることになった (Schwinn 1997, 122-124)．年金保険については，統一直前の89年に行われた改革が92年以降に初めて東部においても適用され，西からの財政移転が始まったが，統一後の賃金上昇を背景として年金給付の水準は早いテンポで引き上げられた．もっとも，90年に400億マルクにも上った変動準備金 (Schwankungs-reserve)，すなわち保険料の剰余金の蓄えを取り崩すことができたため (Czada 1995, 81)，91年に保険料率は1%引き下げられ (17.7%となった)，年金財政全体の収支悪化は遅れ，94年となって初めて保険料率が17.5%から19.2%へと大幅に引き上げられた (Schwinn 1997, 124-126)．これに対して，連邦雇用庁では，統一条約の規定によって直ちに東へ資金が移転され，その規模は91年に早くも210億マルクに迫った．失業保険の保険料率は，91年に2.5%引き上げられて6.8%となり，連邦雇用庁は信託庁と並び連邦政府に次ぐ財政移転の経路となったのである (*ibid.*, 127f.; 表6-1；第5章の図5-1を参照).

　確かに，医療保険については，医療構造法 (Gesundheitsstrukturgesetz: GSG) が93年に施行され，保険加入者に疾病金庫を選択する自由が与えられる一方，金庫の側にも医療サービス提供者を相手とする個別的な契約を結ぶ権

表 6-1　各種社会保険の保険料率の推移（1970 年～2013 年）

年	年金	医療[a]	失業	介護	総計[b]
1970	17.0	8.2	1.3		26.5
1975	18.0	10.4	2.0		30.4
1980	18.0	11.4	3.0		32.4
1985	19.2	11.8	4.1		35.1
1990[c]	18.7	12.6	4.3		35.6
1991	17.7	12.2	6.8		36.7
1992	17.7	12.8	6.3		36.8
1993	17.5	13.4	6.5		37.4
1994	19.2	13.2	6.5		38.9
1995	18.6	13.2	6.5	1.0	39.3
1996	19.2	13.5	6.5	1.7	40.9
1997	20.3	13.6	6.5	1.7	42.1
1998	20.3	13.6	6.5	1.7	42.1
1999	19.5	13.6	6.5	1.7	41.3
2000	19.3	13.6	6.5	1.7	41.1
2001	19.1	13.6	6.5	1.7	40.9
2002	19.1	14.0	6.5	1.7	41.3
2003	19.5	14.3	6.5	1.7	42.0
2004	19.5	14.2	6.5	1.7	41.9
2005	19.5	14.2[d]	6.5	1.7[e]	41.9
2006	19.5	14.2[d]	6.5	1.7[e]	41.9
2007	19.9	14.8[d]	4.2	1.7[e]	40.6
2008	19.9	14.9[d]	3.3	1.95[e)f]	40.1
2009	19.9	14.9[d)g]	2.8	1.95[e]	39.6
2010	19.9	14.9[d)h]	2.8	1.95[e]	39.6
2011	19.9	15.5[d)i]	3.0	1.95[e]	40.4
2012	19.6	15.5[d)i]	3.0	1.95[e]	40.1
2013	18.9	15.5[d)i]	3.0	2.05[e]	39.45

注：a)　疾病金庫全体の平均値．2009 年以降は保健基金に対する一律の保険料率．
　　b)　2005 年以降は，被保険者だけが支払う 0.9% の特別保険料を含む．
　　c)　1989 年以前は旧西独，1990 年以降は統一ドイツ．
　　d)　注 b) に同じ．
　　e)　子をもたない被用者に対する特別保険料を除く．
　　f)　2008 年 6 月までは 1.7%．
　　g)　2010 年 6 月までは 15.5%．
　　h)　個々の疾病金庫が徴収することができ，被保険者だけが負担する付加保険料（一律徴収の場合に 8 ユーロ，あるいは収入の 1% を上限とする）は対象外．
　　i)　2011 年以降は，付加保険料は一律でのみ，上限を設けずに徴収可能．
出典：http://www.sozialpolitik-aktuell.de, Beitragssatzentwicklung in der Sozialversicherung 1970-2013（tabII6）

利が認められ，競争の要素の導入によって医療費を抑制しようとする試みの先鞭がつけられた（Gerlinger und Schönwälder 2012）．しかし他方では，70 年代半ばから社会的問題となっていた高齢者の介護につき，さまざまな制度案をめぐる党派間の論争に終止符が打たれ，ブリューム労相が唱える介護保険が 1994 年に 5 番目の社会保険制度として創設され，むしろ社会保険制度が拡大されることにもなった（Ritter 2009, 72-74）．したがって，社会保険の給付水準の引下げや給付条件の厳格化は，統一後にまでずれ込んで着手されたのであり，しかもそれは，あくまでも歳出全体を対象とする連邦政府の削減の試みの一環として開始された．93 年 1 月に「連邦再建プログラム」を提示し，財政均衡制度への新 5 州の組み込みと増税を先行させた政府は，6 月，「緊縮・再建・成長プログラム（Spar-, Konsolidierungs- und Wachstumsprogramm）」を続けて公表し，226 億マルクの支出削減を掲げた（Zohlnhöfer 2001, 222）．失業保険の関連では，失業手当や失業扶助を初め，ほぼすべての種類の給付金が 3% 減額されることになった（子を持つ場合は 1%）．

　もっとも，これ以降の社会保険制度の改革は，フランスの年金制度における 90 年代以降の展開を念頭においてパリエが定式化した「改革の軌跡」のメカニズムにしたがって進んだわけではない．フランスでは，時の政府による特定の労組を対象とする戦略的な交渉や，事前交渉を省いた結果としての労組デモの誘発（と改革の失敗），あるいは国民の間のさらなる改革への気運の醸成などを通じ，政府・労組間の関係を主軸として改革が進められた（それぞれ，93 年のエドゥアール・バラデュール政権による民間部門の年金改革，95 年のアラン・ジュペ政権による公的部門の年金改革の挫折，リオネル・ジョスパン政権によるその打開の試みをさす［マンダン・パリエ 2004］）．

　ドイツにおいても，ブリューム労相が，失業を理由とする早期退職がもたらすコストに対する中小企業経営者の不満に応えて当該制度の改正へと方針を転じ，「部分就労移行法（Altersteilzeitgesetz）」を成立させた（1996 年）．これは，化学工業セクターで結ばれていた労働協約に範をとり，55 歳以上の労働者が労働時間と賃金を半減させる場合に，失業者の新規雇用を条件として連邦雇用庁がその労働者の賃金を 7 割までかさ上げし，しかも賃金が 9 割であった場合に相応するまで年金保険料を補充する（受給年金の低下を軽減する），と

いう仕組みを定めたものである．高齢労働者を単に退職させず，労働協約の枠組みを利用しつつパート労働へと移行させることで，失業，年金保険財政への負担を軽減するねらいがあった（Trampusch 2005, 216-220; Trampusch 2009, 118-120; Hassel und Schiller 2010a, 120-122）．この背景には，95年秋，金属労組議長のクラウス・ツヴィッケルが，新規雇用の実現と交換に賃上げの割合をインフレ率以下に抑制するという提案を使用者側に行い，これを契機として翌年早々，政労使間で合意された「雇用と生産立地確保のための同盟（Bündnis für Arbeit und Standortsicherung）」の設立があった（政府は2000年までに失業者数を半減すると約束した）．しかし，この同盟は，病休時の賃金の継続支払い（Lohnfortzahlung）を2割減額する政府の一方的な立法化に抗議した労組によって解消された[1]．

　こうして，社会保険の改革は，政府と労組との間ではなく，議会における与野党間の駆け引きによって紆余曲折を辿ることになった．93年暮れに決定された給付金の引下げは，調整委員会による3度目の仲介によってようやく成立した両院間の妥協によるものであったが，コール政権は無期限で給付されていた失業扶助の給付を2年間に限定することを断念したのみならず，その廃止を求めた，失業手当の受給資格を満たさない失業者に対する失業扶助（originäre Arbeitslosenhilfe）の1年間の支給を甘受したのである．また，社会扶助制度についても，給付金が実質賃金の伸びに比例して引き上げられたし（2％を上限とするが），自治体に対しても受給者の就労を（義務化から後退し）推奨するにとどまった（Zohlnhöfer 2001, 233）．社会扶助制度の改革は，連邦参議院の同意を必要とし，SPD州との調整は不可欠であったが，その同意を必要としない異議立法による失業扶助制度の改革についても，SPD州の意向を無視できない状況が生じていた．失業扶助と社会扶助の削減に対して強く抵抗する東部のCDU州首相が連邦参議院においてSPD州に同調すれば，その3分の2の多数に達することになり，異議立法であっても政府提出法案が不成立となるおそれがあったからである（*ibid.*, 215-236）．

---

[1] http://www.spiegel.de/politik/deutschland/chronologie-das-erste-buendnis-fuer-arbeit-gab-es-1995-a-56145.html　病休時の賃金支払い制度については第2章第2節を参照．

80年代に新保守主義を掲げて登場したコール首相が，1994年の連邦議会選挙において明確な勝利を重ねていたならば，統一によって途絶えた社会保険制度の改革を再び加速できていたかもしれない．しかし，辛勝を収めて発足した第5次政権が，96年4月に「より力強い成長と雇用のためのプログラム（Programm für mehr Wachstum und Beschäftigung）」を掲げ，2000年までに社会保険料全体を40％以下に削減することを唱えたものの（表6-1参照；Trampusch 2009, 118)[2]，ブリューム労相が率いる労組派（社会委員会）や東部の選出議員，州首相らのCDU内慎重派ないし反対派の存在が思い切った改革の推進を制約し続けた．失業扶助と社会扶助については，その支給にあたり再就労を促す条件が付されたが（Zohlnhöfer 2001, 311)，いずれの法案もいったんは連邦参議院によって否決されたものであった．後者については，庇護申請者（第8章参照）に対する給付が別に規定されることになったが（Hassel und Schiller 2010a, 173)，当該法案を含め社会扶助に関する立法は同意立法であり，調整委員会による仲介を経てようやく成立に至った（*ibid.*, 100-102)．

　したがって，統一後の東部支援の成否がいまだに明確ではなかった1990年代後半は，パリエのいう「制度改革」が行われる第3段階として位置づけることさえ難しい．97年4月に異議立法として成立した「就労促進改革法（Arbeitsförderungsreformgesetz）」は，確かに連邦雇用庁による労働市場政策に政策理念上の変化を窺わせるものであった．再就労条件（Zumutbarkeit）や失業手当金の算定基準の厳格化，あるいは給付金受給時の職業再訓練の義務や再就労契約の締結など，労働市場への失業者の再参入を強く促す（「活性化」する）観点が新たに盛り込まれた．しかし，その一方で，労相が求めた雇用庁の任務の保険関連業務への限定（職業訓練事業などの財源を一般税源に切り替えることによって「保険」制度の主旨を明確化する）は法案の作成段階で退けられたし，雇用庁の活動の自由度を地域レベルで拡大する分権化の組織改革も達成されなかった．雇用創出事業に関連する給付金の引下げに対しても，東部のCDU議員や州首相から再び強い反対が寄せられた（上記の失業者の一部に対する失業扶助の廃止が再び提案されたが，これも取り下げられた）[3]．ヘッ

---

[2]　*Bulletin* Nr. 33-96 vom 29. April 1996.
[3]　「社会的自治」の弱体化という点では，労相が運営委員会の同意なくして雇用庁の予算

セン州首相ハンス・アイヒェルやラインラント・プファルツ州社会相フロリアン・ゲルスター，ノルトライン・ヴェストファーレン州経済相ヴォルフガング・クレメントなどが，社会政策全体を見直す必要性や当該法案について一定の支持を表明したものの（Hassel und Schiller 2010a, 104f.），SPD は，当初は同意立法として提案された法案を峻拒する姿勢を貫き，法案の個別的修正には踏み込もうとしなかったのである（Zohlnhöfer 2001, 308f.）．

2．「構造改革」の達成

(1) 改革への着手の遅れと政権交代

　政策の転換が漸進主義的に進められるのは「半主権国家」の特徴の１つであるが，社会保険制度における「構造改革」も，遅れて始まりながらも激しい党派的対立の中で徐々に進展した．年金保険では，1990 年代後半に 20% を上回るに至った保険料（表 6-1 参照）に一定の上限を設定し，その結果，所得代替機能を減じた公的年金を補うために，積立方式の個人年金が部分的に導入されることとなった（2001 年のいわゆる「リースター年金」）（第 2 項）．次いで，政府の諮問委員会の答申に沿って実行された一連の労働市場改革において，失業保険制度の運営理念が，失業者の手厚い保障から，失業者を「支援」しつつも労働市場への編入をめざして「要請」も行う「活性化」へと転換された．失業手当の受給を終えた長期失業者は，従来の「失業扶助」ではなく，稼得可能な社会扶助受給者と同じく「求職者基礎保障」を受給することになった（2005 年に実施された「ハルツⅣ」改革）（第 3 項）．さらに 2007 年には，疾病金庫間の競争をいっそう強化することによって医療サービスの質を向上させ，効率化を進めるべく，「保健基金」制度が設立された．保険料率の全国的一律化によって疾病金庫から財政的自律性が奪われ，国家による介入と統制の側面が強化された．疾病金庫と医師の団体を中心とする関係団体の相互調整という従来

　　を執行できるとする就労促進法第 10 改正法がすでに 92 年に成立していたし（Hassel und Schiller 2010a, 92; Zohlnhöfer 2001, 312），94 年の「雇用促進法（Beschäftigungsförderungsgesetz）」が，雇用庁が独占してきた職業紹介事業を民間にも開放していた（ibid., 311）．

の方式からの脱却によって医療費の抑制がめざされることになった（第4項）．

　これらの「構造改革」の開始が遅れたのは，何よりも1998年の連邦議会選挙が，新保守主義政権の続投ではなく，コール政権が「解体」し「分断」した社会の回復を唱え，労組から支援を受けて選挙を戦ったSPDが率いる赤緑連合に勝利をもたらしたからである（Schmidt 2003, 241）．シュレーダー新政権は，選挙公約に従って労使との間に「雇用と教育，競争力のための同盟（Bündnis für Arbeit, Ausbildung und Wettbewerbsfähigkeit）」（以下，「雇用のための同盟」）の協議の場を設け，直ちに，前政権が実施した病休時の継続支払い賃金の減額を取りやめ，解雇規制を復旧し，年金制度では導入されたばかりの「人口動態要素（demographischer Faktor）」の適用を延期した[4]．「人口動態要素」は，ブリューム前労相が発案した1999年改革法が，賦課方式の原則を守りつつ年金の所得代替率の引下げを甘受して保険料率の上昇を抑制するために導入したものであった（Egle 2009, 238-241）[5]．しかし，「雇用のための同盟」では，金属労組議長のツヴィッケルが，「60歳からの年金」の実現を求めて議論を滞らせた上に，党内の路線対立を背景として伝統派を率いるラフォンテーヌがSPD党首と蔵相の職を突然辞任することにもなった．その後，「モダナイザー」のシュレーダー首相が，イギリスのトニー・ブレア労働党と歩調を合わせて「第3の道」の改革を掲げたものの，青年部や被雇用者，女性などの作業共同体から批判を受け，党を「構造改革」に向けて一致させることもできなかったのである（Hassel und Schiller 2010a, 157-159）．

　もっとも，シュレーダー政権もコール前政権と同じく，赤緑連合政権の綱領に合計保険料率（Gesamtsozialbeitrag）（表6-1参照）を40％以内に抑制することを掲げ，保険制度ごとに運用や他の制度との関連が異なるものの，等しく制度改革を進めようとした（Trampusch 2009, 118-122; Schmidt 2003, 253; Hauch-Fleck und Hoffmann 1996）．連立政権の組閣に際し，医療保険を管轄する保健相のポストはジュニア・パートナーの緑の党に譲られたが，シュレーダーに請

---

[4] さらに，労組側の要求に応えて事業所委員会の発言権を強化する趣旨の経営組織改革（Betriebsverfassungsreform）があった．
[5] 1999年と2001年の年金改革の過程については近藤（2009, 144-175）に詳しい．さらにStiller（2010, 111-121）も参照．

われて労働・社会相に就任した金属労組副議長のヴァルター・リースターが，まずは年金の「構造改革」に着手したのであった[6].

(2)「リースター年金」の導入

2001年5月に両院を通過した年金改革法案は，2030年における公的年金を平均賃金のおよそ3分の2の水準にまで抑制する代わりに，2007年の時点で賃金の4%に相当する保険料を労働者が任意で加入して積み立てる個人年金の制度を新設した（課税の際に優遇されるが，労働協約による企業年金が優先される）．ここに，支給すべき年金の水準から保険料率を決定する方式から，抑制された保険料率と保険収入から出発して年金支給の水準を導く方式への転換がなされる一方，公的年金の支給水準の低下を補うものとしての積立方式の年金が新たに導入されることになった（「リースター年金」）．また，従来の就労不能年金に代え，2003年以降，社会扶助と同額の最低年金が高齢や就労不能の困窮者に対する基礎保障として導入されることとなった（Schmidt 2003, 247-251）．

個人年金の創設を含む年金法案は，労組や党内伝統派の反対論にさらされる一方，連邦議会においても野党の批判するところとなった（関連法案は，連邦参議院の同意を必要とする同意法案とそうでない異議法案に分けられた）．CDU/CSUとの間では年金サミットの開催が試みられたが，州議会選挙を前にした思惑が両党間の協議の妨げとなったほか，コール前首相をめぐる闇献金問題の発覚が党指導部を混乱に陥れたこともあり，結局，CDU/CSUは法案に反対の立場をとるに至った．しかし，連立与党は法案の成立に向けて結束を保ち続け，安定多数を失っていた連邦参議院ではベルリンとブランデンブルクの大連合州から（もう一つの大連合州であったブレーメンは棄権），ならびにSPD・PDSが連合政権を担うメクレンブルク・フォアポンメルンから賛成票を得て可決成立に持ち込んだのである（2001年5月）．シュレーダー政権によ

---

[6] 改革を想定し，社会扶助の権限が保健省から労働省へと移管されたが，リースターは失業扶助と社会扶助の両制度の統合については，低賃金労働に対する国家補助のパイロット・プロジェクトの成否の見極めが先決だとして先送りにした（Hassel und Schiller 2010a, 196-200）．

る反対派切り崩しは,その前年7月に税制改革法案の可決において用いられた「牛の取引(Kuhhandel)」戦術の再現であった[7].辞任したラフォンテーヌの後を襲って蔵相となったアイヒェルは,中小企業の支援を目的とする減税や所得税の最高税率の引下げなどを内容とする税制改正を,3つの大連立州やメクレンブルク・フォアポンメルン,ならびにSPDがFDPとの間で連立政権を担うラインラント・プファルツの諸州に対する個別的な代償措置をあからさまに講じて達成していた(アイヒェルは,蔵相就任後に300億マルクに上る緊縮策を敢行し,失業手当の受給資格を満たさない失業者に対する失業扶助の廃止を含め,社会保障費を聖域とはみなさなかった).連邦政府が続けた粘り強い交渉が,連邦参議院による拒否権の発動を未然に防いだのであった(Lehmbruch 2003; Egle 2009, 254–257).

(3)「ハルツⅣ」改革の達成

シュレーダー政権が実現した,リースター年金の導入に勝るとも劣らぬ社会政策上の革新は,「ハルツⅣ」法(2005年施行)をもって知られる労働市場改革である(布川2010;労働政策研究・研修機構2006)[8].それぞれ連邦雇用庁と自治体の管轄であった失業扶助と社会扶助を新たな給付(「失業給付Ⅱ」)として統合し,これを労働市場への失業者の編入という観点から,地域の雇用局と自治体が形成する協同組織を通じて支給することをめざすものであった(Kemmerling and Bruttel 2006).

上述したように,コール政権はいずれの扶助制度についても給付の削減を試みたが,長期失業者が失業手当の受給終了後に受け取る失業扶助が不十分であれば,自治体が貧困対策として支給する社会扶助を重複して受給する場合が往々にして見られた(就労可能な生活困窮者世帯の増大).一方,自治体が「雇用会社(Beschäftigungsgesellschaften)」を設立し,社会扶助受給者を一定期間雇用することによって受給者を社会保険に加入させ,地域の失業問題を連邦の管轄に押し戻す試みも増加した(1980年代に始まった「就労扶助(Hil-

---

7) *Die Zeit* Nr. 30 (20. Juli 2000), 15f.
8) 以下の記述において,労働市場改革が社会扶助制度の改革と密接な関連をもった点については Hassel und Schiller(2010a, b)に負うところが大きい.

fe zur Arbeit)」の制度)(Hassel und Schiller 2010a, 69f.; Fleckenstein 2011, 70).ドイツの社会国家には,それぞれ失業手当・失業扶助と社会扶助を支給する連邦と自治体との間に長期失業者の財政負担を転嫁し合う構造が埋め込まれていたのである(Hassel und Schiller 2010b; Fleckenstein 2011, 109f.).

　しかし,第1次シュレーダー政権は,それまで低率の課税にとどめられていた低賃金労働に対し,一定水準以下のもの(いわゆる630マルク労働)について,課税ではなく社会保険料の支払いを雇用主に義務付けたり(Schmidt 2005, 244f.),「活性化」や「支援と要請(Fördern und Fordern)」の原則を掲げて失業者の再就労を促すための諸方策を強化したりしたものの(異議立法として成立し,2002年に施行されたジョブ・アクティフ Job-AQTIV 法)(Fleckenstein 2011, 78-80)[9],2つの扶助制度の統合に対しては消極的であった.2001年に始まった雇用局と自治体との協力の改善に関するモデル・プロジェクト(Modellprojekte zur verbesserten Zusammenarbeit von Arbeits- und Sozialämtern: MoZArT)(注6参照)の成否が静観されることになったのである(Fleckenstein 2011, 110, 123f.).

　他方,自治体(とりわけ西部の大都市)は,アイヒェル蔵相の税制改革による税収入の減少(営業税)に直面した上に,給付水準・方法など度重なる手直しにもかかわらず増大する社会扶助支出の重圧に苦しみ続けた.連邦政府は,2002年春に連邦議会が採択した「支援と要請――社会扶助を現代的に構築する」と題する連立与党提出の動議を受け,労使を代表する専門家を含む「自治体財政改革委員会」を発足させ,そこに自治体税とならび失業扶助・社会扶助のあり方を検討する2つの作業部会を設けたが,委員会は1つの結論に合致することができなかった.一方,同じ頃発覚した職業仲介をめぐる雇用庁のスキャンダルをきっかけとして,連邦政府はフォルクスワーゲン(VW)社の労務担当役員であったペーター・ハルツを長とする専門家委員会を設け,労働市場政策に関する改革案を諮問したが,ハルツ委員会の答申も2つの給付の機能的統合を推奨するに留まった.こうして連邦労働省を初め,州や自治体などの政策担当者の間に両制度の合体が必要であるとの認識の共有が広がるなか,具体

---

[9]　協約自治の原則を掲げ,低賃金労働を脅威とする労組が低賃金の雇用を拡大する方策に強く反発したため,「雇用のための同盟」においても議論は進まなかった.

的な解決策の実行が待たれることになった（Hassel und Schiller 2010a, 210–217）．

　構想段階の改革案を実現に向けて推進したのは，2003年3月，シュレーダー首相が連邦議会で行った「アジェンダ2010」演説であった．シュレーダーは，ハルツ委員会の報告を逐一実現すると公言して2002年9月の連邦議会選挙に辛勝した後，雇用局による職業紹介の迅速化をはかり，派遣労働の機会を拡大するための人材サービスエージェンシー（Personal Service Agentur: PSA）の設置などを定めるハルツⅠ法，ならびに私・株式会社（Ich-AG）と称する新たな自営業態やすでに闇労働として行われている低賃金労働を課税・社会保険料負担の減免によって顕在化させるミニジョブ（Minijob）を導入するハルツⅡ法を先に急いで成立させた．しかし，選挙後から突如景気が後退し始めたばかりか，翌年2月に行われたヘッセンとニーダーザクセンの州議会選挙ではCDUに躍進を許してしまった．そこで政権担当能力を誇示しようとするシュレーダーは，「平和への勇気，変化への勇気（Mut zum Frieden - Mut zur Veränderung）」と題する演説（「アジェンダ2010」演説）を行い，イラク危機を乗り切るために国内でも労働市場，社会保障，経済・財政などの諸分野にわたる改革が必要だと訴えたのである[10]．

　シュレーダーは，これらの諸改革を早期に実現するために関連法案の年内成立を掲げ，党内の意見集約や連立与党との調整，ならびに連邦参議院の多数を制したCDU/CSUとの交渉を同時に進める二正面作戦に打って出た（Saalfeld 2006）．ドイツ社会国家の支柱であった労働省から労働市場政策を担当する部署を経済省に移管し，新しい経済労働相にノルトライン・ヴェストファーレンの州首相であったクレメントを充てて法案審議に対応する布陣をとった．しかし，演説に含まれた，失業手当の給付期間の短縮，失業者に対して斡旋される労働への「要求度（Zumutbarkeit）」の強さや労働協約の「開放条項」を法律によって規定する可能性への言及などは，労組の虚を衝くものであり，DGBや金属労組から激しい拒絶と抗議運動を招いた[11]．さらに，党内でも労

---

[10] Deutscher Bundestag-15. Wahlperiode-32. Sitzung, Berlin, 14. März 2003; Schröder (2007, 392f.).

[11] 他方，鉱山・化学・エネルギー労働組合（IG Bergbau, Chemie, Energie: IG BCE）などは基本的支持を表明した．なお，失業者保護よりも就労促進を優先する立場から導

組に近い左派が「アジェンダ 2010」の見直しを求める請願運動を起こしたため，シュレーダー率いる党指導部は，いくつかの地域集会に続く特別党大会を 6 月にベルリンで開催し，党内対立の収拾をはかった．「アジェンダ 2010」に政治生命をかけたシュレーダーは，ここで不信任ならば辞任すると左派に迫り，信任をもぎ取ったのである (Hassel und Schiller 2010a, 265-274)．

「アジェンダ 2010」が取り上げた諸改革は，ハルツⅢ法（連邦雇用庁と地域の雇用局の連邦雇用エージェンシーと雇用エージェンシーへの改組ならびに協同組織の形成），ハルツⅣ法（2 つの扶助制度の統合と「失業給付Ⅱ」の創設）とならび，自治体財政，税制改革の前倒し，解雇制限（解約告知保護 Kündigungsschutz）などに関する諸法案とともに 2003 年 8 月，議会に提出された（野党の要求に従い，これらは一括して扱われた）．しかし，連邦議会では与党多数派がこれらを可決したものの連邦参議院では野党多数派が否決するところとなる．両院の野党側では，改革サミットの開催を提案して政府に歩み寄ろうとする動きもあったが，結局は，連邦による一定の財政負担を前提としてあらたな扶助制度を自治体の所管とする対抗法案を提出するに至った．その結果，調整委員会が招集され，最終的には与野党のトップ会談の協議を経て同年 12 月，妥協案が成立した．

「失業給付Ⅰ」（改革前の失業手当に相当）の給付期間の限定（2006 年以降に原則 12 カ月，55 歳以上の場合は 18 カ月），社会扶助と同レベルの求職者に対する基礎保障としての「失業給付Ⅱ」の給付と失業者に対して斡旋する労働「要求度」の引上げ，あるいは解雇制限の適用対象となる事業所規模の再引上げなど，CDU/CSU の主張を大幅に取り入れる譲歩が顕著であった（これに対し，協約自治の原則や産業部門別労働協約 Flächentarifvertrag の緩和を求める主張は退けられた）．また，SPD は雇用エージェンシーが「失業給付Ⅱ」を担当することを想定していたが，党派的対決の構えを見せるヘッセン州首相

かれる高い「要求度」は，失業者がそれ以前の就労よりもより悪い条件の労働に就かねばならないことを意味する．「開放条項」は，一定の業種，地域において広く効力を有する労働協約に対し，個別の事業所ごとに特別の定めの追加を許す趣旨のものであり，労働条件の柔軟化を促進する効果をもつ．労組は，法令による同条項の規定が協約自治の原則に反する不当な政治的介入だと反発した．

のローラント・コッホやドイツ郡会議（Deutscher Landkreistag）の要求に牽引され，野党側が自治体の管轄とすることを強く主張したため，協同組織の下での両者の共管となった．しかし，この折衷策や営業税改革の失敗に対しては都市の団体が直ちに反対を表明し，自治体の負担軽減と連邦の分担を求めたため，自治体の専管をオプションとして認める時限措置を定める政府法案が翌年提出された．連邦参議院の野党多数派が再度，当該法案を否決したために調整委員会の招集が繰り返され，2004年6月，全国で69の「オプション自治体」が州の監督下に認められることになった（延引したハルツⅣ法の制定が完結した）[12]．2007年末には，この協同組織が混合行政だとする，いくつかの郡による憲法異議の提訴に対し，BVGは違憲判断を示して立法府に対応策を求めたが，その3年後に基本法が改正され，当該組織は「ジョブ・センター」として存続することになった．

(4)「保健基金」の新設

こうして，2つの扶助制度の再編と統合がめざされたため，労働市場改革は二大政党の各党内の角逐のみならず党派間にも対立を引き起こし，その調整を延引させたが，医療保険制度の改革では，政権交代によって増幅された党派間対立が「構造改革」の出現を遅らせることになった．

シュレーダー政権は，年金保険の場合と同じくここでも，患者の自己負担の引下げや疾病金庫間の競争範囲の縮小など，保険制度の「連帯」の要素を強調して前政権の決定を覆すことから着手した．さらに，緑の党から入閣したアンドレア・フィッシャー保健相は，1993年のGSGが敷いた支出抑制の延長線上に，金庫や医療サービスを提供する諸主体に対する規制を強化する改革案を構想した．しかし，部門ごとに支出枠を設ける「総予算」の導入や，病院部門の歳入構造の変革などが関係主体から抵抗を誘発した上，野党も反対するところ

---

[12]「失業給付Ⅱ」の執行を協同組織か自治体だけが担当する場合の他にも，第3の選択肢として雇用庁と自治体が協同組織を形成せずに分担する場合があった．クヌートは，フランスの特定連帯手当（ASS）のような失業扶助給付に限った改革にとどまっておれば，このように複雑な妥協的解決には至らなかったであろうと指摘する（Knuth 2009, 1060-1063）．

となり,両院の調整委員会が異議立法として救ったのは改革案の周辺部分にすぎなかった(Gerlinger 2003; Hartmann 2003, 264-266).

したがって,BSE危機での対応の責任を問われて2001年1月に退任したフィッシャーに代わり,SPDから党内右派のゼーハイマー・クライスに属するウラ・シュミットが後任となって以降も医療費の増大は続き,保険料率の平均は前代未聞の14％台にまで達した(表6-1参照).シュミットが追求した薬剤費の抑制や保険加入者の母集団のリスクを調整する「リスク構造調整(Risikostrukturausgleich)」によって金庫間の競争条件を公平化しようとする(保険料の差を平準化する)試みも実を結ばなかったのである(ibid., 266-269).しかも,2002年の連邦議会選挙で辛くも続投を決めた第2次シュレーダー政権は,当初から連邦参議院の多数派をもたず,野党側の意向を無視して改革を進めることは困難であった.シュレーダー政権は,早々とCDU/CSUとの交渉を優先させるGSGでの手法へと立ち戻った.その結果,2003年に連邦参議院を無事通過して成立に至った医療構造現代化法(Gesundheitsmodernisierungsgesetz: GMG)は,専門医が金庫と登録医団体との間の団体契約を離れて個別に診療契約を結ぶことを可能にする他,医師以外の医療従事者を交えた「統合サービス」を促進し,医師に定期的な再研修を義務付ける方策が打ち出された.しかし,患者側に対しては,患者の団体に連邦レベルの協議機関への参加を認める一方,被保険者の負担を10％引き上げ,四半期ごとに10ユーロの初診料を新たに課す他,使用者側の保険料負担を軽減するために被保険者だけが疾病手当と入れ歯治療(0.9％の保険料上乗せに相当する)を負担するなど,ゼーホーファーが率いた野党側の要求が大幅に取り入れられた.被保険者ないし患者側の負担が増えたことは,世論の憤激を招いたが,被保険者と事業主による保険料負担折半の伝統もこうして崩されることになった(Bandelow und Hartmann 2007, 338-341)[13].

---

[13] 連邦参議院の同意を必要としない異議立法によってタバコ税の税収増分が保険外(妊娠給付など保険原則にそぐわない)給付に充当され,保険料収入だけによって運用されてきた医療保険制度で初めて税財源が投入されることになった(Hinrichs 2010, 59).なお,GMGから2007年の疾病保険・競争強化法(後述)に至る医療保険制度の展開を連帯原理の変遷の観点から考察するものに,倉田(2007).

もっとも，この GMG も，保険財政の抜本的な改革の問題には踏み込めずに終わった．第2次政権となって新たに社会保障分野をその管轄に加えたシュミット保健・社会相は，2002年末に経済学者のベルト・リュールップを長とする「社会保障システムの持続可能な財政のあり方を考える委員会」を発足させ，雇用改善のために賃金付随コストすなわち保険料負担を抑制し，世代間公正の観点から年金，医療，介護保険の財政構造を改革する提案を行うよう求めていた．しかし，翌年の答申では，医療保険制度の新たな財源調達の仕組みとして「市民保険（Bürgerversicherung）」と「定額保険料（Kopfpauschale）」の2つの構想が併記されるに留まったのである[14]．前者は，被保険者と事業主の保険料負担折半の原則を守りつつ，公務員，高額所得者，自営業者にも加入を広げる一方，資産収入なども加味して保険料を算定することにより収入基盤を拡大する提案である．これに対して後者は，一般の被保険者が毎月109ユーロの定額保険料を支払う一方，事業主が支払う被保険者一人当たり60ユーロの拠出金を用いて低所得の被保険者の保険料支払いを軽減し，子供の保険料には税財源をあてるものであり，事業者の賃金付随コストの抑制こそを目的とした．両案のちがいは，前者では公的保険と民間保険の区別が実質的に薄れるのに対し，後者は高額所得者が公的保険に重ねて加入する民間保険の存続を前提とする点にも現れた（ibid., 342f.）．

　「市民保険」を支持する SPD と，「定額保険料」を支持する CDU/CSU は互いに譲らず，2005年の連邦議会選挙戦でも激しい論争を続けたばかりか，大連合政権の政権綱領を作成する段階となっても互いに歩み寄れなかったことを考えれば[15]，医療保険制度の構造を一変させる「保健基金（Gesundheitsfonds）」の創設を定めた「疾病保険・競争強化法（GKV-Wettbewerbs-

---

14）　Bundesministerium für Gesundheit und soziale Sicherung, *Nachhaltigkeit in der Finanzierung der sozialen Sicherungssysteme: Bericht der Kommission*, 2003. この報告書は後者案を，「定額医療保険料（Gesundheitsprämie）制」と呼んだが，後にCDU/CSU が支持するところとなり通称として Kopfpauschale が用いられるようになった．なお，この委員会には医師団体の代表者が招かれておらず，医療部門の政府委員会の伝統からすれば異例の構成であった（Bandelow und Hartmann 2007, 350）．

15）　CDU は 2003年のライプツィヒ党大会でこの「定額保険料」への支持を固めた．CSU の医療政策の専門家であるゼーホーファーはこの案に反対し，CDU/CSU の連邦議会院内副総務の地位を辞した．

stärkungsgesetz)」が 2007 年に成立したのは驚きであったかもしれない（2009 年から施行）．すなわち，GMG が定めた被保険者限定の負担分を別として保険料負担折半の原則が維持されつつも，連邦政府が全国一律の保険料率を決定し，子の保険料など保険外給付に相当する部分を国庫負担によってまかなうこととなった．各疾病金庫は，保険料収入を集中管理する保健基金から一定の算定基準（罹病率 Morbidität を加味した「リスク構造調整」の適用）にしたがった配分額を受け取るが，顧客としての被保険者をめぐり他の金庫や民間保険に対し，規制の枠内とはいえより厳しい競争関係におかれるに至った．こうして，図らずも大連合政権をともに担うことになった両党は，疾病金庫や登録医団体などからの直接の圧力を遮断しながら，1993 年の GSG や 2003 年の GMG の場合と同様にトップリーダー間の交渉により，双方にとって自党に有利な解釈を許すいわば玉虫色の妥協を結ぶに至った（Paquet und Schroeder 2009, 24）[16]．

　病院セクターにおいて，診療報酬の新算定方式が金庫の頂上団体と病院の団体により試行され（第 1 次シュレーダー政権のフィッシャー保健相の時期），「リスク構造調整」の改善のために新たな自治組織が設けられたり（後任のシュミット保健相の時期），あるいは連邦医師・疾病金庫委員会の役割が拡大されたりしたことは（2004 年），保健省による「コーポラティズム化」の戦略が新たに発動されたものとみることもできる[17]．しかし，GSG 以来の経費削減の試みが続けられる中，内部対立を抱え込んだ関係団体が政府に対する影響力を低下させてきたことも見逃せない（Bandelow und Hartmann 2007, 347-351）．疾病金庫の頂上団体（Spitzenverband Bund der Krankenkassen）の形成は，むしろ金庫の財政上の自律性の喪失こそを反映したといわれる（Hartmann

---

16) トップリーダー間の交渉とは，首相（メルケル），副首相（フランツ・ミュンテフェリング），二大政党の各院内総務 2 名，CSU と SPD の各党首，それに CSU の連邦議会議員リーダーの 7 名が重大な局面ごとに参集する集団であった（Paquet und Schroeder 2009, 21; Hartmann 2010）．

17) 連邦労働省は，1970 年代後半に病院セクターをその管轄に加えたが，国家統一後に「青年・女性・家庭・保健省」が 3 つの省庁に分割され，保健省が独立した際に病院セクターの管轄がこの保健省に移管された（Döhler und Manow-Borgwardt 1992, 77, 99）．「コーポラティズム化」戦略については第 4 章第 2 節を参照．

2010, 340).

3.「改革の軌跡」が描かれたメカニズム

　ドイツでは，ビスマルク型福祉国家の改革，すなわち，パリエのいう「改革の軌跡」の第2段階，ないし第3段階が，1990年代半ば以降に遅れて始まった．国家統一後，生産活動の急速な瓦解に直面した東部に対する支援が，社会保険制度を主たる手段の1つとして大規模に実行されたが（第1段階が引き延ばされた），その結果，財政赤字が一挙に拡大し，不可避となった財政再建の一環として社会保障制度の改革が始まったのである．その後，「構造改革」が2000年代に実現される局面では，確かに新自由主義的な政策アイディア（「活性化」や「支援と要請」など）が一定の役割を果たし，「再商品化」が進められたものの，その背後では「経費圧縮」の強いベクトルが作用していた[18]．

　年金政策では，コール政権のブリューム労相によって早期退職が抑制へと転換された後，それまでの二大政党間の「年金コンセンサス」を破って支給水準の引下げが実現されたが（1999年改革法の「人口動態要素」），選挙戦でこの法案を激しく非難し，政権交代を果たしたシュレーダー政権がこの改革を棚上げにした．そして，個人年金の創設を伴う年金制度の「構造改革」が，SPDの「モダナイザー」の一人であったリースター新労相により達成されたが（賦課方式を堅持するブリュームは積立年金の導入を排除した），個人年金が補うべき公的年金の支給水準が引き下げられる点には変わりがなかった（「人口動態要素」に代わる「調整要因」による）．選挙における勝利を求めて競合する二大政党が改革のタイミングを大きく遅らせたことになる[19]．

　次に，労働市場政策では，予想外の第2次政権を率いることになったシュレーダーが，その脆弱な政権基盤にもかかわらず労組と左派の抵抗を排して失業

---

[18]　ピアソンは，福祉国家の改革に，福祉の縮減としての再商品化（re-commodification）とは別に，経費圧縮（cost containment）と新しい課題への適合を意味する改編（recalibration）の次元を区別した．Cf. Pierson（2001, 421-427）．
[19]　チャーダは，年金改革に際しての両党の姿を「ジキル博士とハイド氏」と形容する．Cf. Czada（2005, 180）．

扶助と社会扶助を統合し，政策の理念を失業者の保護から再就労へと転換した．シュレーダーは，連邦参議院の多数を制する CDU/CSU に大幅に譲歩することで党内左派を牽制し，妥協案を成立させた．失業給付 II の運営主体をめぐり，ここでも二大政党間で合意の成立が遅れたが，これは，社会扶助を担当する自治体の間でも利害が錯綜した上，CDU/CSU 内の一部に改革を妨げて政権を追い落とそうとする思惑が働いていたからであった[20]．

　さらに医療保険政策については，シュレーダー政権は当初の対決路線を転換し，1993 年の GSG の先例に立ち返って CDU/CSU との直接交渉を再開し，2003 年の GMG 改革を実現した．しかし，医療費の抑制はかなわず，医療保険の財源をめぐって両党は正反対の改革案を掲げて対立を深めた．にもかかわらず，両党は 2005 年の連邦議会選挙後に公式の大連合政権を組まざるを得なかったため，いずれの改革案にも沿った展開の可能性を含んだ「保健基金」が創設されることになった (Paquet und Schroeder 2009; Leiber, Gress, und Manouguian 2010)．疾病金庫から財政的自律性を奪い，その運営に国家介入の余地を拡大するこの基金の制度が，医療保険に「構造改革」をもたらした．

　このように，第 4 段階へと至る過程は，社会保険制度をめぐる政府と労組の相互作用の新たな展開としてよりは，ドイツの社会国家を支えてきた二大政党の双方において改革を求める勢力が優勢を占めつつ，両党が選挙での勝利を求めて激しく競合した過程としてより良く理解することができる．各党内と党間の変化が積み重なった結果，それまでの政策を一変させる質的な転換がもたらされた．

　これらの「構造改革」の結果，ビスマルク型福祉国家の典型であったドイツの社会国家においても「再商品化」が進み，「二元主義」による社会の分断が深まった．年金制度は，全体として所得代替機能を低下させ（70% から 52% へ），2037 年に平均的な労働者が貧困から逃れるだけの年金を受給するには 37

---

20) 西部と比べ東部では，失業扶助の受給者の比率が社会扶助のそれよりも相対的に高かったから，2 つの扶助制度の統合は東部の失業者にとってより不利であった (Hassel und Schiller 2010a, 170, 302)．しかし，コール政権時とは異なり，ハルツ改革時の東部の州首相は，CDU/CSU 内で独自の動きを際立たせることはほとんどなかった (ibid., 274-286)．

年間の加入期間を積み重ねていなければならないし，かつてのように現役時代の賃金の 70% に相当する年金を受け取るには企業年金や個人年金の積み増しが必要となった（Seeleib-Kaiser 2014, 230）. しかも，2005 年に成立した第 1 次メルケル大連合政権では，フランツ・ミュンテフェリング労相が前政権時のリュールップ委員会の答申に沿う形で年金支給開始年齢を 67 歳にまで延長した[21]．また，いわゆる「ハルツ IV」改革によって，失業手当の支給期間が原則 12 カ月に短縮された上，かつての失業扶助は「求職者基礎保障」へと転換され，長期失業者は社会扶助と同等の水準の失業給付 II を受給しつつより悪い条件での就労を求められることとなった．

しかし，改革の達成後，さらなる「経費圧縮」を求める圧力は勢いを失う．第 1 次シュレーダー政権の発足時に 42.1% にまで上昇していた社会保険料の合計料率は，2000 年代を迎えてそれ以上に高まることなく，第 1 次メルケル大連合政権が発足した 2005 年には賃金の 41.9% に相当する水準にあった．付加価値税の税率を一挙に 3% 引き上げた同政権は，2007 年に年金の保険料を 0.4% 引き上げる一方（各疾病金庫が保険料を決定する医療保険でも平均保険料が 0.6% 上昇した），失業保険では 2.3% 引き下げ（6.5% から 4.2% へ），総計を 40.6% にまで引き下げた．リーマン・ショックの到来に至るまで，政権の発足時から続いた好況も追い風となり，同保険の保険料は，2008 年にはさらに 0.9% 引き下げられたのである（Schmidt 2010, 313f.）.

その一方，2000 年代の後半以降には社会国家を「改編」する動きさえ顕著となった．2007 年 6 月，大連合政権の与党間に合意が成立し，1996 年に建設業を対象として制定されていた「被用者・派遣法（Arbeitnehmer-Entsendegesetz）」が他の産業部門にも適用され，最低賃金が導入されることとなった．労働力やサービスの自由移動が東欧諸国に対しても全面的に認められる結果（2011 年より），外国から低賃金の労働者がドイツ国内に派遣されることによって生ずる「賃金ダンピング」を防止することが直接の目的であった（当該部門の労使が合致した上，最低賃金を定める「一般拘束力宣言（Allgemein-

---

21) もっとも，年金水準を引き下げる調整が二度にわたって停止されたし，労組や左派の批判に応えてなお 65 歳で支給を開始する例外措置が設けられもした．Cf. Schmidt (2010, 304f., 310-312).

verbindlicherklärung)」の発令を政府に求める)．協約自治の原則が広く定着していたドイツでは，法律による最低賃金の規律はほとんど考慮されてこなかったものの，さらに 2009 年には別の旧規定を援用し，労働協約が存在しない部門にも最低賃金を規定する手続きが定められた (Oschmiansky und Kühl 2011)．「ハルツIV」改革の後には，長期失業者が減少し，就労率が著しく改善された一方，低賃金労働に従事する失業給付IIの受給者数の水準が下げ止まるに至った[22]．最低賃金の導入は，低水準賃金の労働に対する，さらなる賃下げの圧力を回避するためにも求められたのである (Hassel und Schiller 2010a, 304-314)．

　最低賃金は，CDU/CSU が SPD の要求に屈する形で導入されたが，両親手当 (Elterngeld) の導入と児童支援法 (Kinderförderungsgesetz) の制定は，党内の反対を乗り越えて決定を勝ち取った CDU のウルズラ・フォン・デア・ライエン家族相の尽力によるものであった[23]．1980 年代に設けられた養育手当に代わる両親手当は，就労者の育児支援を同じ目標としながらも，事実上，父親の育児への参加を促す工夫が施されていた．従来は 3 歳以上（就学まで）の児童に止まっていた保育ケアの機会を，1 歳から 3 歳未満の児童に対しても提供する施設の整備を謳った児童支援法とともに，男性稼得者モデルの上に組み立てられた社会（保険）国家の伝統からの離脱を意味する (Seeleib-Kaiser 2010)[24]．大連合政権の家族政策の領域においても，二大政党の競合が政策の革新に貢献したのである．

---

[22]　2007 年以降，失業給付IIの受給者全体（およそ 130 万人前後）の中で低賃金労働に従事する者の割合は 3 割弱の水準にある．低賃金労働の従事者のおよそ半数は社会保険料を負担している（その他は，シュレーダー政権がハルツII法によって導入したミニジョブないしより賃金単価の高いミディジョブ Midijob の僅少労働従事者)．Cf. Abb IV81, http://www.sozialpolitik-aktuell.de/arbe itsmarkt-datensammlung.html#SGBII_Erwerbstaetigkeit

[23]　「ハルツIV」改革後の SPD の左傾化と第 1 次メルケル大連合政権以降の CDU の「社民化」(Schmidt 2010, 307; Clemens 2013) による二大政党の変化については第 3 章第 4 節参照．

[24]　ゼーライプ・カイザーは，第 2 次シュレーダー政権のレナーテ・シュミット家族相が進めていた，先駆的な「持続可能な家族政策」の意義を強調する (Seeleib-Kaiser 2010, 420f.)．

第 7 章　東部建設の継続と連邦制改革

1. 国家統一が残した連邦制の課題

　2000年代を迎えた統一ドイツは，本格化された財政支援にもかかわらず東部の復興に後れを見せるだけでなく，経済全体の活力を減退させ，対外的競争の立地優位を失いさえするかにみえた．1990年代にはドイツのGDPのおよそ4％に相当する資金が切れ目なく東部に移転されたが，道路や鉄道，通信など，市民生活のインフラこそ西部に劣らぬ水準にまで改善されたものの，ザクセン，チューリンゲンの自動車，イエナの光学，ドレスデン近郊の情報テクノロジーなどに点在する拠点を除いて旧東独時代の産業は崩壊し，生産活動の水準はかろうじて西の6割の水準に達するにすぎなかった（図7-1）．失業率は2004年には18.3％（西部では8.4％）の高きに達し，高学歴の若者を中心として西への労働力の流出が地域の高齢化と人口減少を深刻化させていた[1]．ドイツ全体の成長率は，1990年代後半を通じユーロ導入を予定した国々の平均を約1％下回り，新たに政権についたシュレーダー首相は，400万人を超える失業者に直面していたのである[2]．こうして，「欧州（ユーロ圏）の病人」と化したドイツにおける「改革の停滞」は，ほかならぬ「半主権国家」の制度構造そのものに起因するものと論じられるに至った．

---

1)　第2次シュレーダー政権のクレメント経済・労働相と東部問題を新たに担当することになったシュトルペ交通相が，前ハンブルク市長のクラウス・フォン・ドホナーニを長とし，東部支援の中間総括をテーマとする諮問委員会を発足させた（2002年）．報告書は，2004年のEU東方拡大を前に，旧東独地域の支援をインフラの建設から生産拠点の戦略的育成へと方向転換させるべきだと強く訴えた（Klaus von Dohnanyi und Edgar Most Hg., *Kurskorrektur des Aufbau Ost*, Hamburg/Berlin, 2004）．Cf. *Der Spiegel* 15/2004, 24-41 ("Tabuzone Ost").

2)　*Economist* June 3, 1999.

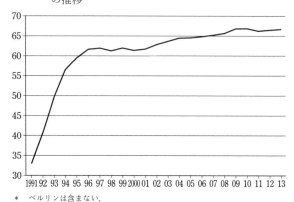

図7-1 東部の州における一人当たりGDP（対西部州比）の推移＊

＊ ベルリンは含まない．
出典：Die Beauftragte der Bundesregierung für die neuen Bundesländer, *Jahresbericht der Bundesregierung zum Stand der Deutschen Einheit 2014*, Berlin, 2014.

　果たせるかな，前章で述べたように，社会国家の支柱であり，統一後に経済の破綻に直面した東部の救済にも動員された社会保険制度が，「賃金付随コスト」の抑制を掲げて次々に改革されていった．同様に，ドイツ連邦制国家の歴史的伝統の上に戦後，発展してきた「協調的連邦制」もいよいよ改革の俎上に載せられることになった．拡大する競合的立法権の行使によって連邦の立法が積み重ねられたのに州が立法活動の自律性を失うばかりでなく，連邦野党の州政府が連邦参議院を通じて大きな影響を及ぼした結果，連邦においても機敏な立法が妨げられ，「改革の停滞」が生まれるとされた．

　一方，「連帯協定Ⅰ」の締結によって10年間に及ぶ東部への財政支援が約束されたものの，連邦と並んで支援の重荷を担うことになった西部の富裕州は，早くも協定の発効直後に財政連邦制度のあり方に対する不満をあらわにした．バイエルンなどの富裕州にとっては，財政力の弱い（住民一人当たりの税収の水準が低い）州に対する，売上税税収の優遇的配分や，さらにその上に富裕州が弱体州に対して税収を再配分する財政均衡制度が，弱体州の財政的依存を固定化し，後者から財政健全化に向けた自助努力への誘因を奪うものとして映った（表7-1参照）．基本法が，「生活関係の統一性（Einheitlichkeit）」ないし「均質性（Gleichwertigkeit）」の確保を連邦制度の存在理由として掲げる限り

表 7-1　各州の経済力（2013 年）と財政力・財政均衡制度（2012 年）

州	一人当たり GDP（ユーロ）	失業率（%）	財政力（調整前）	財政力（調整後）	州間財政均衡（100万ユーロ）	連邦補充交付金（100万ユーロ）
バーデン・ヴュルテンベルク	37472	4.1	112.8	104.7	－2765	0
バイエルン	38429	3.8	114.6	105.2	－3797	0
ベルリン	30642	11.7	68.9	90.6	3224	2443
ブランデンブルク	23751	9.9	89	95.8	543	1458
ブレーメン	43085	11.1	73.6	91.8	521	230
ハンブルク	53611	7.4	100.7	100.4	－25	0
ヘッセン	38490	5.8	110.9	104.2	－1304	0
メクレンブルク・フォアポンメルン	22817	11.7	86.5	95.1	453	1096
ニーダーザクセン	30149	6.6	98.5	99.2	178	59
ノルトライン・ヴェストファーレン	33621	8.3	98.4	99.1	435	160
ラインラント・プファルツ	30420	5.5	96.1	98.1	256	185
ザールラント	31834	7.3	94.6	97.5	94	113
ザクセン	24226	9.4	88.3	95.6	961	2540
ザクセン・アンハルト	23196	11.2	88.1	95.6	550	1552
シュレスヴィヒ・ホルシュタイン	27684	6.9	97	98.5	134	124
チューリンゲン	23168	8.2	87.8	95.5	542	1439
全国	33355	6.9			±7891	11399

注：財政力は，（水平的）州間財政均衡による調整の前と後における，16 州の平均値に対する各州の比率．第 3 段階の州間財政均衡による移転総額は，約 79 億ユーロ．これに対し，第 4 段階としての一般連邦補充交付金は約 114 億ユーロであった．前者の約 8 割が東の諸州への移転であり，後者ではベルリンを含むと 9 割以上に達した（BMF 2014, 54）．2012 年の売上税税収のうち，州全体の取り分は，約 868 億ユーロだから，その 1 割以上が第 3 段階で移転されたことになる．
出典：*Statistisches Jahrbuch 2014*, 336, 362; BMF (2014). Cf. Jeffery (2005, 82, Table 4.1)．

は，富裕州でさえ「競争的連邦主義（Wettbewerbsföderalismus）」の主張に与して弱体州との連帯を無視することはなかったものの，財政連邦制度による再配分の低減が繰り返し求められた．富裕州が，他方では，競合的立法の領域から連邦を撤退させ，州の立法権限を回復するよう訴えたのは，東部に対する持続的な財政支援に対する代償の要求として考えることができよう．

こうして，2000 年代には，第 1 次シュレーダー政権が，1993 年に結ばれた「連帯協定 I」に続き，2005 年以降の 15 年間において総額 1565 億ユーロに上る東部への財政支援の継続を定める「連帯協定 II」の締結に成功した後（2001 年）（第 2 節）3)，第 2 次シュレーダー政権こそ，連邦と州の間で入り組んだ錯綜

関係を解体し，双方の行動と決定能力を回復する改革の達成には及ばなかったものの，その後継の第1次メルケル大連合政権がほぼ同じ内容の改革を「連邦制改革Ⅰ」として実現した（2006年）（第3節）．この改革に続き，連邦と州の財政関係を「現代化」するための新たな諮問委員会が続いて発足し，その答申を受けて2009年，連邦と州がそれぞれ2016年と2020年以降に，原則として信用の調達をGDPの0.35％以下の範囲内に抑制し，ないしは借入なしに収支を均衡させるための「債務防止ブレーキ」の規定が基本法に盛り込まれたのである（「連邦制改革Ⅱ」）（第4節）．

　1999年，連帯協定Ⅰの更新と財政連邦制度の見直しを検討するための委員会が連邦と州の間で設けられたとき，その次の段階として政府間の立法権限の再編成に向けた諮問委員会の設置が同年中に予定されたように（Bräuer 2005, 222）[4]，連邦制度の改革は当初から財政均衡制度を通して東部支援の継続と強く結び付けられていた．したがって，本章は「連帯協定Ⅱ」の締結を含め，そこから「連邦制改革Ⅱ」に至る過程を，政党間ならびに連邦・州間の一連の交渉シークエンスとして扱う．社会保険制度改革の場合とは異なり，改革が基本法の改正を伴う場合には連邦議会と連邦参議院の双方の3分の2の多数の支持が不可欠となる．ベルリンを含めたとしても東部の州だけでは連邦参議院での合計票数が3分の1を越えず（69票中の23票で3分の1きっかりにとどまる），意に反する改正を阻止することはできない．しかし，西部にも財政力が脆弱な州があり，財政力の強い州（2000年代では，バイエルン，バーデン・ヴュルテンベルク，ヘッセン，ノルトライン・ヴェストファーレン，ハンブルクの5州）が改革を成し遂げるには，東西の弱体州の間からも支持を取り付けねばならなかった．連邦議会については，連邦政府与党は原則としてその過半

3）　正確には，同期間中に供与される約1050億ユーロの特別需要BEZ（当初は年間およそ100億ユーロで始まるが，2009年以降は漸減し最終の2019年には21億ユーロが計上された［第5章の表5-1を参照］）と政策分野を特定した約510億ユーロに上る補助金の優先配分から構成された．Cf. http://www.beauftragte-neue-laender.de/BNL/Navigation/DE/Themen/Bundesstaatliche_Solidaritaet/Bund_Laender_Finanzausgleich_und_Aufbau_Ost/Solidarpakt_II/solidarpakt_II.html

4）　財政連邦制度の抜本的改革と政府間の権限配分の見直しは，交渉が進展するとともに翌年夏，再び先送りされた（Bräuer 2005, 233）．

数から支持を受けるが，大連合政権の場合であれ，二大政党のいずれかが主導する連合政権であれ，基本法の改正には二大政党双方の支持が不可欠となる．もっとも，「連帯協定Ⅱ」に伴う財政均衡制度の改定のように単純な立法の場合には，連邦議会の野党が与党案に反対したとしても，政府与党は，連邦参議院で中立や野党の立場をとる州の戦列を切り崩し，その中から戦略的に支持を調達する余地が残されていた．

　これらの諸改革のそれぞれの経過を検討する上で，注目すべきもう一つの点は，財政均衡制度や連邦の立法権限について法的判断を下すBVGの役割である（Benz 2008; Scharpf 2006）．件数の上では少数にすぎないとはいえ，連邦制に関わる係争こそがBVGの歴史的発展の基礎にあった（第2章；Korioth 2015, 693）．基本法の改正を前提とした交渉であれ，それを予定しない通常の交渉であれ，BVGが現状を違憲とする判断を示した場合には，自己の利益を増進しない改革よりは現状維持を選好する党派や政府を，現状を変更する改革へと動かすことになった．

2．「連帯協定Ⅱ」の締結と「基準法」の制定，財政均衡制度の改定

　2001年6月29日，連邦議会に登壇したシュレーダー首相は，6月21日から23日の3日間に及んで16州の州首相との間の頂上会談に臨み，そこにおける粘り強い交渉により，財政均衡制度の改定と「連帯協定Ⅱ」の締結について合意に至ることができた，と明らかにした．シュレーダーは，単なる「連帯協定Ⅰ」の継続ではなく，「連帯協定Ⅱ」が新州の自己責任を強化し，「連帯」を原則とするドイツの「協調的連邦制」に対して新たに「競争」の要素を付け加えるものであり，一連の合意が，連邦制が備える「改革への能力（Reformfähigkeit）」の顕著な証左であると強調した[5]．

　しかし，これらの関連法案は，それに先立つ税制改革や年金改革において見られたような，党派的対決の姿勢をとるシュレーダー政権が連邦参議院から戦略的に支持を動員して成立に至らしめた成果とは必ずしも言えない（第6章参

---

5) http://www.bundesregierung.de/dokumente/Rede/ix_46643_1499.htm

照).そもそもの事の発端は,南部の諸州が,連帯協定Ⅰが定める財政均衡制度に対して大きな不満を抱き,シュレーダー政権の発足に先立ちその改革に向けて動いたことにあった.拠出金の大幅な減額を求める南部の諸州に対し,州相互間の「連帯」を守ることこそが制度の本旨だとする他州が集団を作って対峙していたのである[6].

1998年9月,州議会選挙(連邦議会選挙の2週間前)を前にしたバイエルンが,バーデン・ヴュルテンベルクと共同でBVGに抽象的法令審査(第2章第4節参照)の請求を提出した.これらの2州は,州間の格差を是正するために行われる,売上税税収の一部を用いた「事前調整(Vorabausgleich)」の廃止や,その次の段階の州間財政均衡の基準となる「財政力測定値(Finanzkraftmesszahl)」や「調整額測定値(Ausgleichsmesszahl)」の改定,あるいはさらにその次の段階にあたる「連邦補充交付金」の一部の廃止などを求めた.富裕州から財政力の弱い州への拠出額を減らすことが目的であり,のちにヘッセンがこれら2州に加わった(Bräuer 2005, 220–223).これに対し,ブレーメン,ニーダーザクセン,シュレスヴィヒ・ホルシュタインが,現行制度の合憲性の確認をもとめる訴えを99年4月に提起したが,これにベルリン,ブランデンブルク,メクレンブルク・フォアポンメルン,ラインラント・プファルツ,ザールラント,ザクセン・アンハルト,ハンブルクの7州が同調し,提訴を率いたニーダーザクセンの州都の名をとり「ハノーファ・クライス(Hannoveraner Kreis)」と呼ばれる集団を形成した.もっとも,弱体州と東部州のすべてがこれに参加したわけではなく,CDU州のザクセンとチューリンゲンは参加を見合わせた.一方,富裕州に属するにもかかわらず,SPD州のハンブルク

---

6) もっとも,州間関係においても党派的立場の違いが影響を及ぼさなかったわけではない.ハノーファ・クライス(後述)では,CDU州であったザールラントのグループに対する忠誠が疑われていた(Bräuer 2005, 228).一方,ブレーメンで大連合を担うCDUは,シュレーダー首相から働きかけを受けた結果,税制改革や財政均衡制度の改革に際しては連邦のCDUの方針から逸脱して投票することも辞さない,と連邦議会院内総務に告げていた(*ibid*., 234, fn 114).CDU/CSU(SPD)州とは,バイエルン以外の州におけるCDU(SPD)ないし,バイエルンではCSU(SPD)の州首相が率いる(単独あるいは連合)政権をさす.中立州は,シュレーダー政権では,SPDが緑の党以外の政党と,メルケル大連合政権では,二大政党のいずれかが二大政党以外の政党と連合を組む州となる.表7-2を参照.

表7-2　連邦参議院の党派別構成

1. 1999年10月～2001年6月：第1次シュレーダー政権下の「連帯協定Ⅱ」交渉の時期

	SPD州		CDU/CSU州	中立州	
富裕州	HH(3)/NW(6)		BW(6)/BY(6)/HE(5)		26
弱体州	NI(6)/SH(4)		SL(3)	HB(3)/RP(4)	20
東部州	ST(4)		SN(4)/TH(4)	BE(4)*/BB(4)/MV(3)	23
票数	23	⇔	28	18	69

* BEでは，2001年6月にPDSを加えたヴォヴェライト（赤赤）政権が政権交代を果たしたものの当該交渉には無関係であった．前政権はディープゲン（CDU）大連合政権であり，中立州に区分される．
Cf. Bräuer (2005, 217). ただし，BräuerはMVのリングシュトルフ（SPD）赤赤連合をSPD州に数えている．

2. 2004年12月：第2次シュレーダー政権下の「連邦制改革Ⅰ」挫折の時期*

	SPD州		CDU/CSU州	中立州	
富裕州	NW(6)		BW(6)/BY(6)/HE(5)/HH(3)		26
弱体州	SH(4)		NI(6)/SL(3)	HB(3)/RP(4)	20
東部州			ST(4)/TH(4)	BE(4)/BB(4)/MV(3)/SN(4)	23
票数	10	⇔	37	22	69

* SPDは，1表の期間後，HH（2001年9月），ST（2002年4月）の州議会選挙で敗北して野に下り，CDU/CSU州に連邦参議院の多数派を明け渡した．さらに2003年2月にはNIでも政権が交代し，CDU/CSU州との差が開いた．この表が示す時点では，翌年2月，5月に行われるSH，NWの選挙に注目が高まっていた．

3. 2006年6月：第1次メルケル大連合政権下の「連邦制改革Ⅰ」関連法案採択前の時期

	SPD州		CDU/CSU州	中立州	
富裕州			BY(6)/HE(5)/HH(3)	BW(6)/NW(6)	26
弱体州	HB(3)/RP(4)		SH(4)/SL(3)	NI(6)	20
東部州	BB(4)		SN(4)/ST(4)/TH(4)	BE(4)/MV(3)*	23
票数	11	＋	33	25	69

* BEとMVの赤赤政権は，9月に州議会選挙を控えていた．後者では，政権構成が赤赤から大連合（SPD首班）へと転換する．FDPは既に3月に行われていた3つの州議会選挙の結果，RPとSTにおいて野に下ることになり，基本法改正を阻止するに足る中立州の票数を下回らせていた（24票＞BW+NW+NI=18票）．
Cf. Turner and Rowe (2013, 392f.).

4. 2009年3月：第1次メルケル大連合政権下の「連邦制改革Ⅱ」関連法案閣議決定時

	SPD州		CDU/CSU州	中立州	
富裕州				BW(6)/BY(6)/HE(5)/HH(3)/NW(6)	26
弱体州	RP(4)		SL(3)*/SH(4)*	HB(3)*/NI(6)	20
東部州	BB(4)/MV(3)		SN(4)/ST(4)*/TH(4)	BE(4)*	23
票数	11	＋	19	39	69

* 改革の結果，年間総額8億ユーロの財政再建支援を受け取ることになった5州（基本法143d条2項）．
Cf. Ibid., 398f.

注：BB＝ブランデンブルク，BE＝ベルリン，BW＝バーデン・ヴュルテンベルク，BY＝バイエルン，HB＝ブレーメン，HE＝ヘッセン，HH＝ハンブルク，MV＝メクレンブルク・フォアポンメルン，NI＝ニーダーザクセン，NW＝ノルトライン・ヴェストファーレン，RP＝ラインラント・プファルツ，SH＝シュレスヴィヒ・ホルシュタイン，SL＝ザールラント，SN＝ザクセン，ST＝ザクセン・アンハルト，TH＝チューリンゲン．
　3表以降，FDPは2008年1月のNI，9月のBY，09年1月のHEの州議会選挙において躍進し，CDUないしCSUの連立パートナーとなった．この時期には，CDU/CSUに圧力を行使し基本法の改正を阻止することができた（18+6+5=29>24票）．実際には，連邦参議院での賛成を予告しつつ，5月の連邦議会の採決に際しては棄権するに至った（賛成を貫いた議員もあった）．これがかえって二大政党に団結を促し，各党内の造反を抑えることになった（若干の反対票も許した）．6月の連邦参議院の採決では，MV，ならびに財政再建支援を受けることになったにもかかわらずその規模が不十分だとしたBEとSHの計3州が棄権した（ibid., 400f.）．連邦議会での採決については，http://www.faz.net/aktuell/politik/inland/bundestag-billigt-schuldenbremse-westerwelles-volte-wie-ein-gottesgeschenk-1798160.html
　以上の1表から4表に関わる各州における州議会選挙の概要については，https://wahl.tagesschau.de/wahlen/chronologie/chronologie.shtml

がこのハノーファ・クライスに連なったし（ベルリンやブレーメンと同じく都市州である），同じ富裕州のノルトライン・ヴェストファーレンは双方のグループから働きかけられたものの，いずれに対しても距離をおいた．

BVG は，同年 11 月に判断を示したが，その判決は事前の予想を覆して特定の改革の方向を示唆するものではなく，基本法が明文をもって定めた財政均衡の 4 段階につき，それらを実際に運用する上で指針となるような，より一般的なルールを定めた「基準法」を，2002 年末を期限として制定するよう立法府に求める趣旨となった（Bräuer 2005, 224-227）[7]．その後，この「基準法」と新たな財政均衡制度をめぐり，両グループは定期的に開かれる州財務相会議を場として双方の見解の相違を際立たせていった．とりわけ，州間財政均衡（第3 段階）において州の財政力を測定する際に市町村の税収を算入するか否か（算入すれば財政力の強い州の測定値は高くなり，拠出額も高くなる），同じく州間財政均衡に際し，州への再配分額をかさ上げするよう住民数を補正すべきか否か（従来は 3 つの都市州について 135％ の割増が認められてきた），あるいは各州に対して財政規律への誘因とするために税収増の一定部分を財政力の測定対象から外す新規定（「優遇保留分」）を設けるべきか否か，などをめぐり対立し続けた．

一方，東部の州首相は，州財務相会議の定期的な開催とは別に会合を重ね，具体的な金額を示して東部への支援の継続を早くからシュレーダー首相に要請し（ibid., 230），「基準法」の制定と財政均衡制度の改定とに関連付けながらも「連帯協定 II」そのものの締結を最優先事項として交渉を進めることを認めさせた（ibid., 233）．しかしながら，ノルトライン・ヴェストファーレンを含めた SPD 州の財務相が協議した結果，2000 年 8 月末には，改革の如何にかかわらず州間財政均衡がごく僅かな微調整の範囲内にとどまらざるを得ないことが判明し，全会一致をめざす両グループが和解へと至る見通しは依然として開けないままであった（ibid., 235）．

翌年 6 月，それにもかかわらず 16 の州政府が合意に到達したのは，上記の

---

[7] 連邦・州間の財政均衡制度を規定する基本法の根拠条文は，106 条 3 項 4 文（第 1 段階），107 条 1 項 4 文後段（第 2 段階），107 条 2 項 2 文（第 3 段階），107 条 2 項 3 文（第 4 段階）．第 5 章の表 5-1 を参照．

協議後に州間の交渉に加わった連邦政府が，全ての州に増収をもたらす提案を打ち出し，妥協を促したからである．すなわち連邦は，現行の財政均衡制度の枠外にあったドイツ統一基金の残債を交渉の対象に取り込み，年賦金の支払いを連邦だけが負うことにして州全体の負担を軽減することにより，16州を2つのグループに分けて対峙させ続けていた，財政均衡制度の改定と「基準法」の制定について双方に歩み寄らせることに成功した[8]．

しかし，「基準法」，すなわち正式には，「州間財政均衡のための売上税税収の配分ならびに連邦補充交付金の譲与のための憲法規程を具体化する一般的基準に関する法律」は，正にその名が示すように，売上税税収の連邦・州間の垂直的配分に関わる規定（第1段階）をおかずに終わったし，第2段階から第4段階の配分について改定された個々の「基準」も全体としての整合性には欠けていたというべきであろう（SVR 2001/02, 132-137)[9]．例えば，第3段階の州間財政均衡について州の財政力を測定する際に算入される市町村税の税収の割合が，現行の50％とハノーファ・クライスが要求した100％（南部州は全廃を求めていた）の間をとり64％となったように，むしろ，新たな財政均衡制度も，連帯協定Iの場合と同じく，政治的妥協の痕跡を随所に残すものとなった（Peffekoven 2001）．それにもかかわらず，シュレーダー首相は，「連邦主義の勝利」を税制改革と年金改革に続き，赤緑政権が成し遂げた3番目の「政治的」成果として誇示したのである．

3. 連邦制改革 I

連帯協定 II に関わる一連の法案の可決は，第1次シュレーダー政権にとって

---

8) 連邦政府は，支援の継続を求める東の州に対しては，東部に築かれたインフラの水準を最も高く評価した経済研究所（ベルリンのドイツ経済研究所 DIW）を意図的に選び，再度，報告書を提出させ，その数字を根拠にして東部州の要求額を減額させた（Bräuer 2005, 245）．準公的制度としての経済研究所については第4章第1節参照．
9) 「連帯協定 I」(1993年) により大幅な取り分を州に譲った連邦は（連邦56％対州44％となった），その後も州に対する譲歩を続けた．Cf. Bundesministerium der Finanzen, *Bericht über die Umsatzsteuerverteilung zwischen Bund, Ländern und Gemeinden* (Kommission von Bundestag und Bundesrat zur Modernisierung der bundesstaatlichen Ordnung AU 0079).

は大きな実績となったが，とりわけ財政均衡制度を通じた拠出負担が続くことになった西の富裕州の間には少なからぬ不満が残った．そこで，拡大の一途を続けてきた連邦の立法を縮減し，州の立法権限を復活させ，その政治的自律性を取り戻すために基本法の改正が追求されることになった．すでに，国家統一後に基本法の大幅な改正を目的として設置された「合同憲法委員会（Gemeinsame Verfassungskommission）」が，協調的連邦制の錯綜を解きほぐすための改正をその検討項目に加えたが，連邦が行使した競合的立法権に対する事後的検証や，廃止された連邦法に代えて州の立法を回復させる（72条に関わる）手続きなど，州側からの積極的な提案が生かされずに終わっていたのである（Batt 1996, 116f.; Scharpf 2006, 312）．したがって，後に連邦制改革のために連邦議会と連邦参議院によって特別の委員会が設置された際，直ちに全州が共同提案（「ポジション・ペーパー」）を一致して提出したように，第2次シュレーダー政権の発足（2002年10月）をみた州首相は，相互間の調整を速やかに進め，連邦の同意立法から州が撤退することと引き換えに州の立法権限を回復し（「参加連邦主義（Beteiligungsföderalismus）」から「形成連邦主義（Gestaltungsföderalismus）」への転換），財政力の弱い州も他州との「公平な競争」に加われるような「連帯の基礎」を築くことを唱えたのであった[10]．

　連邦に対する共同歩調を周到に整えた西の州とは対照的に，はからずも再選を果たしたばかりのシュレーダー政権側では，首相府が行動を起こさないまま，改革の全体像や明確な戦略なしに委員会の審議に臨むことになった（Scharpf 2009, 73, 76, 78）．SPDは，連邦議会選挙で勝利を収めたものの，翌2003年2月，ニーダーザクセンでも下野を強いられ，連邦参議院における優位を強めたCDU/CSUの協力に頼らずしては新たな同意立法さえ実現し得なくなっていた．連邦参議院では，ノルトライン・ヴェストファーレンとシュレスヴィヒ・ホルシュタインで州政権与党を残すばかりとなっており，基本法の改正に主導権を発揮することはほとんど望めなかった（表7-2の2参照）．両院における脆弱な立場が，シュレーダーに積極的な戦略を練るだけの余裕を与えなかったとも言えるだろう（総議席603の連邦議会においてさえ，赤緑連合はその過半数

---

[10] Föderalismusreform Positionspapier der Ministerpräsidenten (Kommission von Bundestag und Bundesrat zur Modernisierung Kommissionsdrucksache 0045).

を僅かに上回る 306 議席にとどまった).「連邦制国家秩序の現代化(Modernisierung der bundesstaatlichen Ordnung)」と題された,2003 年 4 月付けの覚書では,基本法の条文に沿って検討事項が列挙され,項目ごとに改革の方向が記されたが,州に移譲しうる権限の数例が控えめに列挙されるなど,防御的な構えが目に付いた[11].

　したがって,改革案の作成に向けて具体的な行動を起こしたのは,首相府ではなく連邦議会の SPD 院内総務ミュンテフェリングであった.彼のイニシアティブに発した両院の決議に基づき,2003 年 10 月に「連邦制国家秩序の現代化のための連邦議会・連邦参議院合同委員会」が設置された[12].委員会には,連邦議会からは総勢 16 名が各会派の規模に比例した人数の構成で臨み,連邦参議院側からは 16 名の州首相が参加した.各院を同数ずつ代表するこれらのメンバーの他に,投票権なしに協議に加わる 13 名の委員が,連邦政府(4 名),州議会(6 名),市町村団体(3 名)の各機関を代表して参加した.さらに,法学者を初め,投票権と動議提出権をもたない 12 名の専門委員が学問的見地から議論を支えることになったのである[13].FDP やメディアの一部は,当時,欧州憲法条約案を起草するために召集された「ヨーロッパ会議(European Convention)」にならい,自由委任を受けた代議員が構成する会議方式を唱えたが,二大政党や州政府が受け入れるところとはならなかった(Turner and Rowe 2013, 386; Scharpf 2009, 74).実際,委員会の審議を率いる議長はミュンテフェリングとバイエルン州首相のエドムント・シュトイバーが交代で務め,その運営は連邦議会代表の 4 名(各会派から)と SPD 州,CDU/CSU 州の首相 2 名ずつが構成する執行部によって補佐された(*ibid.*, 75, fn 7).こうして,委員会の構成は,二大政党の党派的利害や連邦・州政府の制度的利害をより濃く

---

11) http://www.dgb-nord.de/hintergrund/3/20/Position_der_Bundesregierung.pdf

12) 設置の経緯,構成,審議,答申など委員会の活動の詳細については,連邦参議院のウェブサイトが参考になる.Cf. http://www.bundesrat.de/DE/plenum/themen/foekoI/foekoI-node.html

13) 専門委員には 2 名の政治学者が数えられた.委員の一人となったシャルプは,連邦制改革を自己の「参与観察」に基づいて分析した結果を後日,一書として公表したが(Scharpf 2009),本節の記述は Scharpf (2006) とならびこれに多くを負っている.政治学界からのもう一人の専門委員は緑の党によって推挙されたベンツであった.なお,邦語文献としては山田 (2008) を参照.

3. 連邦制改革 I　149

反映させ，理念的討議を通じたより良い制度の構築というよりは，通常の政策形成のパターンに近似した，現状維持の志向をより強く内包することになった（Benz 2008）．

さて，そもそも改革の目的が「改革の停滞」をもたらす制度的要因を連邦制国家から除去する点にあったとすれば，委員会審議に臨む連邦政府にとっての最善の戦略は，同意立法の数を減らすことにあった．ところで，基本法が明示した同意立法の規定の多くは，財政連邦制度に関わるものであったが，ようやく連帯協定IIを締結したばかりの状況にあっては，財政均衡制度や税制に関する規定に手を触れるわけにはいかなかった．したがって，連邦にとっては84条1項の改正こそ優先されるべきであった．同条項は，法案が行政手続きや官庁の組織に関する規定を含む場合には連邦参議院の同意を必要とする，と定めていたが，同意を要するのは手続き面だけではなく法案の実体的部分にも及ぶ，という解釈（「一体性理論」と呼ばれた）がBVGの判例を通じて確立された結果，党派的動員を促す同意立法の範囲が拡大していたのである（第2章第3節参照）．しかし，BVGがその2002年の判決において，従来の「一体性理論」に反し，法案を実体的部分と手続き的部分に分割する方途を是認した他，委員会においても専門委員の間から，このようなBVGの新見解に沿う同条文の修正が提案されていた．にもかかわらず，連邦側はこの提案を活用せず，それどころか「一体性理論」を踏襲し，全く別の観点に立ち，連邦法の規定から逸脱する後法の制定を州に対して認めたのであった（Scharpf 2009, 78-83）．しかし，この解決は，連邦参議院の同意なしに行政手続きの規定を含む連邦法の制定を可能にするものでもあったから，それによって州側に財政的負担が発生するおそれがあった．そのような立法についてもあくまでも連邦参議院の同意を条件づけるために，新たなカテゴリーの同意立法さえ設けられることになったのである（基本法104a条4項；Scharpf 2009, 83-85）．

これに対して州側は，拡張を続けてきた連邦の競合的立法や枠組み立法，ならびに共同事務を縮減し，州がその政治的，立法的「形成可能性」を回復することをめざした．全州の「ポジション・ペーパー」では，競合的立法の領域を残しつつも連邦と州の立法権限を再画定し，とりわけ国家としての州の本質に属するものとされた，行政組織と人事に関わる権限（官吏に関する規定は枠組

み法となっていた［第2章第3節参照］），地域労働市場や環境権など地域の市民生活を規制する権限，あるいは「幼稚園から大学まで」を包括する「文化高権」などの奪回に力点がおかれた．もっとも，委員会における実際の交渉では，州側が「ペーパー」の方針から離れ，競合的立法や枠組み立法の権限を連邦，州のいずれかの専属的立法権に帰属させて解消しようとしたものの，これに対して連邦側が消極的な対応をみせたために審議は当初から滞った（Scharpf 2009, 88-93; Benz 2008, 445-448）．しかし，まさに委員会開催中の 2004 年 7 月，「ジュニア教授」制度を導入するための大学枠組み法の改定に関し，BVG が違憲の判断を下した[14]．裁判所が，連邦による競合的立法権の行使に対する条件（基本法 72 条 2 項が定める「必要性」）をいっそう厳格に解釈した結果（競合的立法の条件は，すでに 1994 年の基本法改正の際に絞られていたが，BVG は 2002 年の判決においてその絞り込みを進めていた），連邦は競合的立法権の過去の行使を合法化し，今後のあり方を改革する課題に突如，直面したのである（Scharpf 2006, 316-318; Scharpf 2009, 93-95）．

両者間の交渉はこの判決を受けて進展し始め，州のみならず連邦にも競合的立法権の領域の一部が専属的立法権として移されたほか，74 条 1 項が列挙する 32 の競合的立法の事項中，22 について 72 条 2 項の「必要性」の条件が外された（残る 10 の領域では，裁判所が厳格化を重ねてきた「必要性」の要件を満たすことが求められる）．一方，74 条 1 項の 28 号から 33 号までとして数えられ，かつては枠組み法の領域に属した事項について連邦が立法権を行使する場合には，州が逸脱後法を制定することができることとされた（72 条 3 項）．法的統一性を重んじ，連邦法と州の逸脱法の並立を避けたい連邦は，この領域をむしろ州の専属的立法権に移管させようとしたものの，結局，州は連邦法の執行手続きとならび（84 条 1 項），一定の領域における実体的規定についても連邦法から逸脱する権限をもつことになった（Scharpf 2009, 96-101）[15]．

---

[14] Jochen Leffers, "Verfassungsgericht kippt Juniorprofessor", 27. Juli 2004, *Spiegel Online*, http://www.spiegel.de/lebenundlernen/job/urteil-verfassungsgericht-kippt-juniorprofessur-a-310597.html 「ジュニア教授」とは，若手研究者を支援するため，「教授資格論文」（ハビリタチオン Habilitation）を未執筆の博士号取得者に提供される任期つき教授職である．

[15] 連邦が州に対して提案した専属的立法権への移管には，財産税，相続税，流通税など

連邦と州との間の対立は，環境分野における枠組み法撤廃後の逸脱後法の是非をめぐっても熾烈化したが，委員会の審議を最終的に頓挫させたのは教育政策をめぐる対立であった．連邦は，当初，大学の拡張と新設を奨励する共同事務（91a条）とならび連邦と州の共同の教育計画（91b条）を廃止する提案をもって協議に臨んだ．しかし，新規定によって高等教育における新たな共同事務を設けるばかりか，大学への入学許可，修了認定のみならず大学の「水準保障」や教員についてもその権限を保持しようとしたため，往々にして州の政策の優先順位を狂わせてしまう財政補助を含め，教育政策からの連邦の完全な排除を求める州から強い反発を招いたのであった[16]．

　委員会における交渉の結果，介護施設や閉店，飲食業，催物会場，耕地整理などに関する法が新たに州の専属的立法領域に加えられた．同じく，昇進，給与，年金に関する官吏法の移管も，州が国家として行政組織を自律的に構成する観点からは理にかなっていた（これに対し，官吏の身分と義務に関する規則は競合的立法の対象として残った［74条1項27号］）．しかし，これらの権限の多くは，狭い地理的領域内の規制に局限されており，グローバル化や域内市場の中で州が経済政策や労働市場政策を展開するための政策手段としてふさわしいものではなかった．委員会がその他の多くの点については議論を煮詰め，一致を見出していたにもかかわらず，州が，「その固有の領域」とする教育政策での協議不調を理由に審議を打ち切ったことも理解されるであろう．

　こうして連邦制改革は，2004年12月，西部の富裕州が率いる州側からの審議の打切りによっていったん中断した．以上のように，首相府が審議に本格的に取り組まず，党派別の調整もほとんど行われなかったために，立法権限をめぐる連邦と州との対立が架橋されずに残り，交渉は物別れに終わったのである．しかし，議長を務めたミュンテフェリングとシュトイバーの二人は，ノルトライン・ヴェストファーレンの州議会選挙とその結果を受けたシュレーダー首相

　　の州税が含まれた．財政均衡制度への影響をおそれた弱体州は，これらを受け入れようとせず，最終的には土地取得税の税率決定権のみが移管された（Scharpf 2009, 96, fn 48）．当初から州の間では，財政連邦制度に関わる事項を委員会の審議対象としない点が合意されていた．委員会は，州境の再編も対象外としたが，連邦政府は2003年4月の覚書に含めていた．

16）　最終的には，大学の入学許可と修了認定は，74条1項33号によって規定された．

による連邦議会の早期解散（2005年7月）をはさみ，残された争点についても協議を続行した[17]．選挙後の11月，第1次メルケル大連合政権を形成することになった二大政党は，委員会の合意事項をほぼそのまま連立協定[18]の中に取り込んだ．そして，その翌年の6月と7月，連邦議会と連邦参議院が連邦政府提出の改革関連法案を可決したのである．委員会にとって躓きの石となった教育政策における連邦の役割については，SPD議員の働きかけにより，大学における学問と研究の計画（Vorhaben）や大規模な研究設備の建設につき，全ての州の同意を条件として連邦が協力しうる旨が定められた（基本法91b条1項）．また，従来型の教育計画に代え，州の一部（全州である必要はない）との合意により教育制度のパフォーマンスを国際比較の中で確定するための報告書や勧告を協力して作成し，ゆるやかな形で州の間に競争を促す余地が残された（同条2項）．連邦議会では，当初，SPD議員団から40名前後の造反投票が危ぶまれたものの，結局は野党の3小党と2名のSPD議員が反対するにとどまった[19]．連邦参議院においても，それぞれ棄権票と反対票を投じたシュレスヴィヒ・ホルシュタインとメクレンブルク・フォアポンメルンを除く14州が賛成した．前者の州首相ペーター・ハリー・カルステンセンは，自州が公務員の処遇競争において劣位におかれることに懸念を示し，後者の州首相ハラルド・リングシュトルフも，この「支払い競争」に加え，連邦との協力が大幅に排除された教育政策においても弱体州の地位が不利となること，また，州ごとに異なる水準の環境規制が並立することに対して憂慮を表明した[20]．

　2006年夏の時期を2004年暮れと比べれば，連邦と州の間にそれほど大きな立場の変化があったとは考えられない．それでも，第1次メルケル大連合政権において「連邦制改革Ⅰ」が成立に至ったのは，二大政党が政権党としての成

---

[17] *Vorentwurf vom 13. Dezember 2004. Vorschlag der Vorsitzenden*（Arbeitsunterlage 0104 neu）．
[18] *Gemeinsam für Deutschland: Mit Mut und Menschlichkeit - Koalitionsvertrag zwischen CDU, CSU und SPD*, 11. November 2005, 93.
[19] https://www.gew.de/bildungssystem/foederalismus/chronologie-foederalismusreform/
[20] http://www.deutschlandradiokultur.de/nicht-vorteilhaft-fuer-unser-land.1008.de.html?dram:article_id=160496; http://www.deutschlandradio.de/foederalismusreform-in-bundestag-und-bundesrat.331.de.html?dram:article_id=199847

果を共に求めたからであろう．そこに至るには，委員会の審議に携わった二大政党の領袖達，すなわち，ミュンテフェリング，シュトイバーの他，バーデン・ヴュルテンベルクのエルヴィン・トイフェル州首相，ヘッセンのコッホ州首相，ノルトライン・ヴェストファーレンの前州首相で大連合政権では財務相として入閣したペア・シュタインブリュックらが成案を得るべく重ねた交渉があった（Benz 2008, 445, 452; Scharpf 2009, 73, fn 5）．

4. 連邦制改革 II

　協調的連邦制の行き過ぎた錯綜関係を解きほぐすための改革案が連邦議会と連邦参議院を通過した頃，州の間では「連邦・州間の財政関係を，とりわけ成長と雇用の政策にとってのドイツを取り巻く内外の条件変化」[21] にいかにして適合させるか，をめぐり，早くもつばぜり合いが展開されていた．強い財政力をもつ5州にザクセンを加えた一方のグループは，2006年夏，バイエルンのテーゲルン湖畔のザンクト・クヴィリーン（Sankt Quirin）にある州政府の施設に集結し，「フェアネス，財政政策上の連帯と世代間公正のための協定（Pakt für Fairness, finanzpolitische Solidarität und Generationengerechtigkeit）」と題する覚書を作成した．このペーパーは，連邦制国家における政府借入れの禁止を基本法で規定することと並び，過去に累積した債務を削減する方策や財政危機を事前に察知するための早期警戒システムの樹立などのほか，財政破綻に瀕した州が解散し（Selbstauflösung），他の州との合併を選ぶ可能性さえもあからさまに論ずるものであった [22]．

　これに対し，このような「競争的連邦主義」の突出に危機感を抱いた弱体州は，再び「ハノーファ・クライス」に結束し，連邦制国家の「連帯」を掲げて対抗した．とりわけ，累積債務を急速に膨張させていたベルリンは，2004年

---

21) 第1次メルケル大連合政権の政権綱領（2005年11月11日）は，その第5章に「国家の行動力の改善」を掲げ，冒頭に連邦制改革を数えたが，政権発足時から財政関係を対象とする改革の第2段階への着手を予定していた．注18参照．

22) Kastrop, Meister-Scheufelen, und Sudhof Hg. (2010, 146f.); "Untot in die Pleite", *Der Spiegel* 22/2006, 44–46.

にBVGに提訴し，財政再建を目的とする400億ユーロにのぼる連邦補充交付金の給付を求めた．かつてBVGは，ブレーメンとザールラントが極度の「予算非常事態（Haushaltsnotlage）」にあるとし，連邦に同2州の債務を引き受ける義務（Einstandspflicht）を認めてその財政的介入を求める判決を下していたが（1992年）[23]，ベルリンは同趣旨の法的判断をBVGから期待し，財政再建への手がかりを得ようとしていたのである．

しかし，2006年10月に下された「ベルリン判決」は同州の期待に反するものとなった．すなわち，裁判所は「予算緊急事態」に陥った州に対する連邦の財政支援はあくまでも「究極の手段」であり，そのような支援を請求するには，当該州が国家としての任務を果たし得ず，「極度」の財政逼迫に陥って存亡の危機に瀕していることが前提条件となる，としたのである．こうして裁判所は，各州の財政上の自己責任を強調するとともに，立法府に対しても連邦・州間の財政関係を根本から見直し，財政危機を未然に防ぐべく基本法の規定を改定するよう求めたのであった（Kastrop, Meister-Scheufelen, und Sudhof Hg. 2010, 143f.）．

連邦議会と連邦参議院は，この要請に応じ，12月，「連邦制改革II」の達成を目的とする「連邦・州間財政関係の現代化のための合同委員会」の設置を決議した．連邦制改革Iの場合と同じく，両院から16名の委員が選出された．連邦参議院からは，原則として州首相が委員を務めたが（3つの州からは財務相が出席した），連邦議会からの16名の委員のうち4名は連邦政府の閣僚（法相，内相，財務相，首相府長官）でもあった[24]．この結果，ベンツが指摘するように，前回の委員会と比べて専門委員の役割が弱められた上，連邦政府と

---

[23] 連邦はこの判決を受けて1994年から2004年にかけ，ブレーメンとザールラントに対し，それぞれ総額85億ユーロと66億ユーロを交付した．第5章の表5-1参照．

[24] その他，州議会を代表する4人として，州議会議長1名，SPD，FDP，緑の党の各党の州議会院内総務が議決権なしに参加した．市町村の団体を代表する3名もゲストとして招かれ，発言することができた．Deutscher Bundestag Bundesrat Öffentlichkeitsarbeit Hg. (2010, 22-26)．この報告書により，委員会の審議の推移を論点ごとに追跡することができる．審議の資料は，次の連邦議会のサイトから閲覧することができる．http://webarchiv.bundestag.de/cgi/show.php?fileToLoad=1374&id=1136　なお，委員会の答申を受けて第1次メルケル大連合政権が行った基本法の改正については，山口（2010）を参照．

州政府との間の交渉の側面が前面に押し出されることになった（Benz 2008, 448）．にもかかわらず，BVG の要請に応えて設定された財政危機の防止策と並び，「州間の自発的な合併を容易にするための可能性」の検討までがアジェンダに含まれたから²⁵⁾，弱体州の反発によって政府間の対立が増幅され，委員会の議論が難航することが予想された．SPD の院内総務ペーター・シュトルックとともに委員会の議長にその後選出されたバーデン・ヴュルテンベルク州首相で CDU のギュンター・エッティンガーは，連邦制改革 I の関連法案の採決に際して州の合併を促すための国民投票の導入までを提案し，二大政党から拒絶されたのである²⁶⁾．審議の成否は，二大政党が，財政関係の改革を連邦制改革の要として主張し続ける FDP を牽制しながら²⁷⁾，いかにして連邦と州の間ならびに州相互間に折り合いをつけさせるかにかかった．

翌 2007 年 3 月にその活動を開始した委員会は，連邦と州の財政運営以外にも行政の効率化を進めるための IT システムの基準の導入など，行政関係の事項をも検討の対象としたものの，議論の重点は速やかに政府の借入の制限へと収斂していった．しかし，FDP や CSU が政府による信用の調達を全面的に禁止しようとしたのに対し，SPD は新規借入れを許容する，より柔軟な財政運営の継続を主張したし²⁸⁾，すでに累積債務を抱えていた弱体州は財政再建に向けた支援を仰ぐことなしには借入を解消することは難しいと反論した．

委員会の審議を膠着から救ったのは，2008 年 2 月，シュタインブリュック財務相が委員会に対して提起した信用調達の新しいルール案であった²⁹⁾．財

---

25) Antrag aller Länder, "Einsetzung einer gemeinsamen Kommission zur Modernisierung der Bund-Länder-Finanzbeziehungen", 14. Dezember 2006（Bundesrat Drucksache 913/06）.

26) "Mehrheit für Föderalismusreform zeichnet sich ab", *FAZ* 23. Juni 2006, http://www.faz.net/aktuell/politik/inland/bundesrat-mehrheit-fuer-foederalismusreform-zeichnet-sich-ab-1329444.html

27) "Föderalismusreform: Das liberale Nein-Aber", *Spiegel Online* 26. Juni 2006, http://www.spiegel.de/politik/deutschland/foederalismusreform-das-liberale-nein-aber-a-423803.html 実際には FDP が改革に対し，連邦参議院においても拒否権を行使することはなかった．表7-2を参照．

28) Cf. 注 24, Deutscher Bundestag Bundesrat（2010, 90）.

29) Anlage zum Brief vom Bundesminister der Finanzen Peer Steinbrück an die Vorsitzenden der Kommission（Kommissionsdruchsache 096）.

務省によれば，従来，連邦は原則として予算中の投資支出の総額を超えない範囲内で借入れを行うことができたが（基本法旧115条），この「投資」概念が曖昧であったこと，また，同条がその例外の条件とする「経済全体の均衡の攪乱」が解釈の余地を広く残すものであったこと，さらに，不況期の借入れを好況期の増収によって返済するという，景気変動に対する対称的な財政運営が実践されなかったことが債務の累積を招いた．したがって，グローバル化や少子高齢化が進展した新たな環境にあっては，自然災害などに対する例外的対応の余地を残し，景気変動に対して対称的な運営を配慮しつつも，景気によって左右されない「構造的債務」は持続可能性と「世代間公正」の観点から厳しく限定すべきであった．連邦と州が財政の均衡を原則としつつ，毎年の「構造的債務」をGDPの0.5%以内に抑制すれば，当時，総額1兆6000億ユーロに達し，GDPの65%にまで相当した長期債務は，その15%の水準に収斂していくと見通されたのである（名目3.25%の成長率を前提）．

　EMUを支えるSGP（1997年）に範をとったこの財務省案は，これ以降，委員会が進める審議の準拠枠組みとなり（Kastrop, Meister-Scheufelen, und Sudhof Hg. 2010, 150），これを受けた2名の議長が2008年6月，改革に向けた中間的総括を明らかにした[30]．その要綱案は，弱体州にとって最大の関心事であった財政均衡制度と連帯協定Ⅱの尊重を明言しつつ（またしても州の新編成は見送られた），連邦とすべての州が均衡財政の維持を目的とする「財政再建協定」を締結し，自力では目標の達成が困難な州に対して一定の形式的基準（税収に対する利払い費の比率など）にしたがい，一定の期間中（連帯協定Ⅱが結ばれたから最長2019年までとなった），再建のために支援を供与することとした（すでに，ブレーメン，ザールラント，シュレスヴィヒ・ホルシュタインが支援を求める声をあげていた）．

　要綱案の公表をはさみ，財政再建支援の規模や期間，資金の調達方法などをめぐり検討が続けられたが，金融危機の中で決定された連邦政府による空前の規模をもつ景気対策（2008年から翌年にかけて打ち出された2次にわたる総

---

30) Eckpunkte zur Modernisierung der Bund-Länder-Finanzbeziehungen: Vorschlag der Vorsitzenden FV Dr. Peter Struck, MdB MP Günther H. Oettinger, MdL, Berlin, den 23. Juni 2008 (Kommissionsdruchsache 128).

額 730 億ユーロの政策パッケージ）の敢行がかえって財政再建に向けた政府間交渉の進展を促し（Zohlnhöfer 2014, 160）[31]，2009 年 2 月に連邦制改革 II の大枠について政治的妥協が成立した（Kastrop, Meister-Scheufelen, und Sudhof Hg. 2010, 166）[32]．2008 年秋からバイエルンにおいて FDP との連立政権の首班となったゼーホーファーは，富裕州側の急先鋒に立ち，弱体州に対しても直ちに均衡財政の達成を求めたが，結局，ベルリン，ブレーメン，ザールラント，ザクセン・アンハルト，シュレスヴィヒ・ホルシュタインの 5 州が 2019 年まで再建支援を受け（毎年総額 8 億ユーロ），2020 年から収支を均衡させることとなった（基本法 143d 条 1 項，2 項）．ブレーメンとザールラントは，支援の供与と引き換えに連邦補充交付金による再建支援の再開を求める訴えを取り下げた．連邦は，GDP の 0.35% を上限とする信用の調達を許された（「債務防止ブレーキ（Schuldenbremse）」）ものの，州の場合よりも早く 2016 年から基本法の新たな規定が適用されることになった（115 条 2 項）．シュタインブリュック案は，「構造的債務」の上限を GDP の 0.5% としていたが，連邦制改革 I の結果，SGP に違反した場合の制裁金の負担割合を連邦対州で 65 対 35 としたことを参照し（109 条 5 項），連邦だけに許容される債務の規模として 0.35% という比率が導出されたのである．連邦の場合とは異なり，州については「構造的債務」が一切，許されないこととなった[33]．また，2008 年 6 月の要綱案は，財

31）なお，連邦制改革 I によって連邦の財政援助はその権限の範囲内に限定されたが，例外的な緊急事態においては権限外であっても行うことができるように改められた（基本法 104b 条 1 項）．

32）Florian Gathmann, "Einigung zur Schuldenbremse: Seehofer preist 'Wetterwende' in der Finanzpolitik", *Spiegel Online* 6. Februar 2009, http://www.spiegel.de/politik/deutschland/einigung-zur-schuldenbremse-seehofer-preist-wetterwende-in-der-finanzpolitik-a-605954.html

33）累積債務を解消するために再建支援を受ける州は，連邦と州が構成する「安定評議会（Stabilitätsrat）」によって毎年の予算執行を監視されることになった（新 109a 条）．評議会は連邦と州の財務相，ならびに連邦経済相が構成し，連邦財務相と州財務相会議の議長がその長をつとめる．EU の財務相理事会がモデルとされたが，経済安定・成長法によって 1968 年に設立された「財政計画委員会（Finanzplanungsrat）」を前身とし，その機能を強化する形で設置された（東の各州の東部建設プログラムの年次経過報告書を含め，州全体ではなく各州の財政運営・計画を監視の対象とする）．制裁権はもたないが，連邦と州が「予算緊急事態」に陥ることを防ぐべく審議結果を公表して早期に警告を与え，必要が生ずれば再建計画の立案に助言を与える（Kastrop, Meister-Scheufelen,

政再建の支援を受ける州には原資の負担を免除していたが（再建支援の資金は連邦と州が折半し，それぞれが4億ユーロを拠出），最終的には全ての州が売上税税収からの取り分の中から拠出したから，弱体州も間接的にその一部を負担する結果となった（Kastrop, Meister-Scheufelen, und Sudhof Hg. 2010, 181）．リングシュトルフの後を襲い，メクレンブルク・フォアポンメルン州首相となったエルヴィン・ゼラーリングは，その脆弱な経済力にもかかわらず厳しい歳出削減に耐えてきた同州が再建支援の費用を負担することを承知せず，連邦参議院における改革案の表決（2009年6月）に際しても棄権を貫いた[34]．

このように，2000年代には，統一後の東部の州に対する財政支援を継続するために「連帯協定II」が締結され，同時にBVGの要請に応えて「基準法」が制定され，これにしたがって財政均衡制度が改定された．しかし，財政均衡制度に対して西の富裕州が昂じさせた不満が原動力となり，二度にわたって基本法が改正され，連邦制が改革された．それぞれの改革を達成する上では，連邦と州の政府間の交渉が中心的な役割を果たしたが二大政党もまた連邦議会はもとより連邦参議院においても複雑に利害を対立させる州間の調整を要所において促した[35]．この結果，各州の財政力の平準化を通じた「生活関係の統一性」ないし「均質性」の達成を目的とする，かつての協調的連邦制は次第にその実体を失ってきた．BVGもまた，これに代わる理念としての「競争的連邦主義」に与することなく，協調的連邦制の変容を側面から促してきたといえよう．

しかし，新たな連邦制国家像が明確に描かれることなく進められてきた，これらの改革のシークエンスが成功をもたらしたかどうかについては判断が分かれるだろう（Renzsch 2010, 384）[36]．州の再編や合併が残された唯一の解決策な

---

　　und Sudhof Hg. 2010, 172-179）．
34)　Plenarprotokoll 859, *Bundesrat Stenografischer Bericht*, 12. Juni 2009, 243f.
35)　連邦制改革Iの際とは異なり，IIの場合には大連合政権を担う二大政党のそれぞれが党派別に立場の集約を試みた（Deutscher Bundestag Bundesrat 2010, 98, 128）．
36)　ベンツは，憲法（基本法）の改正が通常の政策形成のパターンにしたがって進められるために，連邦・州間や党派間の利害対立が優越するものの，そのために生まれる膠着を具体的な決着を求めるBVGの判決がその都度打破する結果，基本法による過度の規

のかどうかは別として[37]，いずれの改革もまさに一連のシークエンスの一節にすぎず，期限付きの暫定的解決にとどまってきた（Korioth 2015）．2019年には連帯協定Ⅱが終了を迎え，その翌年には基本法の「債務防止ブレーキ」が州の財政運営についても適用され始める．東部への財政支援を続行するためには，連帯協定Ⅲの締結が不可欠であるが，2017年の連邦議会選挙を待っていては協定の成否は予断を許さなくなる．他方，2013年にはヘッセンとバイエルンが財政均衡制度に対する抽象的法令審査の訴えを提起したし，2020年以降の財政均衡に関する連邦と州の間の交渉は難航を続け，2016年夏の時点においても妥結へと至る明確な見通しは立っていなかった．遠からず統一後30年を数えようとするドイツの連邦制国家は大きな転機にさしかかっている，といえよう[38]．

制がもたらされる，と強調する（Benz 2008）．
37) 統一後の合同憲法委員会が，州間の国家条約の締結による新たな再編の方法（基本法29条8項）を追加したにもかかわらず，新編成を定める同条は，全体としてその手続きに高い敷居を設けている（Leonardy 2004）．
38) 2016年10月，新たな協定の大枠について，バイエルンのゼーホーファー州首相が率いる16州と連邦との間に合意が成立した．2020年から30年の期間について連邦が年間およそ95億ユーロを州側に提供し，かつその14億ユーロの部分につき売上税の税収増に応じて増額（「動態化」）することになった．財政均衡制度の第3段階にあたる，州相互間の水平的な再配分の総額を抑制しようとするバイエルンは，連邦から97億ユーロの配分を求める州側の提案をすでに2015年末にとりまとめていた（定例の州首相会議を場として協議が進められた）．これに対し，連邦側のショイブレ財務相は，州の所管であったアウトバーンの建設を連邦の委託行政に転ずる他（将来の民営化の布石とする），行政のデジタル化に関する連邦の権限を拡張するなど，基本法の改正による連邦権限の拡大を代償として展望している．Cf. https://www.bundesrat.de/DE/plenum/themen/finanzausgleich/finanzausgleich.html; http://www.sueddeutsche.de/politik/finanzpakt-seehofer-einigung-bei-laenderfinanzen-wichtigster-erfolg-meiner-gesamten-laufbahn-1.3205203 しかし，事実上の財政均衡制度の廃止を意味する第2，第3段階の変更に対しては，州による連邦制の自己放棄である，とする批判も聞かれる．Cf. http://www.faz.net/aktuell/politik/staat-und-recht/bund-und-laender-mehr-geld-gegen-selbstentmachtung-14276565.html なお，メクレンブルク・フォアポンメルンの州首相ゼーリングは，東部の州を対象とする特別措置の形式の廃止を「心理的に重要なシグナル」として評価した．また，ショイブレとゼーホーファーが結んだ妥協という点では，来るべき連邦議会選挙に向けたCDUとCSU間の調整が含意されている．Cf. http://www.sueddeutsche.de/politik/foederalismus-bund-zahlt-milliarden-an-die-laender-1.32059521

第8章　移民・難民政策

1. 新しい政策領域の成立

　2000年代を迎えたドイツでは，移民や難民に対する政策の領域においても画期的な立法が進められた．2000年に発効した新国籍法は，19世紀以来の「血統主義 (*ius sanguinis*)」の伝統に「出生地主義 (*ius soli*)」の要素を初めて加味し，外国人の両親の下にドイツで生まれた子が，条件付きではあるものの両親の国籍以外にドイツ国籍をもつこととなった．また，8年間を越えてドイツに合法的に居住する外国人も，一定の条件を満たせば同じくドイツ国籍を取得する権利を得ることになった．実際，2000年の時点において730万人を数えた外国人の内，約64％の人々は8年間以上の滞在歴をもっていたし（およそ48％は10年間以上，32％は20年間以上であった），外国人の子の3分の2以上がドイツで生まれていた．1990年代を通じ，ドイツの外国人がドイツ国籍を得る比率は，他の欧州諸国における場合に比べ著しく低かったから (Unabhängige Kommission "Zuwanderung" 2001, 245f.)，外国人の帰化の促進が期待されたのである．

　また，その5年後にはそれまでの外国人法を一新する移住法（Zuwanderungsgesetz）が発効した（戸田2007）．旧外国人法では滞在目的に即して細かく区分されていた滞在資格が，期間の定めをもつ「滞在許可（Aufenthaltserlaubnis）」と無期限の「定住許可（Niederlassungserlaubnis）」に大別されることになった．外国人が「滞在許可」を与えられて入国した場合でも，原則として5年後には「定住許可」を取得することができ，さらにその先にドイツへの帰化の道筋がつけられたのである（他のEU加盟国や欧州経済領域［EEA］諸国の国民には別の規定が適用される）．新法はさらに，外国人に対してドイツ語の習得を促し，市民生活に必要な基本的知識を伝える「統合コー

ス（Integrationskurs）」の受講を義務付けた（齋藤 2008）．移住法は，これらのほかにも，基本法や国際法上の権利を認められた難民の滞在について新たな規定を置くなど，多岐にわたる内容を包含し，正式には「EU市民と外国人の移住の制御と制限ならびにその滞在と統合の規制に関する法律（Gesetz zur Steuerung und Begrenzung der Zuwanderung und zur Regelung des Aufenthalts und der Integration von Unionsbürgern und Ausländern）」と題された．

この移住法の制定は，第1次シュレーダー政権のオットー・シリー内相によって設置された超党派の独立委員会の報告から推進力を得ていた．「移住を形作り，統合を促進する（Zuwanderung gestalten Integration fördern）」と題した同委員会の報告書は，それまでのように，受入れ国のドイツが移民に対して「民族的・文化的」なドイツ社会への同化（Assimilation）を一方的に求めるのではなく，「統合」という言葉の原義通りにドイツ社会もまた移民とともに新たな社会全体の形成へと寄与すべし，として「新たな統合政策」を掲げた．すなわち，ドイツ人と対等の立場で移民が教育を受け，職業に就き，地域の社会に関わり，政治に参加することを「支援（fördern）」するために，移民に対してはドイツ語の知識を習得し，基本法とその価値やドイツの法秩序を受容するよう同時に「要請（fordern）」したのである（Unabhängige Kommission "Zuwanderung" 2001, 200f.）[1]．しかし，この委員会が謳ったように，国籍法の改正や実際に制定された移住法が，何十年にもわたって抱かれ続けてきた「ドイツは移民国ではない（Deutschland ist kein Einwanderungsland）」という前提と決別し，移民を対象とする政策全体に「パラダイム転換」（*ibid.*, 273）をもたらしたかどうか，については見解が分かれた．

とりわけ，紆余曲折を極めて制定に至った移住法では，例えば，呼び寄せられた子の滞在資格が，並行して進められた EU における二次法規である指令の立法との間で相互に影響を及ぼし合った末に決定された（大西 2014）．また，新法施行の翌年，連邦内務省は移住法がその立法目的をおおむね達成した，と

---

1) 「支援と要請」は，シュレーダー首相が赤緑政権の発足にあたって掲げた労働市場政策の改革とともに記憶されているが（第6章第2節参照），この独立委員会の報告書が新移民政策を象徴するキーワードとしても用いた．

する肯定的な検証結果を公表したものの，難民の支援団体や民間の福祉団体は個々の施策とならび検証の方法そのものにも異を唱えた（Schneider 2007）．一方，改定された国籍法の執行に関しても，州ごとにまちまちに取り扱われてきた国籍付与の条件が統一的に画定されようとした結果，全体としては帰化の要件が厳格化されてしまった（Storz und Wilmes 2007; Goodman 2014, 127f.）．そもそも，「支援」と「要請」をモットーとする統合政策は，ドイツ人社会との垣根を除いて「自由化」を進める措置に強制の要素が伴うため，「根源的な両義性」を免れない，とも指摘されたのである（Kösemen 2015, 6; Joppke 2007）．

　移住法の制定が長い時間を要し，治安対策として外国人の取締りを強化する規定が盛り込まれた背景には，アメリカにおける同時多発テロ（2001 年）やスペインのマドリードの爆弾テロ事件（2004 年）の影響が考えられるし，当時のドイツが「ヨーロッパの病人」と呼ばれ，大量の失業者を抱えていたことも同法の積極性を損なうことにつながったのかもしれない．しかし，翻ってみれば，西ドイツが外国人労働者の募集を停止した後の 1970 年代末には，国内に滞在する外国人はすでに 400 万人を数え，人口全体の 6.5% に達していた（Kühn 1979, 6）．80 年代には外国人問題の政治的争点化が進んだものの，外国人法（1965 年制定）の改正は非移民国としての前提が崩されることなく進められた（1990 年）．さらに，冷戦の終焉と国家統一の大変動の中で難民や帰還者（Aussiedler）（後述）の波がドイツに押し寄せた際にも，移民政策の理念は転換されずに終わった．国籍法の改正や移住法の制定は，結局はコールの長期政権からシュレーダー赤緑政権への交代を待たねばならなかったのである[2]．

　確かに，政策がゆっくりと転換されるのは，「半主権国家」の特性の 1 つに数えられる．しかし，これほどまでに転換が遅れたのは，移住者の処遇が国家主権の発動に他ならず，国民のアイデンティティを左右するからである．したがって，選挙での勝利を意識する政党は，連邦制改革や社会保険制度改革の場合とは異なって意図的に移民・難民政策を政争の道具となし，メディアの報道とあいまって世論を煽り立てることがあった．本章は，「半主権国家」の政党がこのように逆に改革を阻害する機能を働かせる局面に注目しながら，統一前，

---

2) 移住法の制定から統合サミット開催（後述）に至る詳細な政治過程については，近藤（2007）．また，本節が対象とする移民政策の変遷の概略については，佐藤（2014）．

統一後，そしてシュレーダー政権の成立後における移民・難民政策の展開を追跡する．以下で論ずる移民・難民政策の主な対象は，いずれは帰国するものと期待されて招かれながら滞在を続けた外国人労働者とそれらの労働者が呼び寄せた家族，ならびに政治的迫害，抑圧や内戦の混乱から逃れ，（西）ドイツにたどり着いた難民である．また，第2次大戦後の混乱の中でドイツへの移住を果たすことができなかった中東欧諸国のドイツ人とその子孫は（外国人ではなく）帰還者として受け入れられ，社会統合を助けられたが，冷戦の終焉期に急増した局面では，難民とともに入国管理の対象となった[3]．かつては，これらの人々を集団ごとに対象とした，個別の「外国人政策（Ausländerpolitik）」や「庇護政策（Asylpolitik）」は，その後前面に押し出された社会への「統合政策（Integrationspolitik）」とともに，一括して「移民政策（Migrationspolitik）」と呼ばれるにようになったのである（Green 2006, 116)[4]．

2.「外国人政策」の限界

自国政府とドイツとの間に結ばれた二国間協定によって西ドイツを訪れた外国人労働者は，第4章で述べたように，職場では事業所委員会の委員に選出された他，労組の組合員として労働争議を敢行する主力ともなった．また，社会

---

[3] 東欧諸国の民主化が進展し始めた 1986 年までに年間 2 万人から 6 万人が帰還し，1950 年以降の累計ではおよそ 140 万人に上った．その後，87 年以降に急増し，2000 年までの期間に約 270 万人が帰還を果たした（Unabhängige Kommission "Zuwanderung" 2001, 178）．1990 年代以降には，これらの帰還者は入国許可を得るためにドイツ語の研修を受けることができたし，入国後にも市民生活を送るためのオリエンテーションを半年間受講することができた．ジョプケは，「統合コース」のモデルがオランダではなく，帰還者向けの制度にこそあった，と指摘し，独立委員会の提案時にはその強制措置としての性格が曖昧であった点を強調している（Joppke 2007, 12f.）．

[4] 2000 年 2 月，シュレーダー首相は，ハノーファで開催された見本市において，IT 産業に技術者を募るべく「グリーンカード」制度の導入を公にした．外国人労働者によって労働力の不足を補うことを目的に掲げた移住法案にも，教育や言語能力などの項目別にポイントを加算し，一定の合計ポイントを超えると自動的に申請を許可するカナダのポイント・システムに範をとり，職種を定めずに入国を許可する制度の創設が盛り込まれていた．しかし，当該規定は野党の反対にあって最終的に削除された（戸田 2007, 8f.）．

生活を営む上では，教会や民間の福祉団体から「相談」や支援のサービスを受けることができた（これらの団体は，出身国ごとに移民労働者を分けて窓口を提供した）．こうして彼らは，準公的制度を通じて受動的に西ドイツの政治過程の中に包摂されていたといえる．使用者団体と労組は，1976 年に使用者側が共同決定制度に対して起こした違憲訴訟をきっかけに協調行動に終止符が打たれた後にも，連邦雇用庁を場として外国人労働者募集の実施に関する協議の慣行を続けた（Thränhardt 2009, 157）．

しかし，長期滞在を選んだ外国人労働者には，政治的要求を自ら表出する術はなかった．しかも，自治体の「外国人委員」は諮問機関でしかなかったし，州の一部や連邦が設置した「外国人問題代表（Ausländerbeauftragte）」も，移民労働者の利益を代表する強い足場を政府部内で築くには及ばなかった．1976 年には，将来の政策に指針を与えるべく「外国人雇用問題のための連邦・州委員会（Bund-Länder-Kommission »Ausländerbeschäftigung«）」がシュミット政権によって設置されたが，EC 域外からの労働者の募集凍結，帰国の促進，長期滞在者の統合を三本柱とする委員会の答申は，互いに相反する目標をそのまま併記したものであった（Green 2006, 122）．79 年，前ノルトライン・ヴェストファーレン州首相で連邦の初代外国人問題代表となったハインツ・キューンの下でまとめられた報告も，「事実上の移住」を直視するよう呼びかけ，移民労働者には自治体での参政権を，ドイツで生まれ育った外国人の青少年には帰化の選択肢を与えることなどを提案したものの，政府がその実現に向けて直ちに動くことはなかった（Kühn 1979）．

80 年には，庇護を求める申請者の数が 10 万人を超える一方，移民労働者の家族の呼び寄せが継続し，失業者が増大する中で外国人問題ないし「トルコ人問題」が争点として浮上するに至った．82 年にシュミット政権に対する建設的不信任を可決に持ち込み，政権交代を果たしたコール政権は 83 年の連邦議会選挙においても勝利を収め，ついに党派間の対立を表面化させて「帰国促進法」を通過させた[5]．同法が，事前の期待に見合うだけの成果をあげられずに翌年末に失効した後も，CSU のフリードリヒ・ツィンマーマン内相が呼び寄

---

5) http://www.tagesspiegel.de/meinung/andere-meinung/auslaender-in-deutschland-kohls-tuerken-raus-plaene-trafen-einen-nerv-der-deutschen/8596018.html

せられる家族の年齢上限を6歳にまで引き下げようとしたものの，連立パートナーのFDPから強く反対されて実現できずに終わる一方，州政権を担当する北部州において外国人の地方参政権を導入しようとしたSPDの試みもCDU/CSUの提訴に応えたBVGの違憲判決（1990年）によって阻止された（Green 2006, 123）．

　このように連立与党間でさえ広がりつつあった党派的対立を架橋し，1990年に成立したのが改正外国人法（「外国人の入国と滞在に関する法律（Gesetz über die Einreise und den Aufenthalt von Ausländern in Bundesgebiet)」）であった．同法は，期限付きで滞在を許可された外国人が，事実上，滞在を長期化させ，期限や条件の制約を受けない滞在権を獲得する事態を防ぐために，滞在の目的ごとに一時的な滞在を許す「滞在承認（Aufenthaltsbewilligung）」の制度を新設する一方，すでに長期滞在を経た外国人労働者とかれらが呼び寄せる家族に対しては社会への統合を促すため，従来にはなかった新たな条件（居住面積など）を加えつつも，一定の条件を満たす場合に（行政の裁量を排除して）付与される滞在権を規定した（広渡 1994）．また，その第7節では，15年以上の滞在期間を経た外国人や，16歳から23歳の外国人に対し，これも条件付きではあるが，行政が「簡易化された帰化（erleichterte Einbürgerung）」を裁量によって認める基準を定めた（次節で述べるように，93年にはさらに帰化を請求する権利に格上げされた）[6]．この法改正は，88年に滞在法を厳格化しようと試みて失敗したツィンマーマンが退いた後，後任となったショイブレ内相の下，国家統一に向けて内外の情勢が急展開を遂げる中で急遽取りまとめられた改正案が，両院をかろうじて通過することによって達成された（法案が連邦参議院を通過した直後，ニーダーザクセンの州議会選挙においてCDUは敗北を喫し，コール政権は同院の多数派を失った）．

　こうしてショイブレ内相は，野党側にも一定の譲歩を示しつつ，両院の与党多数派を後ろ盾として速やかな立法を達成した．しかし，新外国人法がそもそも外国人の権利を拡大する側面を備えたのは，基本的人権を擁護する立場にたつBVGが外国人に対する国家権力の行使を抑制する判決を重ねていたからで

---

[6] Green (2006, 124); http://www.gesetzesweb.de/AuslG.html　その後，2000年に発効した新国籍法がさらに帰化要件を緩和することになる．

もあった．裁判所は，まず 70 年代において，外国人の滞在権を国家の行政行為に対して優先し，「ドイツは移民国ではない」という前提に反する判断を示した後，80 年代には呼び寄せられた家族にも滞在権を間接的に承認する判決を下した（1987 年の「トルコ人・ユーゴスラヴィア人」事件）．すなわち，家族の呼び寄せを抑制しようとした連邦政府は，第 2 世代の移民労働者が配偶者を呼び寄せる場合，配偶者の滞在権の認定を第 1 世代の場合よりも厳格に行うよう州に勧告したが，州側の行政実務は，州ごとに異なるものとなった．これに対し BVG は，基本法が掲げる家族の結合の保護（6 条）を外国人に対して正面からは認めなかったものの，「比例性の原則」の観点から，州の一部が設けた極端に厳しい滞在権の認定基準を違憲としたのであった．新外国人法は，司法の積極的な活動によって内容上，その外堀をあらかじめ埋められていた，とジョプケは指摘する（Joppke 1998, 283-287）．

3.「庇護妥協」——見送られた政策転換

しかし，国家統一の直後に政党が取り上げたのは，移民労働者やその家族ではなく，1991 年に 25 万 6000 人を数えた庇護申請者の問題であった[7]．難民問題は，庇護申請者の数が 10 万人に達した 80 年以来，すでに潜在的争点として伏在していた．それ以前の冷戦期に西ドイツに庇護を求めた外国人は，主として東側の社会主義諸国の出身者であり，受入れ国における難民の権利を定めた 1951 年のジュネーヴ難民条約に準拠した手続きにしたがって受け入れられた．これに対し，70 年代以降に増え始め，80 年代半ばに申請者の大半を占めるに至った非西欧圏の人々は（Bade 1994, 96-99），基本法旧 16 条 2 項が寛大にも個人に付与した「庇護権」を頼みとして西ドイツにやってきた．彼らに対し，連邦や州の与党であった CDU/CSU を初めとするドイツ側は，受入れ国の権利として庇護手続きの精緻化を重ねて審査を厳格化し，難民の到来を抑止しよ

---

[7] 当時の世論調査によれば「移民労働者は彼らの母国に帰るべきだ」と答えた回答者の割合は，1978 年の 39％から 80 年には 48％，82 年には 68％へと急増したが，滞在権をもつ移民労働者とその家族の存在に反感を募らせた人々にとっては，庇護申請者に対する排外的言説が不満のはけ口となったともいわれる（Münch 2014, 76）．

うとした．双方の間のこのような行き違いから，本国へ送還されずに収容施設での滞留を強いられた庇護申請者に対し「庇護の不正使用（Asylmissbrauch）」といういわれなき非難が生まれた（Münch 2014, 76-79）．その上に選挙民の歓心を買おうとする政党が，国民の間に広がる不安を煽りながら，「受入れ能力の限界」に達したドイツを「難民の波」から守る，という戦いを演出しようとしたのである（Bade 1994, 94f.）．

　内戦に突入した旧ユーゴスラヴィア連邦を始め，体制移行の最中にあった旧社会主義諸国から難民の流入が増大する中，91年秋のブレーメン市議会選挙を前にしたCDU事務局長のフォルカー・リューエは，同州の全党支部に対し，増加する難民が深刻な事態をドイツにもたらす，と選挙民に対して訴えかけ，SPDを基本法の改正に動かすよう迫った．彼は，SPDが改正を渋るならば，今後やってくる難民はすべて「SPD難民（SPD-Asylant）」だとまで言い放ったのである．その数日後にザクセンのホイヤースヴェルダ（Hoyerswerda）でヴェトナム人労働者が居住する家屋が極右勢力によって放火され，翌年4月のバーデン・ヴュルテンベルクとシュレスヴィヒ・ホルシュタインでの州議会選挙ではそれぞれ排外主義を掲げる共和党（Republikaner）とドイツ民族同盟（Deutsche Volksunion: DVU）が議会進出を果たした．こうして，極右勢力が治安を悪化させる一方，州や自治体が難民の受入れに伴う財政的負担にあえぐ中，SPD指導部は党内の地方組織からも改正を求める動議に直面するに至った．8月，同党は，ボン近くのペータースベルクにおいて，改正の是認へと方針を転換する，ビョルン・エングホルム党首の提案をめぐり集会を開いた．ときあたかも，メクレンブルク・フォアポンメルンのロストック近郊では極右勢力が気勢を上げ，あやうく約120人のヴェトナム人が放火による災厄から免れたものの，緊迫した事態の中でCDUのルドルフ・ザイタース内相が「庇護の不正使用」への断固たる対応を訴え，SPDの審議に圧力をかけた（Gaserow 2012）．SPDは，2日間の討議を経て最終的に基本法の改正を承認したのである．

　こうして92年末に結ばれた「庇護妥協」の結果，かつては「政治的な迫害を受けた者は，庇護を求める権利をもつ」と謳った条文に，ECの加盟国や「安全な第三国」から入国した者は除外される，という制約が加えられた（旧

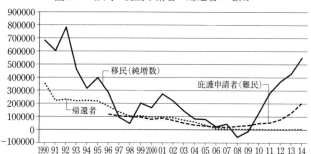

図 8-1 移民・庇護申請者・帰還者の増減＊

＊ 1990 年から 95 年の期間中の庇護申請者数については記載されていないが，本文で述べたように，91 年に 25 万 6000 人を記録し，92 年には 40 万人を超えたものの，庇護妥協後に 10 万人の水準に急落した．
出典：Bundesamt für Migration und Flüchtlinge, *Migrationsbericht 2014*, 168f., 229, 104.

16 条 2 項 2 文が削除され，新たな 16a 条が 2 項以下で制限を加えた）．受入れ先を決めるのは，難民でもドイツでもなく，域内における人の自由移動の実現を掲げ，難民政策に関しても加盟国間で共通化を進めるべき EC でこそある，との論理が，基本法の改正を甘受するよう SPD に転換を促した[8]．改正後，周囲を他の加盟国や安全な国に囲まれたドイツは，難民が合法か非合法かを問わず陸路をたどった場合にはその受入れを拒絶することが可能になった．

この「庇護妥協」には，SPD に転換を促すための取り決めが他にも含まれた[9]．まず，戦争や内戦による難民は，個人ごとに煩瑣な庇護手続きをふまずとも暫定的にせよ一括して保護できることになった（Unabhängige Kommission "Zuwanderung" 2001, 173f.）．また，州や自治体にとっては同じくその受入れが負担をもたらす帰還者につき，受入れ手続きに新たな条件が加えられた他，年間 22 万 5000 人という受入れ数の上限が定められた（ibid., 179f.）．ザイタースの前任者であったショイブレ内相は，壁の崩壊後に CDU の地方組織や自治体

---

[8] ザイタース内相は，「基本法の改正なくしては，ドイツは統合を進める欧州大陸の中で難民の受け皿となってしまう」，と述べた（Münch 2014, 79）．
[9] 翌年 5 月の連邦議会の採決は，1 万人のデモが建物を取り巻く中で行われ，521 票の賛成票に対し 132 票の反対票が投じられた．後者には SPD 議員の半数近くと PDS，東の 90 年同盟・緑の党，与党 FDP の一部の議員が数えられた（西の緑の党は議席をもたなかった）（Gaserow 2012）．

の行政担当者からの強い訴えを退け，東独からの越境者や東欧諸国からの帰還者の受入れを続行しようとしたが（Schäuble 1991, 58-70），SPDは「妥協」の一環としてその制限をCDU/CSU側に認めさせたのである．さらに，上で触れたように，改正外国人法が新設した「簡易化された帰化」が請求権利ともなった．こうして「庇護妥協」は，さまざまな集団を対象とする入国管理に関する取り決めを包含し，移住全体を制御するための立法を予告したものの，国籍法自体の改正が見送られるなど（したがって，SPDが要求し続けてきた外国人の地方参政権も未達成であった），移民政策の構造が組み直されるには遥かに及ばなかった（移民・難民の数は全体として減少していった［図8-1参照］）．ミュンヒが強調するように，時のコール政権は，むしろ移民の社会統合に向けた包括的な政策を実現する絶好の機会を逸したと言うべきであった（Münch 2014, 81; Green 2006, 125）．

4．赤緑政権による改革——国籍法の改正と移住法の制定

「庇護妥協」後，コール政権が移民政策の改革を何ら試みなかったわけではない．第5次政権はその発足にあたり，ドイツで生まれた外国人の子はドイツ国籍を得るが，21歳の成人時に親の国籍かドイツ国籍のいずれかを選択する，という「児童国籍モデル」（後の「オプション・モデル」の原型）を連立協定に掲げた．しかし，CDUの一部の若手議員の発案によるこのモデルは当時の政権下では実現困難であることが判明し（Wagner 1998），代替案も追求されずに終わった（Green 2006, 126）．CDUの守旧派やCSUの強硬な反対論を内部に抱える限り，改革に向けたアジェンダの設定をコール政権に期待することは難しかったのである．

この行き詰まりを打破したのは，1998年に政権交代を果たしたシュレーダー政権であった．外国人の社会への統合とドイツ人と対等の法的地位を主張する緑の党を連立パートナーに迎えたシュレーダー首相は，国籍法の「現代化」を掲げて二重国籍の制度を導入し，新外国人法が規定した「簡易化された帰化」の自由化をさらに推し進める改革案を提起した[10]．発足したばかりのシュレーダー政権は，連邦参議院においても多数派を保持していたから，同政権は

CDU/CSU 内の強硬な反対論を向こうに回し，正面から議会採決に臨み，法案を通過させようと試みたのである（Busch 2003, 311-313）．

　しかし，野に下った CDU の党首・議員団長となったショイブレが 2 つ目の国籍の保有を外国人の特権とし，社会統合こそが国籍付与に先立つべきだとして二重国籍に疑問を呈したばかりか，バイエルン州首相のシュトイバーに至っては，外国人の社会統合には賛成だが，二重国籍に反対する趣旨の署名運動を開始した（ibid., 311f.）．与党側が，二重国籍の必要性を訴えて効果的に反論することができないまま，この運動は 500 万人にも迫る署名を集め，排外的な気運を社会の中に広げたといわれる．その上，99 年 2 月のヘッセン州議会選挙に臨み，シュトイバーの戦術を取り入れたコッホが，若者の間からも保守票を掘り起こし，事前の予想を覆して CDU に勝利をもたらした[11]．この結果，赤緑政権は発足後 4 カ月を経ずして連邦参議院の多数派を失うに至った．法案は，これを受けて取り下げられたが，シュレーダー首相など SPD リーダーが，CDU の若手議員の発案を採用して「オプション・モデル」を掲げていた FDP との間で代替案の検討を進めた．SPD と FDP は，ラインラント・プファルツ州で赤黄連合政権を担っていたのである．連立政権与党に FDP が加わった共同提案は，同州からの支持を追加したことで連邦参議院を通過し，冒頭に述べた国籍法の改正が達成された（二重国籍を得た外国人の子は，23 歳に達した際にいずれかの国籍を選択し，成人の場合は，新外国人法が定めていた 15 年間ではなく 8 年間以上の滞在歴をもつならば「簡易化された帰化」の請求権をもつことになった）（Busch 2003, 312f.; Green 2006, 127f.）[12]．

　こうしてシュレーダーは，大幅な譲歩を行いつつかろうじて国籍法の改正を達成したのであり，直ちに移住法の制定に着手する余裕を持ち合わせてはいな

10）　ドイツで生まれた外国人の子に対してドイツ国籍を付与すれば二重国籍をもつことになるが，シリー内相が用意した原案は「二重の出生地主義」，すなわち両親のいずれかがすでにドイツで出生しており，その上で本人がドイツで生まれたことを条件としていた．最終的に成立した改正案は単純に本人についての出生地主義を（より寛大に）規定した（Busch 2003, 313）．

11）　Der Spiegel 7/1999, 68f.

12）　もっとも，帰化者数はすでに 90 年の外国人法改正以降に増大しており，国籍法改正後にはむしろ減少した．Cf. Green（2006, 114, 128）．

かった，とされる (Busch 2003, 317)．しかし，コンピューター技師の移住を促す「グリーンカード」導入の首相提案は，将来の労働力不足に不安を抱く経済界のみならず，包括的な移民の規制をめぐって政界にも活発な論議を誘発してしまった．そこでシュレーダー政権は，国籍法改正の苦い経験と連邦参議院の多数派の状況を踏まえ，CDU/CSU との対決路線から同党とのコンセンサスを探り出す戦略に転ずる．本章の冒頭に述べたように，そのために内相シリーによって設置されたのが「移住に関する独立委員会」であった．CDU の穏健派リタ・ジュスムートを長とし，各界から 21 名の代表者を招いて構成された委員会の報告書は，公表後，経済界から支持を得るとともに，委員会の審議と並行して明らかにされた各党の構想との間にも多くの共通点をもつものとなった（とりわけ，ザールラント州首相ペーター・ミュラーが率いて注目されたCDU の委員会は党内の強硬派を牽制するものとなった）．

　シリー内相は，この報告書をもとにCDUを初めとする各党や各界の意向を汲み上げる方向で法案を作成し，議会での審議に臨んだものの，CDU/CSUは，呼び寄せられる子の年齢上限や統合コースの実施費用など，法案の主要部分に関する合致と比べれば周辺的な点に関する相違を理由に法案への同意を拒み続けた (ibid., 318f.)．2002 年 3 月，議会審議が最終段階を迎えるとともに，連邦議会選挙を強く意識した各党は対決姿勢を露わにした（CSU のシュトイバーが CDU/CSU の首相候補者として立った）．連邦参議院における 22 日の票決では，ブランデンブルク州（SPD と CDU の大連立政権）から社会・厚生・女性相（SPD）と内相兼副首相（CDU）が賛否相対立する立場を表明したため，クラウス・ヴォヴェライト議長（ベルリン市長）が同州の賛成をシュトルペ首相から確認し，法案の可決を強引に確定しようとして議場は騒然となった[13]．CDU は直ちにこの立法手続きを違憲として提訴し，同年暮れに

---

13) "Auszug aus dem Stenographischen Bericht der Sitzung am 22. März 2002 zur Abstimmung zum Zuwanderungsgesetz", http://www.bundesrat.de/SharedDocs/pm/2002/062-2002.html　賛成を表明したのは，ベルリン，ブランデンブルク，メクレンブルク・フォアポンメルン，ニーダーザクセン，ノルトライン・ヴェストファーレン，ラインラント・プファルツ，ザクセン・アンハルト，シュレスヴィヒ・ホルシュタインの合計 8 州 35 票であり，過半数には中立州のブランデンブルクの賛成が不可欠であった（第 7 章の表 7-2 参照．ハンブルクは 2001 年 9 月の市議会選挙後，CDU 州となってい

BVG が移住法の無効を言い渡し，立法のやり直しを命じたのである．

9月の連邦議会選挙後，続投を決めた第2次シュレーダー政権は，2003年3月に同法案を再度，上程したが，またもや連邦参議院によって通過を阻まれた（連邦議会では，CDU/CSU が反対したものの FDP は棄権にとどめた）．そこで両院によって召集された調整委員会が妥協案をめぐり1年間近く交渉を重ね，最終的にはシュレーダーが CDU/CSU の領袖との協議に臨み，ようやく妥協案が成立してこれを両院が 2004 年 7 月に承認することになった（Busch 2007, 410-413）．

調整委員会における野党側への譲歩の結果，移住を体系的に促進する「ポイント・システム」の採用が見送られた他，マドリードで勃発した爆破事件を受け，国外退去措置などテロリストを取り締まるための治安対策が強化されたし，統合コースについてもその受講が義務化され，制裁規定が追加された（戸田 2007）．また，ニュルンベルクにあった「連邦外国人難民認定庁（Bundesamt für die Anerkennung ausländischer Flüchtlinge)」が「連邦移民・難民庁（Bundesamt für Migration und Flüchtlinge)」に拡充され，移民・難民政策の執行を担当する新たな準公的制度として内務省の下に発足した際，専門家が構成する「移住と統合のための諮問委員会」の存続が見送られもした（Kösemen 2015, 7）[14]．こうして，確かにその革新性は損なわれたものの，政党が対立のための対立を演出することをやめて妥協に歩み寄った結果，ようやく新たな移民・難民政策への道が切り拓かれたのである．

5. 社会統合への長い道

2005年の連邦議会選挙後に成立した第1次メルケル大連合政権は，統合政策を政権の重点政策の1つとして数え，移住法を実施するための制度的枠組み

た）．
[14] 委員会は，第1次シュレーダー政権下でいったんは成立した移住法によって発足し，最初の報告を公表していたが，最終的に設立に関わる規定が削除された．その後，複数の民間財団により，「統合と移住のためのドイツ財団諮問委員会（Sachverständigenrat deutscher Stiftungen für Integration und Migration）」が 2008 年に創設された．

の構築を積極的に進めた.

　まず,政府を代表して移民・難民・統合担当連邦代表(国務大臣,前出の外国人問題代表が第2次シュレーダー政権発足時に改称されていた)を家族・青年省から首相府に移し,このポストにCDUのマリア・ベーマーをあてた.彼女は,連邦と州の関係省庁から協力を仰ぎながら[15],移民側からは出身国,宗派,宗教別に移民が組織する(頂上)団体,ならびにドイツとの二国間交流団体からの代表者を,受入れ国としてのドイツ側からも労使や教会,福祉,スポーツ団体など各種団体から代表者を招いて「統合サミット(Integrationsgipfel)」を開催し,統合コースやドイツ語の習得,教育,職業訓練などに関する「国民統合計画(Nationale Integrationsplan)」を,両者間の協議を通じて立案し,その執行を助けさせる体制を作ろうとした.これに続き,内相のショイブレが組織したのが「ドイツ・イスラム会議(Deutsche Islam Konferenz)」であった.2000年代を迎え,各地で続発したイスラム過激派によるテロ事件に鑑み,内相は,「統合サミット」にならい,連邦と州の関係省庁の担当者とならび,主として宗派別に分立していたムスリム諸団体の代表者やイスラム教の指導者を招待し,両者間の対話を通じてムスリム移民の社会統合を進めようとした.かつての外国人政策が,当事者としての移民が不在のまま,もっぱら政府側によって策定されていたのに対し,確かに連邦政府が主導するものの,移民側からも(頂上)団体の関与を通じて移民政策が形成されることになった(移民の団体やムスリム団体の連絡協議機関が新たに組織されもした)(Musch 2012, 79, 83)[16].移民・難民政策の新たな準公的制度が連邦移民・難民庁だとすれば,統合サミットやドイツ・イスラム会議は,連邦政府による政策の形成と執行を助け,1960年代から70年代にかけて開催された「協調行動」などとも比較すべき,国家が推進した「コーポラティズム化」戦略がもた

---

15) 移民・難民政策に関わる権限が連邦と州の双方にあり,担当部局が多岐にわたるからである.連邦は,国籍,市民権や連邦全体の公共の秩序と治安に,州はいわゆる文化高権,すなわち教育や文化についての権限を有する(Musch 2012, 78).州側には自治体の代表者も加わった.

16) 移民・難民・統合担当連邦代表によって2011年に作成された冊子には,連邦大で活動する32の頂上団体が紹介されている.Cf. Die Beauftragte der Bundesregierung für Migration, Flüchtlinge und Integration (2011).

らしたゆるやかな制度ないしフォーラムといえよう（第4章；Musch 2012; Czada 2010)[17]．

　こうして，二大政党を初めとする主要政党が，移民・難民政策を政争の道具とする傾向は徐々に沈静化していった．2009年の連邦議会選挙においても移民・難民政策は主要な争点からは外されたし，CDU/CSUとFDPの連立政権として発足した後継のメルケル政権もまずは大連合政権の移民・難民政策を引き継いだ[18]．ドイツ社会と移民に関して政党間に広まった共通了解は，例えば，外国人の帰化の増加を受け，国勢調査が「移住の背景（Migrationshintergrund）」を質問項目として調査し始めた点（2005年以降）とも相通じていただろう．「移住の背景」をもつ人々とは，ドイツ在住の外国人（帰化した者を含む）やドイツ人の（後期）帰還者（後期帰還者とは，前出の庇護妥協の結果，1993年以降にドイツに帰還を果たしたドイツ人のこと）とそれらの子を指すが，かれらは人口全体のおよそ2割を占めていることが判明したのである．ドイツは，まさに移民国であることが明白になった[19]．

　もちろん，移民や難民をめぐる内外の情勢の変化に応じ，移民・難民政策が再び争点化することはそれ以降もあったし，欧州の隣国と同様に今後も避けることはできないだろう．2010年，前ベルリン財務相でドイツ連銀理事であったティロ・ザラツィンが，『ドイツは自滅する（*Deutschland schafft sich*

---

17)　移民と移民を受け入れる社会との非対称の関係を考えれば，このような「コーポラティズム化」戦略の制度化がその目的を実現できるかどうかは予断を許さない．2016年に9回目の会合を終えた統合サミットでは，代表権をめぐって争う移民団体の側から，基本法による移民社会の明文規定や公職への移民クォータの導入などの要求が掲げられ，政府側は対応に苦慮している．一方，現在ではトーマス・デメジェール内相の管轄下にあるドイツ・イスラム会議の活動は低調なままにとどまっている．Cf. http://www.sueddeutsche.de/politik/integrationsgipfel-mehr-teilhabe-fuer-migranten-1.3248910; http://www.zeit.de/2016/30/deutsche-islam-konferenz-10-jahre-bilanz

18)　*Wachstum, Bildung, Zusammenhalt: Koalitionsvertrag zwischen CDU, CSU und FDP*, 2009, 74–77.

19)　2014年におけるドイツの総人口は約8090万人，「移住の背景」をもつ人々はおよそ1640万人であった．その中で，みずから移住の経験をもつ人とそうでない人に区分すると，前者は約1090万人，後者は550万人となる．前者の1090万人のうち，外国人は約590万人，ドイツ人は500万人だが，この500万人の中で（後期）帰還者が310万人，帰化者が190万人であった．Cf. Bundesamt für Migration und Flüchtlinge, *Migrationsbericht 2014*, 233.

*ab）』*と題する反イスラム教，反イスラム文化の著書を刊行して論議を巻き起こし，世論を二分した．これに続き，バイエルン州首相でCSU党首のゼーホーファーは，「多文化主義は死に絶え」，「ドイツは移民国（Zuwanderungs-land）ではない」から，主導文化（Leitkultur）への移民の統合を強化すべきだ，と強調した[20]．しかし，ドイツ・イスラム会議を主宰したショイブレ内相は，「イスラム教はドイツとヨーロッパの一部である」と言明していた（2006年）．また，前任者のホルスト・ケーラーを継いで連邦共和国10人目の大統領に就任したクリスティアン・ヴルフも，2010年のドイツ統一20周年の式典に際し，「キリスト教は疑いもなくドイツに属する．ユダヤ教も疑いなくドイツに属する．これは，われわれのキリスト教・ユダヤ教信仰の歴史である．しかし，イスラム教もまたこの間，ドイツに属することになった」と述べ，イスラム批判の言説を退けた[21]．一方，メルケル首相は，「多文化主義は完全な失敗であった」から，移民に対してもこれまで以上に社会への統合を「要請」すべきだが，イスラムはドイツ社会の一部でもある，と慎重な言い回しを選んだ[22]．ドイツ社会におけるイスラム教の位置づけを初め，移民に対する「支援」と「要請」の間にバランスをとりつつ進めるべき社会統合は，政党にとっても困難な課題であり続けている（Green 2013）．

---

20) http://www.handelsblatt.com/politik/deutschland/horst-seehofer-multikulti-ist-tot/3563806.html
21) http://www.deutschlandfunk.de/der-islam-gehoert-zu-deutschland-die-geschichte-eines-satzes.1783.de.html?dram:article_id=308619　もっとも，CSUのみならずCDUの政治家の間からもヴルフ大統領の言葉に直ちに留保を示す者が現れた．
22) http://www.spiegel.de/politik/deutschland/integration-merkel-erklaert-multikulti-fuer-gescheitert-a-723532.html　上記のゼーホーファーと同じく，ポッダムにおけるCDU青年組織の大会での発言．

終　章

1. 「半主権国家」は変化したのか

　かつて，1980年代後半の西ドイツを「半主権国家」として描いたカッツェンシュタインは，国家統一後10年余りを経た2000年代前半のドイツを対象としてその定式化の検証を試み，次のように総括した．すなわち，「分権化された国家」や「集権化された社会」のみならず，両者を個別の政策領域ごとに媒介して政策ネットワーク（policy network）を形成する3つの結節点たる政党，協調的連邦制，準公的制度のすべてが何らかの変化をとげた．その結果，政策については，マクロ経済政策において欧州の次元が政策形成の過程の中に直接的，間接的に組み込まれた一方，政労使によって「外部化」された国家統一のコストを押しつけられた労働市場，社会政策の領域では，グローバル化の文脈の中で国家が主導して制度改革を実現し，政策形成のあり方に変革をもたらした．これに対し，保健政策や環境政策などでは，政策は統一前と同じく政策ネットワークの中で漸進主義的に変化し続けており，移民政策にいたっては，高齢化による労働力の不足が予想されるにもかかわらず政策の変化は依然として緩慢なままである，と．別の言葉でいえば，「半主権国家」を構成する制度の一つ一つが変化を遂げたにもかかわらず，それらが組み合わさった全体は変わることなく機能し続け，むしろ統一前との連続性を際立たせている（Katzenstein 2005, 290）．したがって，政策のアウトプットは領域によっては停滞しているものの，全体としてみれば「半主権国家」の「相対的に高い水準の柔軟性と適応力」を示している，という結論であった（*ibid.*, 304）．

　本書は，2000年代半ば以降の展開にまで観察の対象を広げたが，社会保険制度についてはその後，年金の支給開始年齢がさらに引き上げられたほか，「構造改革」が医療保険の分野にも波及した．また，移民政策では，第2次シ

ュレーダー政権において移住法が制定され，第1次メルケル大連合政権では「統合サミット」や「ドイツ・イスラム会議」が開催されるなど，準公的制度の開設を伴って新たな政策ネットワークが形成された．さらに，「連帯協定Ⅰ」によって財政均衡制度に「内部化」された東部建設に対する支援は，「連帯協定Ⅱ」によって期間が延長され，この協定がきっかけとなって州の立法権限の回復や連邦レベルでの同意立法数の削減を意図する「連邦制改革Ⅰ」が実現された．その上に，連邦の借入れを限定し，州財政のプライマリー・バランスを達成すべく「債務防止ブレーキ」が基本法の規定に盛り込まれたのである（「連邦制改革Ⅱ」）．

　基本法は，「民主的で社会的な連邦国家」としての政治体制の根幹に関わる変更を禁じ，これらの原則の保持を永続的に保障するが，シュレーダー政権において着手された改革は，後には遂に社会国家や連邦国家としての具体的な制度にまで及んだことになる．このような改革の継続をみると，「半主権国家」は，統一時の楽観的な予断に反して遥かに膨大なものとなった国家統一の負担を担い続けたにもかかわらず，今日においてもなおカッツェンシュタインが指摘したような柔軟性と適応力を維持しているといえるのかもしれない．

2. 変化の第1の動因は何か

　一方，第6章で述べたように，社会保険制度はすでに1970年代末から高齢労働者を労働力市場から早期に退出させ，輸出産業の対外的競争力を維持するために利用され始めていたのであり，国家統一後に生産活動の崩壊に直面した東部を救済するための手段として動員されたのは，その後の追加にすぎない，と強調するシュトレークにとっては，このような問いかけは的外れなのかもしれない（Streeck 2009）．すなわち，再選を果たしたシュレーダー首相が，政府の主導の下に「ハルツ改革」を断行し，連邦雇用庁から社会的自治を奪って「福祉コーポラティズム」に終止符を打ったのは，確かに，90年代半ば以降に試みられた労組との対話を通じた改革に失敗した後のことであった．しかし，政労使の間のコーポラティズムは，組織率の低下を防ぎ得ない労使の団体が労働協約の適用範囲を狭める一方，悪化する社会保険財政への支援を強いられた

国家も政策裁量の余裕を失っていたように，すでに国家統一以前に追い詰められていた三者によって消極的に維持されていたに過ぎない．したがって，ドイツの政治経済体制はグローバル化の中で「内部から」解体への道を歩んでいたのであり，歴史的な事件となった国家統一は，そのような自壊作用の進行に弾みをつけたとしても，「外部から」の決定的な衝撃であったとは言えない，と[1]．

しかしながら，われわれはまず何よりも，国家統一がいかに巨大な挑戦であったかを改めて思い起こさねばならないだろう．確かに，当事者は問題の規模を過小評価し，膨大な負の遺産を作り上げてしまったが，そこから東部建設に向けた地道な取り組みが始まったのである．90年代を通じ，東部に対する（東での税収の増分を控除した純計としての）財政移転は西の GDP の 4% 前後にあたる水準を維持した（Directorate General for Economic and Financial Affairs 2002）．シュトレークが厳しく指摘するように，ハルツ改革はそれに続く連邦議会選挙に臨んだ SPD に壊滅的な敗北をもたらしたものの，「福祉コーポラティズム」の一方的な清算とともに改革そのものを放棄させたのではなかった．制度改革の試みは，国家統一が残した東部建設の課題に取り組むべくその後も継続されねばならなかったのである[2]．

---

1) 労使の団体についていえば，それらの組織率は確かに統一前から低下していたのであり（第1章第1節），統一後に東部に移植された組織の急速な解体が直接に西に波及したものとはいえない（第5章）．しかし，社会組織の融解は，国家からあらゆる政策対応の可能性を奪ったわけではない．政府が（労使との対話の試みが失敗した後に）一方的に「福祉コーポラティズム」を清算したとしても，それもまた「コーポラティズム化」戦略の1つとして理解できないわけではないだろう（第4章第2節）．

2) 2012年を例とすれば，3068億ユーロにのぼった連邦の支出に対し，連帯協定Ⅱの枠内でベルリンを含む東部の州に対して追加的に与えられた連邦補充交付金は114億ユーロであった．また，売上税の税収から16州が得た868億ユーロのうち，州の財政力の格差をならすために配分されたのは112億ユーロであり，さらにその次の段階の水平的財政調整には79億ユーロが充てられた（第7章の表7-1を参照）．このように，連邦の総支出（およそその半分は社会保障関連である）に比べれば小さな規模ともいえるが，州間の「連帯」を象徴する財政調整制度の運営は常に大きな政治的争点となる．拠出州であるバイエルンの場合，その財政力は463億ユーロであり，38億ユーロの供与は無視できる規模ではない．Cf. Bundesministerium der Finanzen, *Bund/Länder Finanzbeziehungen auf der Grundlage der Finanzverfassung*, 2014, 40-55.

3. 二大政党の役割

　カッツェンシュタインが強調したように，国家と社会を媒介する3つの結節点の中で，中心的な役割を担うのは政党である．政党は，有権者の支持をめぐって競合しつつも，議会と政権においては妥協を探りながら社会国家のみならず連邦国家の骨組みまで改革の対象としていった．二大政党は，医療保険制度について真っ向から対立する改革案を掲げて2005年の選挙戦を激しく戦ったものの，共に政権を担うことになった第1次メルケル大連合政権では，同じくビスマルク型福祉国家であったオランダをモデルとして，準公的制度たる疾病金庫から社会的自治の要素を奪いつつ，国家が保険財政を集中管理する「保健基金」の新設を決めた．また，もう一つの結節点である協調的連邦制では，第1次シュレーダー政権下に「連帯協定Ⅱ」の締結によって，東部への支援を継続するための財政均衡制度の枠組みが温存された．そこで，この協定に対して残った一部の州の不満を和らげるべく，連邦と州の間で錯綜した関係を解きほぐし，州の立法活動の余地を回復する「連邦制改革Ⅰ」を実現したのも第1次メルケル大連合政権であった．さらに，当初目指された財政連邦制度の抜本的な改革にこそ及ばなかったものの，二大政党はこれに続いて「債務防止ブレーキ」の規定を基本法に盛り込む「連邦制改革Ⅱ」を同政権下で達成したのである．

　もっとも，政党が選挙での勝利を意識する余り改革のタイミングを大きく遅延させることもあった．二大政党が年金改革をめぐり，攻守の所を変えて他党の改革案を葬ろうとしたことはまさに「改革の停滞」を際立たせしたし，「ハルツⅣ」法の成立が終盤となって遅れた背景にも政権の座をめぐる抗争があった．国籍法の改正や移住法の制定にいたっては，二重国籍に反対する署名運動を展開して有権者の不安を煽ったり，議会審議に混乱を招いて法案の成立を大幅に遅らせたりもした．政党が意図的に争点化を煽ることによって，逆に改革を阻害する局面も見られたのである．

4. 連邦首相のリーダーシップ

　ところで，カッツェンシュタインは，「半主権国家」が政策の漸進主義的変化と，その結果としての政体の「進化（evolution）」を特徴とするものの，アデナウアーの西側統合政策を例にとり，危機的な状況においては連邦首相による強力な政治主導の発現を妨げない点についても言及した（Katzenstein 2005, 219f.）．ベルリンの壁の崩壊後に連邦議会で行った 10 項目提案の演説や，通貨同盟の提唱に始まった早期の国家統一に向けたコール首相の政治指導がまさに「宰相民主主義（Kanzlerdemokratie）」の再現であった，という．あるいは，冷戦の終焉という国際的な地殻変動に匹敵するような危機的状況ではないが，かろうじて再選を果たしたシュレーダーが「ヨーロッパの病人」と化したドイツを救うべく，「アジェンダ 2010」を掲げて労働市場改革，失業保険制度改革を，その脆弱な政権基盤にもかかわらず断行したのも，連邦首相が「政綱」決定権限を行使したもう一つの例といえるかもしれない．これに対し，序章で述べたように，ユーロ危機に直面したメルケル首相が，債務国との連帯を強化して欧州統合の進展を伴うような手段の選択を回避する一方，閣内の異論を抑えて当面の救済措置を実現したのは，「半主権国家」の制度的構成が政策の大胆な変更を抑制したからでもあったろう．

　しかし，「半主権国家」と「宰相民主主義」のいずれが前面に現れるのかは，連邦共和国が直面する課題の性格のみならず，連邦首相による政治的リーダーシップの発揮の仕方によっても左右されるであろう．2015 年 9 月の初旬，ドイツはオーストリアとともに，ハンガリーに滞留していた難民の受入れを決定したが，その結果，同年中に 100 万人を数えようとする難民を国内に迎え入れることになった（第 8 章でふれたように，1991 年にも旧ユーゴでの内戦によってドイツに庇護を求める難民が急増したが，25 万 6000 人の規模に止まった）．ドイツが国家統一以来の最大の試練に立たされる中，メルケル首相は，「われわれはやり遂げることができる（Wir schaffen das）」として受入れを貫こうとしたものの，ドイツをめざす難民の数が膨れ上がるにつれ友党の CSU のみならず自党内からも方針の転換を求める声が高まった．

主としてミュンヘン駅に列車で到着した大量の難民は，連邦共和国を構成する州相互間の連帯を象徴する「ケーニヒシュタイン公式（Königsteiner Schlüssel）」と呼ばれる費用分担のルールに従って各州に振り分けられ，難民申請の審査に備えて宿泊施設に収容された[3]．連邦は，宿泊施設を提供した市町村とならび，大きな負担を引き受けることになった州に対して財政支援を追加し，2015 年と翌年に合計 90 億ユーロの規模の対策資金を準備した[4]．また，駅に到着した多数の難民をミュンヘン市民が歓迎し，物資を供出したほか，受入れ態勢を具体的に整えるにあたっては公的官庁ながら多くのボランティアが活動に加わる準公的制度の「連邦技術支援隊（Bundesanstalt Technisches Hilfswerk: THW）」や，赤十字などの民間の福祉団体，消防団，あるいはボランティアなどが労をいとわずに貢献した[5]．メルケル首相は，「半主権国家」の国家と社会双方の主体を難民の受入れに向けて動員したといえよう．
　しかし，これらはあくまでも人道上の理由に基づく緊急措置であり，対策自体は加盟国の難民政策を共通化した EU の取り決めに反するものであった．すなわち，ドイツは域内における人の自由移動を実現しようとするシェンゲン協定を前提とした 1992 年末の「庇護妥協」により，「安全な第三国」からの入国者の受入れを拒否することもできた（第 8 章，ならびにドイツが周辺をシェンゲン協定加盟国によって囲まれていることを示す第 5 章の地図 2 を参照）．また，EU のダブリン規則は，難民の認定を難民が庇護を求めて最初に到着した国に限定していた（ドイツは，EU と域外との境に位置するイタリアやギリシアなどの国々に比べ，相対的に少数の難民の引き受けで済ませられるという恩恵に与ってきた）．したがって，難民は本来，ハンガリーにおいて審査を受けるべきであったが，同国は国境において難民の流入阻止を試みたのみならず，それにもかか

---

[3]　http://www.sueddeutsche.de/politik/bundesweite-solidaritaet-wie-die-fluechtlinge-auf-die-bundeslaender-verteilt-werden-1.2636017 「ケーニヒシュタイン公式」とは，大学外の高等研究機関の設立運営資金を州が分担する際，各州の負担分を各州の人口規模と財政力を考慮して決定する公式である．

[4]　http://www.sueddeutsche.de/politik/fluechtlingsgipfel-milliarden-fuer-die-laender-1.2662910

[5]　http://www.sueddeutsche.de/politik/streit-in-der-union-spahn-kritisiert-deutsche-fluechtlingspolitik-1.2645664

わらず流入した難民を適切に処遇しないまま足止めしていた．2015年9月下旬，EU加盟国の内相は，極めて異例ながらも多数決によって12万人の難民を加盟国全体で受け入れ，分担することを決定した．この際，ハンガリーは他の中東欧諸国とともに，ドイツが主導した決議案に反対し抗議を表明したのであった．

　その後，メルケルは，ドイツをめざす難民に過剰な期待を抱かせないために申請者の待遇を変更し，ダブリン規則の適用を再開し，あるいはバルカン諸国を安全な出身国として流入者の増大を食い止めようとした．また，EU首脳会議も，トルコとの間で行動計画を締結し，バルカン半島への難民の流入をトルコに抑制させようと試みた．しかし，人道主義を重んずるメルケルは，ドイツが難民の受入れを早々と切り上げるならば，「そのような国はもはや私の祖国ではない（Dann ist das nicht mein Land）」と真情を吐露し，受入れの原則を曲げようとはしなかったのである[6]．

　CSUのゼーホーファーを急先鋒とし，首相に対して異を唱える主体は，ドイツ一国の受入れ能力の限界とならび，当初はその大半が首相の決定を支持した世論の間に，到着する難民数の増大とともに広がった不安を理由として受入れ人数に上限を設定することを主張してきた．実際に2016年となって実施された州議会選挙では，CDUは他の既成政党と同じく，与党であった州において得票を減じており，メルケルに対するCDU/CSU内の批判はこれに伴っていっそう厳しさを増した．2017年に予定されている連邦議会選挙が早くも政党に対して強い磁力を及ぼしつつあるといえよう．

5.「半主権国家」の行方

　このように，連邦首相は危機的状況において政治が向かうべき方向や解決すべき課題を提示することはできるものの，「半主権国家」の国家と社会の主体がそれにしたがって作動し続けるかどうかは予断を許さない．しかも，高齢化

---

6) http://www.sueddeutsche.de/politik/merkel-zur-fluechtlingsdebatte-der-gefuehlsausbruch-der-kanzlerin-1.2650051?utm_source=facebook&utm_medium=social&utm_campaign=socialflow

や人口減少，脱産業化などドイツの社会も他の先進国と同様に長期的な変動（メガトレンド）の中にあり，それ自体が変化し続ける結節点を通じ，国家に対して政策の対応や制度の改革を求めて圧力を及ぼしている．ドイツ資本主義の変容を分析するハッセルは，団体交渉や共同決定，社会保障の領域において公式の制度が大きな変化を被ることなく存続している点にも注意を促すが(Hassel 2014)，「半主権国家」の政治にとっては，中核的な結節点の役割を果たす諸政党，とりわけその支柱であった二大政党の動向こそが決定的な意味をもつ．もっとも，2016年末の現在では，緑の党が16州中の10州において政権に加わり，バーデン・ヴュルテンベルクでは州首相を輩出するに至っている．二大政党のいずれか，あるいは双方がこれらの州において緑の党を政権のパートナーとしており，連邦においては大連合政権が組まれているにもかかわらず，もはや緑の党との密接な調整なしに連邦共和国の政治を円滑に運営することは困難となった．その上に，二大政党の勢力が連邦議会の議席の3分の2の多数を下回ることになれば，本書が明らかにしたようなメカニズムを通じた改革の達成は期待し難くなる．さらに，2016年に実施された州議会選挙を通じ，著しい伸張をみせたAfDが連邦議会にも進出を果たせば，政党システムは新たな遠心的要因を抱え込むことにもなる[7]．政策の選択肢を奪われた中道政党が，左右の急進的な政党から脅かされるという構図がドイツにも現れることになるのかもしれない．「半主権国家」は，その柔軟性と適応力をこれまでにも増して厳しく問われることになるであろう．

---

7) デフォルト危機に瀕したギリシアへの支援を「これに代わる選択肢はない」として決定したメルケル政権に抗議を唱えて成立したAfDは，その後，ザクセンで興った「西欧のイスラム化に反対する欧州愛国主義者 (Patriotische Europäer gegen die Islamisierung des Abendlandes)」，通称「ペギーダ (Pegida)」の運動などを背景として右翼ポピュリスト的な排外主義の性格を強めている．Cf. Oppelland (2016).

文献一覧

Alber, Jens (1992), *Das Gesundheitswesen in der Bundesrepublik Deutschland: Entwicklung, Struktur und Funktionsweise*, Frankfurt a.M., New York: Campus Verlag.

Albert, Helmut (1993), "Die Föderalismusdisukussion im Zuge der deutschen Einigung", in Kurt Bohr et al. (Bearb.), *Föderalismus: Demoktarische Struktur für Deutschland und Europa*, München: C. H. Beck Verlag, 1–29.

Altemeier, Jens (1999), *Föderale Finanzbeziehungen unter Anpassungsdruck: Verteilungskonflikte in der Verhandlungsdemokratie*, Frankfurt a.M., New York: Campus Verlag.

Andersen, Uwe (2013), "Bundestagswahlen: 1949 bis 2009", *Der Bürger im Staat* 63/3: 218–242.

Andersen, Uwe, und Wichard Woyke (Hg.) (2013), *Handwörterbuch des politischen Systems der Bundesrepublik Deutschland 7*, vollständig aktualisierte Auflage, Wiesbaden: Springer VS.

Anderson, Jeffrey J. (2005), "Germany and Europe: Centrality in the EU", in Simon Bulmer and Christian Lequesne (eds.), *The Member States of the European Union*, Oxford: Oxford University Press, 77–96.

Backhaus-Maul, Holger (2002), "Wohlfahrtsverbände als korporative Akteure", http://www.bpb.de/apuz/25545/wohlfahrtsverbaende-als-korporative-akteure?p=all

Bade, Klaus J. (1994), *Ausländer, Aussiedler, Asyl*, München: C. H. Beck Verlag.

Banchoff, Thomas (1999), *The German Problem Transformed: Institutions, Politics, and Foreign Policy, 1945–1990*, Ann Arbor: University of Michigan Press.

Bandelow, Nils, und Anja Hartmann (2007), "Weder Rot noch grün: Machterosion und Interessenfragmentierung bei Staat und Verbänden in der Gesundheitspolitik", in Egle und Zohlnhöfer (Hg.) (2007), 334–354.

Batt, Helge-Lothar (1996), *Die Grundgesetzreform nach der deutschen Einheit: Akteure, politischer Prozess und Ergebnisse*, Opladen: Leske+Budrich.

Die Beauftragte der Bundesregierung für Migration, Flüchtlinge und Integration (2011), *Migranten (dach) organisationen in Deutschland*, Berlin.

Beck, Ulrich (2012), *Das deutsche Europa*, Frankfurt a.M.: Suhrkamp.

Benz, Arthur (2008), "From Joint Decision Traps to Over-Regulated Federalism:

Adverse Effects of a Successful Constitutional Reform", *German Politics* 17/4: 440-456.

Berghahn, Volker R., and Detlev Karsten (1987), *Industrial Relations in West Germany*, Oxford, New York, Hamburg: Berg Publishers.

BMF (Bundesministerium der Finanzen) (2014), *Bund/Länder-Finanzbeziehungen auf der Grundlage der Finanzverfassung*, Ausgabe 2014.

Borchardt, Knut (1990), "Zäsuren in der wirtschaftlichen Entwicklung: Zwei, drei, oder vier Perioden?", in Broszat (Hg.) (1990), 21-33.

Bösch, Frank (2001), *Die Adenauer-CDU: Gründung, Aufstieg und Krise einer Erfolgspartei 1945-1969*, Stuttgart, München: Deutsche Verlags-Anstalt.

Bräuer, Christian (2005), *Finanzausgleich und Finanzbeziehungen im wiedervereinten Deutschland*, Wiesbaden: VS Verlag für Sozialwissenschaften.

Broszat, Martin (Hg.) (1990), *Zäsuren nach 1945: Essays zur Periodisierung der deutschen Nachkriegsgeschichte*, München: R. Oldenbourg Verlag.

Bulmer, Simon (1997), "Shaping the Rules? The Constitutive Politics of the European Union and the German Power", in Katzenstein (ed.) (1997), 49-79.

—— (2014), "Germany and the Eurozone Crisis: Between Hegemony and Domestic Politics", *West European Politics* 37/6: 1244-1263.

Bürklin, Wilhelm, und Dieter Roth (1994), *Das Superwahljahr: Deutschland vor unkalkulierbaren Regierungsmehrheiten?*, Köln: Bund-Verlag.

Busch, Andreas (2003), "Extensive Politik in den Klippen der Semisouveränität: die Innen- und Rechtspolitik der rot-grünen Koalition", in Egle, Ostheim, und Zohlnhöfer (Hg.) (2003), 305-327.

—— (2005), "Shock-Absorbers under Stress: Parapublic Institutions and the Double Challenges of German Unification and European Integration", in Green and Paterson (eds.) (2005), 94-115.

—— (2006), "Verfassungspolitik: Stabilität und permanentes Austarieren", in Schmidt und Zohlnhöfer (Hg.) (2006), 33-57.

—— (2007), "Von der Reformpolitik zur Restriktionspolitik? Die Innen- und Rechtspolitik der zweiten Regierung Schröder", in Egle und Zohlnhöfer (Hg.) (2007), 408-430.

—— (2014), "Germany and the Euro", in Padgett, Paterson, and Zohlnhöfer (eds.) (2014), 188-210.

Caeser, Rolf, und Karl-Heinrich Hansmeyer (1987), "Finanzwirtschaftliche Entwicklung seit 1949", in Kurt G. A. Jeserich, Hans Pohl, und Georg Christoph von Unruh (Hg.), *Deutsche Verwaltungsgeschichte Bd. 5: Die Bundesrepublik*

Deutschland, Stuttgart: Deutscher Verlags-Anstalt 919-954.

Clemens, Clayton Marc (2013), "Beyond Christian Democracy? Welfare State Politics and Policy in a Changing CDU", *German Politics* 22/1-2: 191-211.

Czada, Roland (1994), "Schleichweg in die 'dritte Republik': Politik der Vereinigung und politischer Wandel in Deutschland", *Politische Vierteljahresschrift* 35: 245-270.

—— (1995), "Der Kampf um die Finanzierung der deutschen Einheit", in Gerhard Lehmbruch (Hg.), *Einigung und Zerfall: Deutschland und Europa nach dem Ende des Ost-West-Konflikts*, Opladen: Leske+Budrich, 73-102.

—— (1999), "Reformloser Wandel: Stabilität und Anpassung im politischen Akteursystem der Bundesrepublik", in Thomas Ellwein und Everhard Holtmann (Hg.), *50 Jahre Bundesrepublik Deutschland: Rahmenbedingungen - Entwicklungen - Perspektiven*, Wiesbaden: Westdeutscher Verlag, 397-412.

—— (2005), "Social Policy: Crisis and Transformation", in Green and Paterson (eds.) (2005), 165-189.

—— (2010), "The Governance of Immigrant Integration in Europe", Symposium Committee, Institute of Social Science (ed.), *Governance of Contemporary Japan*, Tokyo: Institute of Social Science, The University of Tokyo, 77-90.

Czada, Roland, und Hellmut Wollmann (Hg.) (2000), *Von der Bonner zur Berliner Republik: 10 Jahre Deutsche Einheit* (Leviathan Sonderheft 19/1999), Wiesbaden: Westdeutscher Verlag.

Decker, Frank (2015), "Etappen der Parteigeschichte der LINKEN", http://www.bpb.de/politik/grundfragen/parteien-in-deutschland/42130/geschichte

—— (2016), "Die Programmatik der Linken", https://www.bpb.de/politik/grundfragen/parteien-in-deutschland/42133/programmatik

Decker, Frank, und Julia von Blumentahl (2002), "Die bundespolitische Durchdringung der Landtagswahlen: Eine empirische Analyse von 1970 bis 2001," *Zeitschrift für Parlamentsfragen* 1/33: 144-165.

Detterbeck, Klaus, Wolfgang Renzsch, und Stefan Schieren (Hg.) (2010), *Föderalismus in Deutschland*, München: Oldenbourg Verlag.

Deutsche Bundesbank (1995), *Die Geldpolitik der Bundesbank*, Frankfurt a.M.

Deutscher Bundestag Bundesrat Öffentlichkeitsarbeit (Hg.) (2010), *Die gemeinsame Kommission von Bundestag und Bundesrat zur Modernisierung der Bund-Länder-Finanzbeziehungen: Die Beratungen und ihre Ergebnisse*, Berlin.

Directorate General for Economic and Financial Affairs (2002), *Germany's Growth Performance in the 1990's*, ECFIN/292/02-EN, http://europa.eu.int/

comm/economy_finance

Döhler, Marian, und Philip Manow-Borgwardt (1992), "Korporatisierung als gesundheitspolitische Strategie", *Staatswissenschaften und Staatspraxis* 3/1: 64–106.

Egle, Christopf (2009), *Reformpolitik in Deutschland und Frankreich: Wirtschafts- und Sozialpolitik bürgerlicher und sozialdemokratischer Regierungen*, Wiesbaden: VS Verlag für Sozialwissenschaften.

Egle, Christopf, und Reimut Zohlnhöfer (Hg.) (2007), *Ende des rot-grünen Projektes: Eine Blanz der Regierung Schröder 2002–2005*, Wiesbaden: VS Verlag für Sozialwissenschaften.

——— (Hg.) (2010), *Die zweite Grosse Koalition: Eine Bilanz der Regierung Merkel 2005–2009*, Wiesbaden: VS Verlag für Sozialwissenschaften.

Egle, Christopf, Tobias Ostheim, und Reimut Zohlnhöfer (Hg.) (2003), *Das Rot-Grüne Projekt: Eine Bilanz der Regierung Schröder 1998–2002*, Wiesbaden: VS Verlag für Sozialwissenschaften.

Eith, Ulrich (2000), "Politisch zweigeteilt? Wählerverhalten und Parteiensystem zehn Jahre nach der Einheit", *Der Bürger im Staat* 50/4: 211–217.

Eschenburg, Theodor (1983), *Jahre der Besatzung 1945–1949* (Geschichte der Bundesrepublik Deutschland in fünf Bänden, Bd. 1), Stuttgart, Wiesbaden: Deutsche Verlags-Anstalt, F. A. Brockhaus.

Esping-Andersen, Gøsta (1996), "Welfare States without Work: The Impasse of Labor Shedding and Familialism in Continental European Social Policy", in Gøsta Esping-Andersen (ed.), *Welfare States in Transition: National Adaptations in Global Economies*, London: Sage Publications, 66–87.

Fabbrini, Federico (2013), "The Fiscal Compact, the 'Golden Rule', and the Paradox of European Federalism", *Boston College International & Comparative Law Review* 36/1: 1–38.

Falter, Jürgen (1981), "Kontinuität und Neubeginn: Die Bundestagswahl 1949 zwischen Weimar und Bonn", *Politische Vierteljahresschrift* 22/2: 236–263.

Featherstone, Kevin (2011), "The Greek Sovereign Debt Crisis and EMU: A Failing State in a Skewed Regime", *Journal of Common Market Studies* 49/2: 193–217.

Fleckenstein, Timo (2011), *Institutions, Ideas and Learning in Welfare State Change: Labour Market Reforms in Germany*, London: Palgrave Macmillan.

Flockton, Christopher (1996), "Economic Management and the Challenge of Reunification", in Gordon Smith, William E. Paterson, and Stephen Padgett (eds.),

Developments in German Politics 2, London: Palgrave Macmillan, 211–232.

Gaserow, Vera (2012), "Asylkompromiss 1992", 29. November 2012, *Die Zeit* Nr. 49, http://www.zeit.de/2012/49/Debatte-Grundrecht-Asyl-1992

Gerlinger, Thomas (2003), "Rot-grüne Gesundheitspolitik 1998–2003", *Aus Politik und Zeitgeschichte* 33–34: 6–13.

Gerlinger, Thomas, und Wolfram Burkhardt (2012), "Die wichtigsten Akteure im deutschen Gesundheitswesen. Tiel 3: Institutionen und Interessenvertretungen", http://www.bpb.de/politik/innenpolitik/gesundheitspolitik/72588/institutionen-und-interessenvertretungen?p=all

Gerlinger, Thomas, und Thomas Schönwälder (2012), "Etappen der Gesundheitspolitik 1975 bis 2012", http://www.bpb.de/politik/innenpolitik/gesundheitspolitik/72874/etappen?p=all

Goetz, Klaus (1993), "Rebuilding Public Administration in the New German Länder: Transfer and Differentiation", *West European Politics* 16/4: 447–469.

Goodman, Sara Wallace (2014), *Immigration and Membership Politics in Western Europe*, Cambridge: Cambridge University Press.

Green, Simon (2006), "Zwischen Kontinuität und Wandel: Migrations- und Staatsangehörigkeitspolitik", in Schmidt und Zohlnhöfer (Hg.) (2006), 113–134.

—— (2013), "Germany: A Changing Country of Immigration", *German Politics* 22/3: 333–351.

Green, Simon, and William E. Paterson (eds.) (2005), *Governance in Contemporary Germany: The Semisovereign State Revisited*, Cambridge: Cambridge University Press.

—— (2005), "Introduction: Semisovereignty Challenged", in Green and Paterson (eds.) (2005), 1–20.

Grosser, Dieter (1998), *Das Wagnis der Währungs-, Wirtschafts- und Sozialunion: Politische Zwänge im Konflikt mit ökonomischer Regeln*, Stuttgart: Deutsche Verlagsanstalt.

Hartmann, Anja (2003), "Patientennah, leistungsstark, finanzbewusst? Die Gesundheitspolitik der rot-grünen Bundesregierung", in Egle, Ostheim, und Zohlnhöfer (Hg.) (2003), 259–281.

—— (2010), "Die Gesundheitsreform der Grossen Koalition: Kleinster gemeinsamer Nenner oder offene Hintertürchen?", in Egle und Zohlnhöfer (Hg.) (2010), 327–349.

Hassel, Anke (2014), "The German Model in Transition", in Padgett, Paterson, and Zohlnhöfer (eds.) (2014), 133–148.

Hassel, Anke, und Christof Schiller (2010a), *Der Fall Hartz IV: Wie es zur Agenda 2010 kam und wie es weitergeht*, Frankfurt a.M.: Campus Verlag.

―― (2010b), "Sozialpolitik im Finanzföderalismus: Hartz IV als Antwort auf die Krise der Kommunalfinanzen", *Politische Vierteljahresschrft* 51: 95-117.

Hauch-Fleck, Marie-Luise, und Wolfgang Hoffmann (1996), "Die permanente Reform: Trotz der gegenwärtigen Finanzkrise - Der deutsche Sozialstaat ist flexibler als sen Ruf", *Die Zeit* Nr. 18 (26. April 1996): 17-18.

Heinze, Rolf G. (2013), "Bauernverband", in Andersen und Woyke (Hg.) (2013), 29-31.

Herzog, Roman (1979), "Wandel des Föderalismus in der Bundesrepublik Deutschland", in Detlef Merten und Rudolf Morsey (Hg.), *30 Jahre Grundgesetz*, Berlin: Duncker & Humblot, 41-54.

Hinrichs, Karl (2010), "A Social Insurance State Withers Away: Welfare State Reforms in Germany - Or: Attempts to Turn Around in a Cul-de-Sac", in Palier (ed.) (2010), 45-72.

Hockerts, Hans Günter (1980), *Sozialpolitische Entscheidungen im Nachkriegsdeutschland: Alliierte und deutsche Sozialversicherungspolitik 1945 bis 1957*, Stuttgart: Klett-Cotta.

―― (1981), "German Post-War Social Policies against the Background of the Beveridge Plan: Some Observations Preparatory to a Comparative Analysis", in Wolfgang J. Mommsen (ed.), *The Emergence of the Welfare State in Britain and Germany, 1850-1950*, London: Croom Helm, 315-339.

―― (2011), *Der deutsche Sozialstaat: Entfaltung und Gefährdung seit 1945*, Göttingen: Vandenhoeck & Ruprecht.

Holtmann, Everhard (2000), "Gesetzgebung in der Wohnungspolitik des Bundes: Zur Rolle des parteipolitischen Faktors", in Everhard Holtmann und Helmut Voelzkow (Hg.), *Zwischen Wettbewerbs- und Verhandlungsdemokratie*, Wiesbaden: Westdeutscher Verlag, 105-128.

Höreth, Marcus (2014), *Verfassungsgerichtbarkeit in der Bundesrepublik Deutschland*, Stuttgart: Kohlhammer.

Hornsteiner, Margaret, and Thomas Saalfeld (2014), "Parties and Party System", in Padgett, Paterson, and Zohlnhöfer (eds.) (2014), 78-102.

Howarth, David, and Charlotte Rommerskirchen (2013), "A Panacea for all Times? The German Stability Culture as Strategic Political Resource", *West European Politics* 36/4: 750-770.

Huneke, Dorte (2011), "Das mit dem großen Streik war nicht meine Idee: Als Betriebsrat bei Ford in Köln - Salih Güldiken", http://www.bpb.de/geschichte/deutsche-geschichte/anwerbeabkommen/43219/der-grosse-streik

Jaedicke, Wolfgang, und Hellmut Wollmann (1990), "Wohnungspolitik zwischen Staatsintervention und Markt", in Klaus von Beyme und Manfred G. Schmidt (Hg.), *Politik in der Bundesrepublik Deutschland*, Opladen: Westdeutscher Verlag, 203-226.

Jeffery, Charlie (2005), "Federalism: The New Territorialism", in Green and Paterson (eds.) (2005), 78-93.

Jesse, Eckhardt (1994), "Die institutionellen Rahmenbedingungen der Bundestagswahl vom 2. Dezember 1990", in Hans-Dieter Klingemann und Max Kaase (Hg.), *Wahlen und Wähler: Analyse aus Anlass der Bundestagswahl 1990*, Wiesbaden: Springer VS, 15-41.

Johnson, Peter A. (1998), *The Government of Money: Monetarism in Germany and the United States*, Ithaca: Cornell University Press.

Jones, Eric (2010), "Merkel's Folly", *Survival* 52/3: 21-38.

—— (2013), "The Collapse of the Brussels-Frankfurt Consensus and the Future of the Euro", in Vivien A. Schmidt and Mark Thatcher (eds.), *Resilient Liberalism in Europe's Political Economy*, Cambridge: Cambridge University Press, 145-170.

Joppke, Christian (1998), "Why Liberal States Accept Unwanted Immigration", *World Politics* 50: 266-293.

—— (2007), "Beyond National Models: Civic Integration Policies for Immigrants in Western Europe", *West European Politics* 30/1: 1-22.

Kastrop, Christian, Gisela Meister-Scheufelen, und Margaretha Sudhof (Hg.) (2010), *Die neue Schuldregeln im Grundgesetz: Zur Fortentwicklung der bundesstaatlichen Finanzbeziehungen*, Berlin: Berliner Wissenschafts-Verlag.

Katzenstein, Peter J. (1978), "Conclusion: Domestic Structures and Strategies of Foreign Economic Policy", in Peter J. Katzenstein (ed.), *Between Power and Plenty: Foreign Economic Policies of Advanced Industrial States*, Madison: The University of Wisconsin Press, 295-336.

—— (1987), *Policy and Politics in West Germany: The Growth of a Semisovereign State*, Philadelphia: Temple University Press.

—— (ed.) (1997), *Tamed Power: Germany in Europe*, Ithaca: Cornell University Press.

—— (1997), "United Germany in an Integrating Europe", in Katzenstein (ed.) (1997), 1-48.

—— (2005), "Conclusion: Semisovereignty in United Germany", in Green and Paterson (eds.) (2005), 283-306.

Kemmerling, Achim, and Oliver Bruttel (2006), "'New Politics' in German Labour Market Policy? The Implications of the Recent Hartz Reforms for the German Welfare State", *West European Politics* 29: 90-112.

Kitschelt, Herbert (1989), *The Logics of Party Formation: Ecological Politics in Belgium and West Germany*, Ithaca and London: Cornell University Press.

―― (1991), "The 1990 German Federal Election and the National Unification: A Watershed in German Electoral History?", *West European Politics* 14/4: 121-148.

Kitschelt, Herbert, and Wolfgang Streeck (2003), "From Stability to Stagnation: Germany at the Beginning of the 21st Century", *West European Politics* 26/4: 1-34.

Klein, Ilona (1990), *Die Bundesrepublik als Parteienstaat*, Frankfurt a.M., Bern, New York, Paris: Peter Lang.

Klenk, Tanja (2012), "Deutschland: Korporatistische Selbstverwaltung zwischen Staat und Markt", in Tanja Klenk, Philine Weyrauch, Alexander Haarmann, und Frank Nullmeier, *Abkehr vom Korporatismus? Der Wandel der Sozialversicherungen im europäischen Vergleich*, Frankfurt a.M., New York: Campus Verlag, 53-117.

Knuth, Matthias (2009), "Path Shifting and Path Dependence: Labor Market Policy Reforms under German Federalism", *Journal of Public Administration* 32/2: 1048-1069.

Kock, Heinz (1975), *Stabilitätspolitik im föderalistischen System der Bundesrepublik Deutschland: Analyse und Reformvorschläge*, Köln: Bund-Verlag.

Korioth, Stefan (2015), "Die Rechtsprechung des Bundesverfassunggerichts zum Bundesstaat", in Robert Chr. Van Ooyen und Martin H. W. Möllers (Hg.), *Handbuch Bundesverfassungsgericht im politischen System*, 2. Auflage, Wiesbaden: Springer VS, 693-712.

Kornelius, Stefan (2013), *Angela Merkel: Die Kanzlerin und ihre Welt*, Hamburg: Hoffman und Campe Verlag.

Korte, Hermann (1987), *Eine Gesellschaft im Umbruch: Die Bundesrepublik Deutschland in den sechziger Jahren*, Frankfurt a.M.: Suhrkamp.

Kösemen, Orkan (2015), *Implementing Migration Policy Reform: An Outline for Germany*, Gütersloh: Bertelsmann Stiftung.

Krouwel, Andre (2006), "Party Models", in Richard S. Katz and William Crotty (eds.), *Handbook of Party Politics*, London: Sage Publications, 249-269.

Kühn, Heinz (1979), *Stand und Weiterentwicklung der Integration der aus-*

ländischen Arbeitnehmer und ihrer Familien in der Bundesrepublik Deutschland: Memorundum der Beauftragten der Bundesregierung, Bonn.

Küsters, Hanns Jürgen, und Daniel Hofmann (Hg.) (1998), *Dokumente zur Deutschlandpolitik: Deutsche Einheit (Sonderedition aus den Akten des Bundeskanzleramtes 1989/90)*, München: Oldenbourg Wissenschaftsverlag.

Laufer, Heinz (1968), *Verfassungsgerichtsbarkeit und politischer Prozess: Studium zum Bundesverfassungsgericht der Bundesrepublik Deutschland*, Tübingen: Mohr.

Lehmbruch, Gerhard (1977), "Liberal Corporatism and Party Government", *Comparative Political Studies* 10: 91–126.

—— (1991), "Die deutsche Vereinigung: Strukturen und Strategien", *Politische Vierteljahresschrift* 32: 585–604.

—— (1992), "The Institutional Framework of German Regulation", in Kenneth Dyson (ed.), *The Politics of German Regulation*, Aldershot: Dartmouth, 29–52.

—— (1998) [初版 1976], *Parteienwettbewerb im Bundesstaat: Regelsysteme und Spannungen im Institutionengefüge der Bundesrepublik*, 2., erweiterte Auflage, Wiesbaden: Westdeutscher Verlag.

—— (2000), "Institutionelle Schranken einer ausgehandelten Reform des Wohlfahrtsstaates: Das Bündnis für Arbeit und seine Erfolgsbedingungen", in Czada und Wollmann (Hg.) (2000), 89–112.

—— (2001), "Der unitarische Bundesstaat in Deutschland: Pfadabhängigkeit und Wandel", in Arthur Benz und Gerhard Lehmbruch (Hg.), *Föderalismus: Analysen in entwicklungsgeschichtlicher und vergleichender Perspektive* (PVS Sonderheft 32/2001), Wiesbaden: Westdeutscher Verlag, 53–110.

—— (2003), "Welfare State Adjustment between Consensual and Adversarial Politics: The Institutional Context of Reform in Germany", in Frans van Waarden and Gerhard Lehmbruch (eds.), *Renegotiating the Welfare State: Flexible Adjustment through Corporatist Concertation*, London: Routledge, 142–168.

Leiber, Simone, Stefan Gress, and Maral-Sonja Manouguian (2010), "Health Care System Change and the Cross-Border Transfer of Ideas: Influence of the Dutch Model on the 2007 German Health Reform", *Journal of Health Politics, Policy and Law* 35/4: 539–568.

Leibholz, Gerhard (1957), "Der Status des Bundesverfassungsgerichts: Eine Materialsammulung mit einer Einleitung", *Jahrbuch des öffentlichen Rechts der Gegenwart* 6: 109–121.

Leonardy, Uwe (2004), "Föderalismus ohne Länderneugliederung?", in Frank

Dekker (Hg.), *Föderalismus an der Wegscheide?*, VS Verlag für Sozialwissenschaften, 75-97.

Lepsius, Rainer M. (1990), "Die Prägung der politischen Kultur der Bundesrepublik durch institutionelle Ordnungen", in Rainer M. Lepsius, *Interessen, Ideen, und Institutionen*, Opladen: Westdeutscher Verlag, 63-84.

―― (1993), "Parteiensystem und Sozialstruktur: Zum Problem der Demokratisierung der deutschen Gesellschaft", in Rainer M. Lepsius, *Demokratie in Deutschland: soziologisch-historische Konstellationsanalysen/ausgewählte Aufsätze*, Göttingen: Vandenhoeck & Ruprecht, 25-50.

Lindner, Ulrike (2003), "Chronische Gesundheitsprobleme, Das deutsche Gesundheitssystem vom Kaiserreich bin in die Bundesrepublik", *Aus Politik und Zeitgeschichte* B33-34/2003: 21-28.

Lösche, Peter (1993), *Kleine Geschichte der deutschen Parteien*, Stuttgart: Kohlhammer.

Lösche, Peter, und Franz Walter (1996), *Die FDP: Richtungsstreit und Zukunftszweifel*, Darmstadt: Wissenschaftliche Buchgesellschaft.

Mair, Peter, and Richard S. Katz (1997) [初出 1995], "Party Organization, Party Democracy, and the Emergence of the Cartel Party", in Peter Mair, *Party System Change: Approaches and Interpretations*, Oxford: Oxford University Press, 93-119.

Manow, Philip (1998), "Zerschlagung der Polikliniken und Transfer korporativer Regulierung: Das Gesundheitswesen", in Roland Czada und Gerhard Lehmbruch (Hg.), *Transformations phade in Ostdeutschland: Beiträge zur sektoralen Vereinigungspolitik*, Frankfurt a.M.: Campus Verlag, 165-190.

―― (2008), *Religion und Sozialstaat: Die konfessionellen Grundlagen europäischer Wohlfahrtsstaatsregime*, Frankfurt a.M., New York: Campus Verlag.

Manow, Philip, and Eric Seils (2000), "The Employment Crisis of the German Welfare State", *West European Politics* 23/2: 137-160.

Merkl, Peter H. (1963), *The Origin of the West German Republic*, New York: Oxford University Press.

Mielke, Siegfried, und Peter Rütters (2013), "Gewerkschaften", in Andersen und Woyke (Hg.) (2013), 271-281.

Müller-List, Gabrielle (Bearb.) (1990), *Neubeginn bei Eisen und Stahl im Ruhrgebiet: Die Beziehungen zwischen Arbeitgebern und Arbeitnehmern in der nordrhein-westfälischen eisen- und Stahlindustrie 1945-1948*, Düsseldorf: Droste Verlag.

Münch, Ursula (2014), "Asylpolitik in Deutschland: Akteure, Interessen, Strategien", in Stefan Luft und Peer Schimany (Hg.), *20 Jahre Asyl- und Zuwanderungskompromiss: Bilanz und Perspektiven*, Bielefeld: Transcript, 69–86.

Musch, Elisabeth (2012), "Consultation Structures in German Immigrant Integration Politics: The National Integration Summit and the German Islam Conference", *German Politics* 21/1: 73–90.

Nägele, Frank (1997), "Die ›graue Eminenz‹ der regionalen Wirtschaftspolitik", *Staatswissenschaften und Staatspraxis* 8: 109–130.

Neubauer, Ralf (1992), "Kohls Wende mit Macken", *Zeit Online*, http://www.zeit.de/1992/50/kohls-wende-mit-macken

Neumann, Sigmund (1965) [初版 1932], *Die Parteien der Weimarer Republik*, Stuttgart: Kohlhammer.

Newman, Araham (2015), "The Reluctant Leader: Germany's Euro Experience and the Long Shadow of Reunification", in Matthias Matthijs and Mark Blyth (eds.), *The Future of the Euro*, Oxford: Oxford University Press, 117–135.

Niedermayer, Oskar (2011), "Das deutsche Parteiensystem nach der Bundestagswahl 2009", in Oskar Niedermayer (Hg.), *Die Parteien nach der Bundestagswahl 2009*, Wiesbaden: VS Verlag für Sozialwissenschaften, 7–35.

Nipperdey, Thomas (1979), "Der Föderalismus in der deutschen Geschichte", *Bijdragen en mededelingen betreffende de geschiedenis der Nederlanden* 94: 497–547.

Nullmeier, Frank (2013), "Sozialstaat", in Andersen und Woyke (Hg.) (2013), 618–622.

Olk, Thomas, und Barbara Riedmüller (1994), "Grenzen des Sozialversicherungsstaates oder grenzenloser Sozialversicherungsstaat? Eine Einführung", in Barbara Riedmüller und Thomas Olk (Hg.), *Grenzen des Sozialversicherungsstaates?*, Opladen: Westdeutscher Verlag, 9–33.

Oppelland, Thorsten (2016), "Alternative für Deutschland", https://www.bpb.de/politik/grundfragen/parteien-in-deutschland/211108/afd

Orren, Karen, and Stephen Skowronek (1994), "Beyond the Iconography of Order: Notes for a 'New Institutionalism'", in Lawrence Dodd and Calvin Jilson (eds.), *The Dynamics of American Politics*, Boulder: Westview Press, 311–330.

Oschmiansky, Frank (2010), "Das Konzept der aktiven Arbeitsmarktpolitik", http://www.bpb.de/politik/innenpolitik/arbeitsmarktpolitik/55040/aktive-arbeitsmarktpolitik

Oschmianski, Frank, und Jürgen Kühl (2011), "Mindestlohn", http://www.bpb.de/politik/innenpolitik/arbeitsmarktpoitik/55329/mindestlohn

Padgett, Stephen (2000), *Organizing Democracy in Eastern Germany: Interest Groups in Post-Communist Society*, Cambridge: Cambridge University Press.

Padgett, Stephen, William E. Paterson, and Reimut Zohlnhöfer (eds.) (2014), *Developments in German Politics 4*, London: Palgrave Macmillan.

Palier, Bruno (ed.) (2010), *A Long Goodbye to Bismarck? The Politics of Welfare Reforms in Continental Europe*, Amsterdam: Amsterdam University Press.

―― (2010), "Ordering Change: Understanding the 'Bismarckian' Welfare Reform Trajectory", in Palier (ed.) (2010), 19–44.

Palier, Bruno, and Claude Martin (eds.) (2008), *Reforming the Bismarckian Welfare Systems*, Malden, MA: Blackwell Publishing.

Pappi, Franz Urban (1984), "The West German Party System", *West European Politics* 7/4: 7–26.

Paquet, Robert, und Wolfgang Schroeder (2009), "Gesundheitsreform 2007: Akteuer, Interessen und Prozesse", in Wolfgang Schroeder und Robert Paquet (Hg.), *Gesundheitsreform 2007: Nach der Reform ist vor dem Reform*, Wiesbaden: VS Verlag für Sozialwissenschaften, 11–29.

Paterson, William E. (2014), "Germany and the European Union", in Padgett, Paterson, and Zohlnhöfer (eds.) (2014), 166–187.

Peffekoven, Rolf (2001), "Statt grundlegender Reform fragwürdige Änderungen im Detail", *Wirtschaftsdienst* 2001/VIII: 427–434.

Pehle, Heinrich (2015), "Die Finanzierung der Parteien in Deutschland", https://www.bpb.de/politik/grundfragen/parteien-in-deutschland/42042/finanzierung

Pelinka, Anton (1981), *Modell Österreich? Möglichkeiten und Grenzen der Sozialpartnerschaft*, Wien: Braumüller.

Pierson, Paul (2001), "Coping with Permanent Austerity: Welfare State Restructuring in Affluent Democracies", in Paul Pierson (ed.), *The New Politics of the Welfare State*, Oxford: Oxford University Press, 410–456.

Poguntke, Thomas (1994), "Parties in a Legalistic Culture: The Case of Germany", in Richard S. Katz and Peter Mair (eds.), *How Parties Organize: Change and Adaptation in Party Organizations in Western Democracies*, London: Sage Publications, 185–215.

Pridham, Geoffrey (1977), *Christian Democracy in West Germany: The CDU/CSU in Government and Opposition*, London: Croom Helm.

Priewe, Jan, und Rudolf Hickel (1994), *Der Preis der Einheit: Bilanz und Perspektiven der deutschen Vereinigung*, Frankfurt a.M.: Fischer Taschenbuch-Verlag.

Raschke, Joachim, und Christoph Hohlfeld (2013), "Bündnis 90/Die Grünen", in Andersen und Woyke (Hg.) (2013), 36–43.

Renzsch, Wolfgang (1994), "Föderative Problembewältigung: Zur Einbeziehung der neuen Länder in einen gesamtdeutschen Finanzausgleich ab 1995", *Zeitschrift für Parlamentsfragen* 25: 330–345.

——— (1999), "Der Streit um den Finanzausgleich", *Der Bürger im Staat* 49/1–2: 126–132.

——— (2010), "Federal Reform under the Grand Coalition", *German Politics* 19/3–4: 382–392.

Ritter, Gerhard A. (1998), *Über Deutschland: Der Bundesrepublik in der deutschen Geschichte*, München: Verlag C. H. Beck.

——— (2009), *Wir sind das Volk! Wir sind ein Volk! Geschichte der deutschen Einigung*, München: Verlag C. H. Beck.

Ritter, Gerhard A., und Merith Niehuss (1995), *Wahlen in Deutschland, 1990–1994*, München: Verlag C. H. Beck.

Roesler, Jörg (2006), "Rettung industrieller Kerne: Bald nach der Wiedervereinigung erreichte die Deindustrialisierung im Osten ein nie erwartetes Ausmass", http://www.bpb.de/politik/innenpolitik/demografischer-wandel/70906/rettung-industrieller-kerne

Saalfeld, Thomas (2006), "Conflict and Consensus in Germany's Bi-cameral System: A Case Study of the Passage of the Agenda 2010", *Debatte: Journal of Contemporary Central and Eastern Europe* 14/3: 247–269.

Sally, Razeen, and Douglas Webber (1994), "The German Solidarity Pact: A Case Study in the Politics of United Germany", *German Politics* 3/1: 18–46.

Scharpf, Fritz W. (1987), *Sozialdemokratische Krisenpolitik in Europa*, Frankfurt a.M., New York: Campus Verlag.

——— (2006), "Recht und Politik in der Reform des deutschen Föderalismus", in Michael Becker und Ruth Zimmering (Hg.), *Politik und Recht* (Politische Vierteljahresschrift Sonderheft 35), Wiesbaden: VS Verlag für Sozialwissenschaften, 306–332.

——— (2009), *Föderalismusreform: Kein Ausweg aus der Politikverflechtungsfalle?*, Frankfurt a.M., New York: Campus Verlag.

Scharpf, Fritz W., and Vivien A. Schmidt (eds.) (2000), *Welfare and Work in the Open Economy, Vol. I: From Vulnerability to Competitiveness*, Oxford: Oxford University Press.

Scharpf, Fritz W., Bernd Reissert, und Fritz Schnabel (1976), *Politikverflechtung:*

Theorie und Empirie des cooperativen Föderalismus in der Bundesrepublik, Kronberg/Ts.: Scriptor Verlag.

Schäuble, Wolfgang (1991), *Der Vertrag: Wie ich über die deutsche Einheit verhandelte*, Stuttgart: Deutsche Verlagsanstalt.

Schiffers, Reinhard (1984), *Grundlegung der Verfassungsgerichtbarkeit: Das Gesetz über den Bundesverfassungsgericht vom 12. März 1951*, Düsseldorf: Droste.

Schiller, Theo (1989), "Die FDP: Partei der wechselnden Wechselwähler", *Der Bürger im Staat* 39/4: 248–254.

Schmid, Josef (1990), *Die CDU: Organisationsstrukturen, Politiken und Funktionsweisen einer Partei im Föderalismus*, Opladen: Leske+Budrich.

―― (2013), "Wohlfahrtsverbände", in Andersen und Woyke (Hg.) (2013), 775–777.

Schmidt, Manfred G. (2003), "Rot-grüne Sozialpolitik (1998–2002)", in Egle, Ostheim, und Zohlnhöfer (Hg.) (2003), 239–258.

―― (2005), *Sozialpolitik in Deutschland: Historische Entwicklung und internationaler Vergleich*, Wiesbaden: VS Verlag für Sozialwissenschaften.

―― (2010), "Die Sozialpolitik der zweiten Grossen Koalition (2005 bis 2009)", in Egle und Zohlnhöfer (Hg.) (2010), 302–326.

Schmidt, Manfred G., und Reimut Zohlnhöfer (Hg.) (2006), *Regieren in der Bundesrepublik Deutschland: Innen- und Aussenpolitik seit 1949*, Wiesbaden: VS Verlag für Sozialwissenschaften.

―― (2006), "Rahmenbedingungen politischer Willenbildung seit 1949", in Schmidt und Zohlnhöfer (Hg.) (2006), 11–29.

Schmidt, Vivian A. (2006), *Democracy in Europe: The EU and National Polities*, Oxford: Oxford University Press.

Schneider, Jan (2007), "Rückblick: Zuwanderungsgesetz 2005", http://www.bpb.de/gesellschaft/migration/dossier-migration/56351/zuwanderungsgesetz-2005?p=all

Schröder, Gerhard (2007), *Entscheidungen: Mein Leben in der Politik*, Hamburg: Hoffmann und Campe.

Schroeder, Wolfgang (2010), "Geschichte und Funktion der deutschen Arbeitgeberverbände", in Wolfgang Schroeder und Bernhard Weßels (Hg.), *Handbuch Arbeitgeber- und Wirtschaftsverbände in Deutschland*, Wiesbaden: VS Verlag für Socialwissenschaften, 26–42.

―― (2013), "Unternehmerverbände," in Andersen und Woyke (Hg.) (2013), 702–711.

Schulten, Thorsten (2010), "Perspektiven des gewerkschaftlichen Kerngeschäfts:

Zur Reichweite der Tarifpolitik in Europa", http://www.bpb.de/apuz/32853/per spektiven-des-gewerkschaftlichen-kerngeschaefts-zur-reichweite-der-tarifpolitik-in-europa

Schwarz, Hans-Peter (1981), *Die Ära Adenauer 1949–1957* (Geschichte der Bundesrepublik Deutschland in fünf Bänden, Bd. 2), Stuttgart, Wiesbaden: Deutsche Verlags-Anstalt, F. A. Brockhaus.

Schwinn, Oliver (1997), *Finanzierung der deutschen Einheit: Eine Untersuchung aus politisch-institutionalistischer Perspektive*, Wiesbaden: Springer VS.

Seeleib-Kaiser, Martin (2010), "Socio-Economic Change, Party Competition, and Intra-Party Conflict: The Family Policy of the Grand Coalition", *German Politics* 19/3–4: 416–428.

—— (2014), "Welfare State Reform and Social Policy", in Padgett, Paterson, and Zohlnhöfer (eds.) (2014), 227–240.

Seibel, Wolfgang (1993), "Necessary Illusions: The Transformation of Governance Structures in the New Germany", in Christopher Anderson, Karl Kaltenthaler, and Wolfgang Luthardt (eds.), *The Domestic Politics of German Unification*, Boulder, London: Lynne Rienner Publishers, 117–134.

—— (2000), "Die 'Treuhand' als 'Winkelried'", *Der Büger im Staat* 50/4: 231–240.

Seils, Christoph (2013), "Das neue Wahlrecht und die Krux mit den Überhangmandaten", http://www.bpb.de/politik/wahlen/bundestagswahlen/163311/das-neue-wahlrecht?p=all

Spence, David (1992), "The European Community and German Unification", *German Politics* 1/3: 136–163.

Stiller, Sabina (2010), *Ideational Leadership in German Welfare State Reform: How Politicians and Policy Ideas Transform Resilient Institutions*, Amsterdam: Amsterdam University Press.

Stöss, Richard (1986), *Parteien-Handbuch*, 4 Bände (Sonderausgabe), Opladen: Westdeutscher Verlag.

Storz, Henning, und Bernhard Wilmes (2007), "Die Reform des Staatsangehörigkeitsrechts und das neue Einbürgerungsrecht", http://www.bpb.de/gesellschaft/migration/dossier-migration/56483/einbuergerung

Streeck, Wolfgang (1992), "Productive Constraints: On the Institutional Conditions of Diversified Quality Production", in Wolfgang Streeck, *Social Institutions and Economic Performance: Studies of Industrial Relations in Advanced Capitalist Economies*, London: Sage Publications, 1–40.

—— (1997), "German Capitalism: Does It Exist? Can It Survive?", in Colin Crouch and Wolfgang Streeck (eds.), *Political Economy of Modern Capitalism*, London: Sage Publications, 33–54.

―― (2005), "Industrial Relations: From State Weakness as Strength to State Weakness as Weakness - Welfare Corporatism and the Private Use of the Public Interest", in Green and Paterson (eds.) (2005), 138–164.

―― (2009), *Re-Forming Capitalism: Institutional Changes in the German Political Economy*, Oxford: Oxford University Press.

Streeck, Wolfgang, and Kathleen Thelen (eds.) (2005), *Beyond Continuity: Institutional Change in Advanced Political Economies*, Oxford: Oxford University Press.

Sturm, Roland (2013), "Zusammenarbeit im deutschen Föderalismus", https://www.bpb.de/izpb/159339/zusammenarbeit-im-deutschen-foederalismus?p=all

Stüwe, Klaus (1997), "Der 'Gang nach Karlsruhe': Die Opposition im Bundestag als Aantragsstellerin vor dem Bundesverfassungsgesetz", *Zeitschrift für Parlamentsfragen* 4/97: 545–557.

―― (2004), "Konflikt und Konsens im Bundesrat", http://www.bpb.de/apuz/27910/konflikt-und-konsens-im-bundesrat?p=all

SVR (Sachverständigenrat zur Begutachtung der gesamtwirtschaftlichen Entwicklung) (1974/75), *Jahresgutachten 1974/75: Vollbeschäftigung für Morgen*.

―― (1995/96), *Jahresgutachten 1995/96: Im Standortwettbewerb*.

―― (2001/02), *Jahresgutachten 2001/02: Für Stätigkeit - Gegen Aktionismus*.

Thränhardt, Dietrich (2009), "Migrations- und Integrationspolitik: Vom Korporatismus zur inszenierten Verstaatlichung", in Britta Rehder, Thomas von Winter, und Ulrich Wilmes (Hg.), *Interessenvermmittlung in Politikfeldern: Vergleichende Befunde der Policy- und Verbändeforschung*, Wiesbaden: VS Verlag für Sozialwissenschaften, 156–174.

Trampusch, Christine (2005), "Institutional Resettlement: The Case of Early Retirement in Germany", in Streeck and Thelen (eds.) (2005), 203–228.

―― (2009), *Der erschöpfte Sozialstaat*, Frankfurt a.M.: Campus Verlag.

Turner, Ed (2013), "The CDU and Party Organizational Change", *German Politics* 22/1-2: 114–133.

Turner, Ed, and Carolyn Rowe (2013), "Party Servants, Ideologues or Regional Representatives? The German Länder and the Reform of Federalism", *West European Politics* 36/2: 382–404.

Ullmann, Hans-Peter (1988), *Interessenverbände in Deutschland*, Frankfurt a.M.: Suhrkamp.

Die Unabhängige Kommission "Zuwanderung" (2001), *Zuwanderung Gestalten Integration Fördern*, Berlin.

Vanberg, Georg (2000), "Establishing Judicial Independence in West Germany: The Impact of Opinion Leadership and the Separation of Powers", *Comparative Politics* 32: 333–353.

—— (2005), *The Politics of Constitutional Review in Germany*, Cambridge: Cambridge University Press.

Visser, Jelle, and Jolis Van Ruysseveldt (eds.) (1996), *Industrial Relations in Europe: Traditions and Transitions*, London: Sage Publications.

Vorländer, Hans (2011), "Regiert Karlsruhe mit? Das Bundesverfassungsgericht zwischen Recht und Politik", http://www.bpb.de/apuz/33164/regiert-karlsruhe-mit-das-bundesverfassungs-gericht-zwischen-recht-und-politik?p=all

Wagner, Christoph (1998), "Pizza-Connection", in Tobias Dürr und Rüdiger Soldt (Hg.), *Die CDU nach Kohl*, Frankfurt a.M.: Fischer Taschenbuch Verlag, 30–45.

Weber, Hajo (1987), "Desynchronisation, Dezentralisierung, - und Dekomposition? Die Wirkungsdynamik des Tarifkonflikts '84 und ihre Effekte auf das System industrieller Beziehungen", in Heidrun Abromeit und Bernhard Blanke (Hg.), *Arbeitsmarkt, Arbeitsbeziehungen und Politik in den achziger Jahren* (Leviathan Sonderheft 8), Opladen: Westdeutscher Verlag, 133–146.

Wengst, Udo (1985), "Adenauers erste Koalitions- und Regierungsbildung im Spätsommer 1949", *Aus Politik und Zeitgeschichte* B18/85: 3–14.

Wessels, Bernhard (2004), "The German Party System: Developments after Unification", in Werner Reutter (ed.), *Germany on the Road to "Normalcy": Policies and Politics of the Red-Green Federal Government (1998-2002)*, London: Palgrave Macmillan, 47–66.

Wiesendahl, Elmar (2011), *Volksparteien: Aufstieg, Krise, Zukunft*, Opladen: Verlag Barbara Budrich.

Zohlnhöfer, Reimut (2001), *Die Wirtschaftspolitik der Ära Kohl: Eine Analyse der Schlüsselentscheindungen in den Politikfeldern Finanzen, Arbeit, und Entstaatlichung, 1982–1998*, Wiesbaden: Westdeutscher Verlag.

—— (2014), "Economic Policy", in Padgett, Paterson, and Zohlnhöfer (eds.) (2014), 149–165.

板橋拓巳 (2014), 『アデナウアー——現代ドイツを創った政治家』中公新書.

エスピン-アンデルセン, イエスタ (2001), 『福祉資本主義の三つの世界』岡沢憲芙・宮本太郎監訳, ミネルヴァ書房.

大重光太郎（2014），「労使関係」西田・近藤編（2014），146-173．
大西楠・テア（2014），「グローバル化時代の移民法制と家族の保護──家族呼び寄せ指令とドイツの新移民法制」『社会科学研究』65/2：157-183．
木村俊夫（2003），「言論の自由と基本権の第三者効力──リュート判決」ドイツ憲法判例研究会編『ドイツの憲法判例（第2版）』信山社，157-161．
倉田聡（2007），「ドイツの医療改革の軌跡──2004年改革から2006年改革へ」『クォータリー生活福祉研究』15/4：1-19．
クレスマン，クリストフ（1995），『戦後ドイツ史1945-1955──二重の建国』石田勇治・木戸衛一訳，未来社．
近藤潤三（2007），『移民国としてのドイツ』木鐸社．
近藤正基（2009），『現代ドイツ福祉国家の政治経済学』ミネルヴァ書房．
齋藤純子（2008），「ドイツの外国人統合政策」国立国会図書館調査及び立法調査局『総合調査　人口減少社会の外国人問題』．
佐藤進（1983），『現代西ドイツ財政論』有斐閣．
佐藤成基（2014），「移民政策」西田・近藤編（2014），293-320．
シュトレーク，ヴォルフガング（1987），「ネオ・コーポラティズム的労使関係と経済危機──西ドイツの場合」，J. H. ゴールドソープ編『収斂の終焉──現代西欧社会のコーポラティズムとデュアリズム』稲上毅他訳，有信堂，245-278．
ショレゲン，グレゴーア（2015），『ヴィリー・ブラントの生涯』岡田浩平訳，三元社．
高橋進（1994），『解体する現代権力政治』朝日新聞社．
──（1999），『歴史としてのドイツ統一──指導者たちはどう動いたか』岩波書店．
田口晃・土倉莞爾編（2009），『キリスト教民主主義と西ヨーロッパ政治』木鐸社．
ツェベリス，ジョージ（2009），『拒否権プレイヤー──政治制度はいかに作動するか』眞柄秀子・井戸正伸訳，早稲田大学出版部．
坪郷實（1989），『新しい社会運動と緑の党──福祉国家のゆらぎの中で』九州大学出版会．
テルチク，ホルスト（1992），『歴史を変えた329日──ドイツ統一の舞台裏』三輪晴啓・宗宮好和訳，日本放送出版協会．
戸田典子（2007），「ドイツの滞在法──『外国人法』からEU『移民法へ』」『外国の立法』234：4-112．
中村民雄・須網隆夫編（2007），『EU法基本判例集』日本評論社．
中村良平（1991），「社会的市場経済の運営コスト──統一費用と財政制度」住谷一彦・工藤章・山田誠編『ドイツ統一と東欧変革』ミネルヴァ書房，147-179．
ナフタリ，フリッツ編（1983），『経済民主主義──本質・方途・目標』御茶の水書房．
西田慎・近藤正基編（2014），『現代ドイツ政治──統一後の20年』ミネルヴァ書房．
布川日佐史（2010），「ドイツにおける格差・貧困と社会保障改革」『ドイツ研究』44：

38-48.

野田昌吾 (1998)，『ドイツ戦後政治経済秩序の形成』有斐閣.

平島健司 (1994)，『ドイツ現代政治』東京大学出版会.

―― (1996)，「連邦制と政党制の変容」坂井榮八郎・保坂一夫編『ヨーロッパ=ドイツへの道』東京大学出版会，101-127.

広渡清吾 (1994)，「ドイツ外国人法制の新局面――移民社会と難民問題」『ドイツ研究』18：1-15.

藤井良広 (2013)，『EUの知識（第16版）』日経文庫.

フルブルック，メアリー (2009)，『二つのドイツ 1945-1990』芝健介訳，岩波書店.

ベーカーⅢ，ジェームズ・A. (1997)，『シャトル外交 激動の4年』仙名紀訳，新潮文庫.

マンダン，クリステル，ブルノ・パリエ (2004)，「フランスにおける年金制度改革の政治過程――交渉，デモ，遅延」新川敏光，ジュリアーノ・ボノーリ編『年金改革の比較政治学――経路依存性と非難回避』ミネルヴァ書房.

安野正明 (2004)，『戦後ドイツ社会民主党史研究序説――組織改革とゴーデスベルク綱領への道』ミネルヴァ書房.

山口和人 (2010)，「ドイツの第二次連邦制改革（連邦と州の財政関係）(1)――基本法の改正」『外国の立法』243：3-18.

―― (2012)，「ドイツの選挙制度改革――小選挙区比例代表併用制のゆくえ」『レファランス』6月号：29-50.

山田徹 (2008)，「ドイツにおける連邦制改革の現状――第52次基本法改正によせて」若松隆・山田徹編 (2008)，『ヨーロッパ分権改革の新潮流』中央大学出版部，29-61.

リッター，ゲルハルト・A. (2013)，『ドイツ社会保障の危機――再統一の代償』竹中亨監訳，ミネルヴァ書房.

ルップ，H. K. (1986)，『現代ドイツ政治史』深谷満雄訳，有斐閣.

レッシェ，ペーター，フランツ・ヴァルター (1996)，『ドイツ社会民主党の戦後史――国民政党の実践と課題』岡田浩平訳，三元社.

レームブルッフ，ゲルハルト (2004)，『ヨーロッパ比較政治発展論』平島健司編訳，東京大学出版会.

レンチュ，W. (1999)，『ドイツ財政調整発展史』伊東弘文訳，九州大学出版会.

労働政策研究・研修機構 (2006)，『ドイツにおける労働市場改革――その評価と展望』労働政策研究報告書 No. 69.

あとがき

　近年のドイツといえば，地球温暖化を食い止めようとする国際的な取り組みをリードする国として知られるほか，福島第一原発の事故を受けて脱原発へと速やかに舵を取り直して世界中から注目を集めたことが記憶に新しい．あるいは，連邦政府が産業界や学界に呼びかけ，生産をインターネットで結び付けて「第4次産業革命」を起動させようとする試みにも，内外から熱い視線が向けられている．このような点を考えれば，環境政策ないしエネルギー政策，あるいは産業政策を真っ先に取り上げてドイツ政治を論じるべきなのかもしれない．しかし，本書の意図は，もう少し学問的で歴史的であり，野心的でもある．ドイツ政治を動かすメカニズムはいかなるものであり，そのメカニズムを働かせる構造はどのようにして形成されてきたのだろうか．これらの問いに答えるべく，考察を重ねたのが本書である．

　国家と社会のさまざまな主体が，政治的課題の解決を模索し，その解決策として既存の制度を改め，新たな制度を作る．そして，それらの制度が次なる課題に取り組む主体にとっての前提となる．主体と制度との間のこのような相互作用を念頭におき，国家統一以降のドイツ政治の展開を描くべく，アメリカの政治学者カッツェンシュタインが連邦共和国を「半主権国家」と呼んで定式化した枠組みを導きの糸として執筆を進めた．

　2015年初頭，意を決して筆を起こしてから終章を書き終えるまで，およそ2年間を要することになったが，本書の一部はその直前の時期に発表した次の2本の論文をもとにしている．

「二大政党と社会国家のゆくえ」『ドイツ研究』47号（2013年），99–113．
「歴史の長い影――ビスマルク型福祉国家と政治過程」『社会科学研究』66
　巻1号（2014年），139–161．

　後者で検討した隣国との比較を意識しながら，国家統一後のドイツがとげた変貌の全体像を明らかにしようとして思考を重ねたわけだが，その土台には，

これまで東京大学法学部で半ば定期的に提供してきた「現代ドイツの政治」の講義や，とりわけ，2014年度後期に世田谷市民大学で開講した講義があった．もっぱら自問自答を繰り返した作業が少しでも独善から逃れ得たとしたら，講義に耳を傾けてくださった学生や聴講生のみなさんのおかげである．

　本書の完成を機に，ドイツのゲルハルト・レームブルッフ名誉教授には，改めて感謝の言葉を申し上げたい．西ドイツの最後期の2年間にドイツ学術交流会（DAAD）奨学生としてコンスタンツ大学で研究できたことは，筆者のその後の研究者としての歩みを決定づける大きな幸運であった．当時は同教授の助手であったが，その後，さまざまな機会を通じて交流を続けることができたローランド・チャーダ現オスナブリュック大学教授を初め，レームブルッフ教授の周辺にあった幾人かの政治学研究者との間のつながりも得難い財産になったと思う．彼らにいかに多くを負っているのかは，巻末に掲げた文献一覧からも一目瞭然であろう．

　思えば，ベルリンの壁が崩れる直前のドイツを離れ，そこで学んだ知見をもとに『ドイツ現代政治』を世に問うたのも20年以上前にまで遡る．それ以来，研究者としてどこまで学問を掘り下げることができたのかは，読者諸賢の批判と評価を待つしかない．前著では，まさに歴史的な激動を目の当たりにした高揚感と，留学の幸福な記憶から力を得て上梓へと一気にこぎ着けた．まだ幼かった息子たちはその後，社会人となり，ヨーロッパ研究に没頭する父親を尻目にアジアに旅立ちつつある．時代の流れと一抹の寂しさを感じないわけではないが，ともかくも周囲の人々に助けられつつ研究を続けてこられたことに心から感謝したい．

　本書の出版にあたっては，東京大学出版会の奥田修一氏の手を煩わせた．ますます磨きのかかった氏の編集者魂に深い敬意を払いつつ心からお礼を申し上げる．美しく仕上がった本書を前に，共に間もなく還暦を迎える妻のよう子とささやかな祝杯をあげることにしよう．

　　　2017年1月　大寒をすぎた井の頭にて

平島　健司

人名索引

＊ ドイツの主要な政治家については『岩波 世界人名大辞典』（岩波書店，2013 年）を参照．

ア 行

アイヒェル（Eichel, Hans）　124, 127-128
アデナウアー（Adenauer, Konrad）　26-27, 33, 35, 37, 39, 43, 45, 50-51, 54, 57, 59-60, 62, 93
アトリー（Attlee, Clement）　29
アルブレヒト（Albrecht, Ernst）　98
ヴァイトマン（Weidmann, Jens）　6
ヴェスターヴェレ（Westerwelle, Guido）　5
ヴェーバー（Weber, Axel）　6
ヴォヴェライト（Wowereit, Klaus）　145, 172
ヴルフ（Wulff, Christian）　176
エアハルト（Erhard, Ludwig）　60, 83-84
エッティンガー（Oettinger, Günther）　156
エーハルト（Ehard, Hans）　43
エングホルム（Engholm, Björn）　168
オレンハウアー（Ollenhauer, Erich）　59

カ 行

カイザー（Kaiser, Jakob）　56
カッツェンシュタイン（Katzenstein, Peter J.）　9, 19, 177, 181
カルステンセン（Carstensen, Peter Harry）　153
キージンガー（Kiesinger, Kurt Georg）　47, 60, 84
キューン（Kühn, Heinz）　165
グライケ（Gleicke, Iris）　12
クラウゼ（Krause, Günther）　96
クレッチュマン（Kretschmann, Winfried）　65
クレメント（Clement, Wolfgang）　99, 124, 129, 139
クレンツ（Krenz, Egon）　93
ゲルスター（Gerster, Florian）　124
ケーラー（Köhler, Horst）　96, 176
ゲンシャー（Genscher, Hans-Dietrich）　86, 111
コッホ（Koch, Roland）　131, 154, 171
コール（Kohl, Helmut）　4, 10-11, 20, 54, 62-63, 67-68, 74, 88-89, 92-97, 99, 101-105, 110, 112, 115, 122-123, 125-127, 135-136, 163, 165-166, 170, 181
ゴルバチョフ（Gorbatschow, Michail）　93-94

サ 行

ザイタース（Seiters, Rudolf）　168-169
サッチャー（Thatcher, Margaret）　90, 95
ザラツィン（Sarrazin, Thilo）　175
シェール（Scheel, Walter）　62
シャルプ（Scharpf, Fritz W.）　55
ジュスターヘン（Süsterhenn, Adolf）　33
ジュスムート（Süssmuth, Rita）　172
シュタインキューラー（Steinkühler, Franz）　115
シュタインブリュック（Steinbrück, Peer）　154, 156, 158
シュタルク（Stark, Jürgen）　6
シュトイバー（Stoiber, Edmund）　149, 152, 154, 171-172
シュトルック（Struck, Peter）　156
シュトルペ（Stolpe, Manfred）　103, 110, 139, 172
ジュペ（Juppé, Alain）　121
シューマッハー（Schumacher, Kurt）　26-27, 57, 59
シュミット，ウラ（Schmidt, Ulla）　132-134
シュミット，ヘルムート（Schmidt, Helmut）　55, 60-63, 68, 76, 78, 81, 88-89, 92, 165
シュミット，レナーテ（Schmidt, Renate）　138
シュランゲ・シェニンゲン（Schlange-Schöningen, Hans）　27
シュレーダー（Schröder, Gerhard）　4-5, 11, 54, 64, 68, 98, 125-132, 134-139, 141, 143-144, 146-148, 152, 162-164, 170-174, 177-178, 180-181
ショイブレ（Schäuble, Wolfgang）　96, 98-101,

160, 166, 169, 171, 174, 176
ジョスパン (Jospin, Lionel) 121
シラー (Schiller, Karl) 60, 84, 86-87
シリー (Schilly, Otto) 162, 171-172
ゼーホーファー (Seehofer, Horst) 5, 132-133,
　158, 160, 176, 183
ゼラーリング (Sellering, Erwin) 159-160

タ 行

ツィンマーマン (Zimmermann, Friedrich)
　165-166
ツヴィッケル (Zwickel, Klaus) 122, 125
ティートマイヤー (Tietmeyer, Hans) 96
ディープゲン (Diepgen, Eberhard) 145
ディンケルバッハ (Dinkelbach, Heinrich) 29
デメジエール, トーマス (de Maizière,
　Thomas) 175
デメジエール, ロタール (de Maizière,
　Lothar) 96-99, 103, 113
デーラー (Dehler, Thomas) 51
トイフェル (Teufel, Erwin) 154
ドラギ (Draghi, Mario) 6
ドロール (Delors, Jacques) 95

ナ 行

ニッパーダイ (Nipperdey, Thomas) 26

ハ 行

パターソン (Paterson, William E.) 4
バラデュール (Balladur, Édouard) 121
ハルツ (Hartz, Peter) 128-129
バルツェル (Barzel, Rainer) 62
ビスマルク (Bismarck, Otto von) 48
ビーデンコプフ (Biedenkopf, Kurt) 62, 110
フィッシャー (Fischer, Andrea) 131-132, 134
フォーゲル (Vogel, Hans-Jochen) 97, 110
フォシェラウ (Voscherau, Henning) 101
フォン・デア・ライエン (von der Leyen,
　Ursula) 138
フォン・ドホナーニ (von Dohnanyi, Klaus)
　139
ブラント (Brandt, Willy) 45, 54-55, 60, 66, 86,
　89, 93, 110

ブリューム (Blüm, Norbert) 91, 121, 123, 125,
　135
ブレア (Blair, Tony) 125
プロイス (Preuß, Hugo) 26
ベック (Beck, Ulrich) 4
ベックラー (Böckler, Hans) 29
ヘプカー・アショフ (Höpker-Aschoff,
　Hermann) 51, 59
ベーマー (Böhmer, Maria) 174
ペール (Pöhl, Karl Otto) 76, 96
ヘルメス (Hermes, Andreas) 27
ホイス (Heuss, Theodor) 51, 59
ホーネッカー (Honecker, Erich) 10, 93, 113
ポファラ (Pofalla, Ronald) 71

マ 行

マイアー (Maier, Reinhold) 26, 51
マーシャル (Marshall, George) 22
ミッテラン (Mitterrand, François) 95
ミュラー (Müller, Peter) 172
ミュンテフェリング (Müntefering, Franz)
　134, 137, 149, 152, 154
メルケル (Merkel, Angela) 1, 3-6, 9, 11-12,
　45, 48, 64-65, 68, 70-71, 134, 137, 142, 144,
　153, 155, 173, 175-176, 178, 180-183
メンツェル (Menzel, Walter) 43
モドロウ (Modrow, Hans) 94-95, 103

ラ 行

ライプホルツ (Leibholz, Gerhard) 48, 50, 52
ラフォンテーヌ (Lafontaine, Oskar) 64, 69,
　96-98, 110, 125, 127
ラメロウ (Ramelow, Bodo) 65
リースター (Riester, Walter) 126, 135
リューエ (Rühe, Volker) 168
リュールップ (Rürup, Bert) 133, 137
リングシュトルフ (Ringstorff, Harald) 153,
　159
レスラー (Rösler, Philipp) 5
レームブルッフ (Lehmbruch, Gerhard) 26,
　48, 55, 81, 83, 100
ローヴェダー (Rohwedder, Detlev) 104

事項索引

ア 行

アジェンダ 2010　64, 129-130, 181
新しい社会運動　63
アーレン綱領(CDU)　27, 29
安定・成長協定　→SGP
安定評議会　158
異議法律(異議立法，異議法案)　43, 66, 68, 122-123, 126, 128, 132
医師会　19
移住に関する独立委員会　172
移住の背景　175
移住法(EU市民と外国人の移住の制御と制限ならびにその滞在と統合の規制に関する法律)　161-163, 171, 173, 178, 180
一体性理論　46, 150
逸脱後法　151-152
一般拘束力宣言　86, 137
医療構造現代化法　→GMG
医療構造法　→GSG
医療分野における協調行動　81-82
英米占領区(バイゾーン)　22
越境者　95-96
援護(原則)　40, 71
オイルショック　8, 86-88, 117-118
欧州安定メカニズム　→ESM
欧州委員会　13
欧州共同体　→EC
欧州金融安定ファシリティ　→EFSF
欧州司法裁判所　→ECJ
欧州中央銀行　→ECB
欧州統合　4, 7-9, 11, 54, 93-94, 181
欧州防衛共同体　50, 52
欧州連合　→EU
オーデル・ナイセ線　95
オプション・モデル　170-171
オルド自由主義　57

カ 行

改革の停滞　11, 139-140, 150, 180
階級政党　59
外国人雇用問題のための連邦・州委員会　165
外国人の入国と滞在に関する法律　→外国人法
外国人法(1965年制定)　163
　――改正(1990年)　171
　改正(新)――(外国人の入国と滞在に関する法律)　166-167, 170
外国人問題代表　165, 174
外国人労働者　88, 164-165
介護保険　121, 133
改正外国人法　→外国人法
海賊党　6
開放条項　86, 129-130
化学労組　91, 104
活性化　117-118, 123-124, 128, 135
カルテル政党　69-71, 73
簡易化された帰化　166, 170-171
監査役会　77-78
管理理事会(連合国管理理事会)　21-22
　――令　23
議会協議会　22-24, 26-27, 31-33, 44
帰還者　163-164, 169-170
　後期――　175
機関争訟　7, 32, 48-49, 51
帰国促進法　88, 165
基準法(州間財政均衡のための売上税税収の配分ならびに連邦補充交付金の譲与のための憲法規程を具体化する一般的基準に関する法律)　146-147, 159
北大西洋条約機構　→NATO
基本法　13, 16, 22, 24, 31-33, 42-44, 48, 53, 56, 73, 97, 140, 142, 146, 150, 155, 162, 167, 175, 178
　――改正　45-47, 85, 101, 142-143, 148, 155, 159, 168-169
90年同盟・緑の党　→緑の党

求職者基礎保障　124, 137
競合的立法(権)　43-45, 140-141, 148, 150-152
競争的連邦主義　141, 154, 159
協調行動　84-87, 92, 174
協調的連邦制　8, 10-11, 13-14, 19-20, 22-23, 41-42, 45, 48, 55, 60, 62, 75, 87, 110, 140, 143, 148, 159, 177, 180
共通の外交政策　59
共同決定(制度)　11, 16, 20, 23, 29, 39, 76-79, 113, 165, 184
共同決定法　78, 87
共同事務　19, 42, 47, 85, 150, 152
協同組織　130-131
共同体方式　4, 8
協約自治の原則　85, 87, 90, 128, 130, 138
共和党　168
拒否権プレーヤー　52
キリスト教社会主義　28-29, 56
キリスト教社会同盟　→CSU
キリスト教民主同盟　→CDU
キリスト教民主同盟・社会同盟　→CDU/CSU
キリスト教労働組合　→CGB
キリスト教労働運動　38
金属業争議　90
金属労組　85, 88, 90-91, 104, 115, 122, 125, 129
緊縮・再建・成長プログラム　121
グリーンカード　164, 172
グローバル化　11, 17, 54, 70, 117, 152, 157, 177, 179
景気委員会　84
経済安定・成長法　84-85, 158
経済研究所　76, 147
経済諮問委員会　76-77, 84, 96
経済通貨同盟　→EMU
経済民主主義　28, 77
ケインズ主義　60, 76, 83-84, 88, 92
結節点　9-10, 13-14, 19, 41, 53, 75, 110, 177, 180, 184
血統主義　161
ケーニヒシュタイン公式　182
建設的不信任　16
憲法異議　7, 15, 49, 87, 90, 131
工業中核地帯　104

鉱山・化学・エネルギー労働組合　→IG BCE
構造改革　117-119, 124-126, 131, 135-136, 177
合同憲法委員会　148, 160
公務員・運輸・交通労働組合　→ÖTV
公務員労働組合　→DBB
高齢化　41, 139, 177, 183
国籍法(改正)　162-163, 171-172, 180
国内改革　60
国民政党　57, 59-62, 69-71
国民統合計画　174
国有化　→社会化
個人年金　117, 124, 126, 135, 137
国家条約(通貨，経済，社会同盟を創設する条約)　97-101, 110, 113
国家保安庁　→シュタージ
コーポラティズム化(戦略)　82, 134, 174-175, 179
雇用エージェンシー　130
雇用会社　127
雇用局　114, 127, 129-130
雇用促進会社　→ABS
雇用促進法　124
雇用庁(連邦雇用庁)　14, 19, 39, 76, 79, 87-90, 104, 114-115, 119, 121, 123-124, 127-128, 130, 165, 178
雇用と生産立地確保のための同盟　122
雇用のための同盟(雇用と教育，競争力のための同盟)　125, 128
コンビナート　101, 104

サ　行

再就労条件　123
宰相民主主義　181
財政赤字　1-2, 6, 13, 103, 106, 135
財政協調　3, 6-7, 13, 49
財政均衡／財政調整(制度)　12-14, 44, 98, 100-101, 106-107, 109, 121, 140-144, 146-148, 152, 157, 159-160, 178-180
　州間(水平的)——　45-47, 141, 146, 179
財政制度改革　47
財政連邦制度(財政連邦主義)　32, 42, 44, 46, 85, 140-142, 150, 152, 180
最低賃金　137-138

債務危機　1, 5, 7, 9, 48
債務返済基金　105, 107
債務防止ブレーキ　12-13, 142, 158, 160, 178, 180
作業共同体　62, 125
ザクセン　108-109, 111, 115, 139, 141, 144-145, 154, 168
ザクセン・アンハルト　104, 108, 112, 141, 144-145, 158, 172
左翼党　5, 49, 54, 65
ザールラント　26, 96-98, 106-107, 110, 141, 144-145, 155, 157-158
産業部門別労働協約　→労働協約
産別労組　18, 28, 85, 91
シェンゲン協定　182
支援と要請　128, 135, 162-163, 176
事業所　77
事業所委員会　11, 77-79, 86, 88, 90-91, 113, 125, 164
事業所構成法　77
自治体財政改革委員会　128
失業　10-11, 84, 87, 89-90, 101, 111, 118, 139, 163, 165
失業給付
　──Ⅰ　130
　──Ⅱ　127, 130-131, 136-138
失業手当　89-90, 105, 113, 121-123, 127-129, 137
失業扶助　38, 105, 121-124, 126-128, 131, 135-137
疾病金庫　18-19, 37-38, 79, 81-82, 113-114, 118-120, 124, 131, 134, 136-137, 180
疾病手当　41, 132
疾病保険・競争強化法　132-133
児童支援法　138
児童手当　39, 105
社会委員会　61, 105, 123
社会化(国有化)　23, 29
社会計画　104
社会国家　32, 40-41, 62, 70, 128-129, 136-138, 178, 180
社会裁判所　78
社会主義帝国党　→SRP

社会主義統一党　→SED
社会的市場経済　8, 28, 57, 60, 62, 70-71, 83, 99
社会的自治　14, 38-39, 79, 115, 123, 178, 180
社会的付加給付　113
社会パートナーシップ　29
社会扶助　40, 105, 122-123, 126-128, 130, 136-137
社会保険国家　39, 138
社会保障システムの持続可能な財政のあり方を考える委員会　133
州間財政均衡　→財政均衡／財政調整(制度)
州間財政均衡のための売上税収の配分ならびに連邦補充交付金の譲与のための憲法規程を具体化する一般的基準に関する法律　→基準法
自由ドイツ労組連盟　→FDGB
宗派学校　27
州評議会　21
自由民主党　→FDP
自由民主連盟　96
就労促進改革法　123
就労促進法　90, 104, 119, 124
就労扶助　127
シュタージ(国家保安庁)　100, 108
10項目提案(ドイツとヨーロッパの分断を克服するための10項目提案)　94, 181
出生地主義　161
主導文化　176
ジュニア教授　151
ジュネーヴ難民条約　167
シュレスヴィヒ・ホルシュタイン　24, 46, 66, 107, 141, 144-145, 148, 153, 157-158, 168, 172
準公的制度　10-11, 13-14, 19-20, 39, 75-83, 87, 92, 103, 112, 114, 147, 165, 173-174, 177-178, 180, 182
承継債務減債基金　107
商工会議所　16, 20, 28, 80, 104, 115
少子化(少子高齢化)　41, 54, 117, 157
ジョブ・アクティフ法　128
新外国人法　→外国人法
新5州　10, 12-13, 106-107, 109-110, 114-115, 121

事項索引　211

新自由主義　64, 89, 135
信託庁　10, 13, 100-101, 103-105, 107, 115, 119
新東方外交　54, 60, 62, 93
新保守主義　63, 123
水平的財政均衡／財政調整　→財政均衡／財政調整(制度)
生活関係の統一性(ないし均質性)　47, 140, 159
政綱　16, 181
政策ネットワーク　10, 81, 83, 177-178
生存配慮(原則)　35, 40, 71, 80
政党法　62
石炭鉄鋼業　11
石炭鉄鋼共同体　8
全欧安全保障協力会議　→CSCE
先決裁定　7
占領規約　31
早期退職　89, 92, 119, 121, 135
操短手当　90, 113, 119
阻止条項　54, 59, 63, 72, 98, 112

タ　行

第3の道　125
大衆政党　69, 71
退職前賃金支給法　89
大統領(連邦大統領)　16, 50-51
脱物質主義　63
ダブリン規則　182-183
多文化主義　176
団体交渉(制度)　11, 85, 87, 113, 184
地区諮問委員会　22
秩序政策　8
中央党　57
抽象的法令審査　32, 49-50, 144, 160
チューリンゲン　108, 111, 139, 141, 144-145
超過議席　54
調整委員会　44, 66, 68, 106, 122-123, 130-132, 173
賃金ドリフト　86
賃金付随コスト　133, 141
通貨改革　22, 36-37, 76
通貨、経済、社会同盟を創設する条約　→国家条約
通貨同盟(東西ドイツ間の)　95-98, 100, 111, 115, 181
通貨同盟(EUの)　→EMU
2プラス4条約　95
積立年金　135
積立方式　39, 124, 126
底辺民主主義　63, 71
デモンタージュ　21
デュッセルドルフ指針(CDU)　28
ドイツ・イスラム会議　82, 174-176, 178
ドイツ共産党　→KPD
ドイツ郡会議　131
ドイツ産業連盟　→BDI
ドイツ社会同盟　→DSU
ドイツ社会民主党　→SPD
ドイツ商業会議　81
ドイツ商工会議　→DIHK
ドイツ使用者連盟　→BDA
ドイツ条約　50
ドイツ職員労働組合　→DAG
ドイツ諸州銀行　76
ドイツ党　→DP
ドイツ統一基金　12, 98, 100, 102-103, 106-107, 147
ドイツとヨーロッパの分断を克服するための10項目提案　→10項目提案
ドイツ農民連盟　→DBV
ドイツのための選択肢　→AfD
ドイツのための同盟　95-96
ドイツ民族同盟　→DVU
ドイツ・モデル　11, 20
ドイツ連邦銀行　→連銀
ドイツ労働総同盟　→DGB
統一条約　97, 99-100, 106, 110, 119
同意法律(同意立法，同意法案)　43-44, 46-47, 55, 66, 68, 85, 123-124, 126, 148, 150, 178
同権　38-39
統合コース　161-162, 173-174
統合サミット　82, 174-175, 178
統合政策　164
統合と移住のためのドイツ財団諮問委員会　173
動態化　39
動態年金　35

東部躍進共同事業　102
トルーマン・ドクトリン　22

ナ　行

難民（庇護申請者）　96, 123, 162-165, 167-169, 181-183
　──申請　182
西側統合政策　54, 57, 59, 93
二重国籍　170-171, 180
二大政党　13, 180, 184
ニーダーザクセン　24, 26, 46, 57, 97-98, 107, 129, 141, 144-145, 148, 166, 172
ノルトライン・ヴェストファーレン　22, 24, 29, 57, 99, 106, 141-142, 145-146, 148, 152, 172

ハ　行

バイエルン　24, 26, 62, 106, 140-142, 144-145, 149, 154, 158, 160, 176, 179
バイゾーン　→英米占領区
バーデン・ヴュルテンベルク　24, 26, 51, 65, 90, 106, 140-142, 144-145, 168, 184
バート・ゴーデスベルク（基本）綱領（SPD）　59, 70
ハノーファ・クライス　144, 146-147, 154
ハノーファ（基本）綱領（CDU）　70-71
パリ条約　50
ハルツ（改革，法）　11, 14, 33, 54, 136, 178-179
　──Ⅰ　129
　──Ⅱ　129, 138
　──Ⅲ　130
　──Ⅳ　118, 124, 127, 130, 137-138, 180
ハルトマン同盟（ドイツ医師連合会）　18
反省的多国間主義　4, 8
ハンブルク　24, 46, 141-142, 144-145, 172
ハンブルク綱領（SPD）　70
庇護申請者　→難民
庇護妥協　168-170, 175, 182
ビスマルク型　→福祉国家
被用者・派遣法　137
病休時の賃金の継続支払い（継続支払い賃金）　40-41, 122, 125
賦課方式　35, 39, 113, 125, 135
福祉国家

ビスマルク型──　11, 14, 34, 57, 117-118, 135-136, 180
ベヴァリッジ型──　34, 37
福祉コーポラティズム　92, 118, 178-179
負担均衡法　37
部分就労移行法　121
フランクフルト文書　22
ブランデンブルク　103, 106, 108, 126, 141, 144-145, 172
ブレーメン　24, 106-107, 126, 141, 144-146, 155, 157-158, 168
プロイセン解体　23
プロイセン商業会議　81
文化高権　15, 151, 174
ベヴァリッジ型　→福祉国家
ヘッセン　24, 26, 29, 90, 129, 141-142, 144-145, 160, 171
ベルリン　107-108, 112, 126, 141, 144-146, 154-155, 158, 172
ベルリン基本綱領（SPD）　63
ベルリン宣言　21
ベルリンの壁の崩壊　93
ペレストロイカ　93-94
変動相場制　87
ポイント・システム　164, 173
包括政党　69-71, 75
法治国家　48
補完性（原則）　8, 39-40, 62, 70-71, 80
保険（原則）　40, 71
保険医協会　19-20, 81-82, 114
保健基金　118, 124, 133-134, 136, 180
ポツダム会談　21-22
ポリクリニーク　114

マ　行

マーシャル・プラン　22
マーストリヒト条約　4, 7
マネタリズム　76, 87
ミディジョブ　138
緑の党（90年同盟・緑の党）　4-5, 54, 63-65, 71, 98-99, 110-112, 125, 169-170, 184
ミニジョブ　129, 138
ミリュー　23, 57

事項索引　213

民間福祉団体　76, 79-80, 114, 165, 182
民主社会主義党　→PDS
民主主義の出発　95
メクレンブルク・フォアポンメルン　108-109, 126-127, 141, 144-145, 153, 168, 172
モンタン産業共同決定法　77

ヤ　行

ユーロ（圏）　2-6, 14
養育手当　105, 138
要求度（労働への）　129-130
予算緊急事態　155, 158
4つ（5つ）のD　21
より力強い成長と雇用のためのプログラム　123

ラ　行

ラインラント・プファルツ　24, 26, 103, 107, 127, 141, 144-145, 171-172
リースター年金　118, 124, 126-127
リスボン条約　7
リーマン・ショック　33
両親手当　138
ルール（地区）　22-23, 29, 56
冷戦の終焉　54, 63, 71
連銀（ドイツ連邦銀行）　6, 13-14, 19, 75-77, 83-84, 87, 92, 96, 105
連合国管理理事会　→管理理事会
連帯協定
　──Ⅰ　12, 107, 115, 140-144, 147, 178
　──Ⅱ　12, 141-143, 146-147, 150, 157, 159-160, 178-180
連帯付加税　103, 107
連邦移民・難民庁　82, 173-174
連邦援護法　37, 39
連邦議会　16, 28, 43-44, 49-52, 54-56, 60, 65-68, 88, 98, 106, 130, 142-143, 145, 148-149, 153, 155, 173
連邦技術支援隊　→THW
連邦憲法裁判所　→BVG
連邦雇用エージェンシー　14, 130
連邦雇用庁　→雇用庁
連邦再建プログラム　105, 121

連邦参議院　8, 15-16, 22-23, 42-46, 50-52, 55, 61, 66-68, 71, 76, 98, 103, 106, 108-109, 122-123, 126-127, 129-132, 136, 140, 142-143, 145, 148-150, 153, 155, 159, 166, 170-173
連邦社会扶助法　40
連邦・州間財政関係の現代化のための合同委員会　155
連邦制改革
　──Ⅰ　12, 142, 153, 155-156, 158-159, 178, 180
　──Ⅱ　12, 142, 155, 158-159, 178, 180
連邦制国家秩序の現代化のための連邦議会・連邦参議院合同委員会　149
連邦制的争訟　32, 49
連邦大統領　→大統領
連邦補充交付金　12, 47, 107, 141, 144, 155, 158, 179
労働協約　17-18, 78-79, 85-86, 90-91, 115-116, 121-122, 129, 138, 178
　産業部門別──　91, 130
労働裁判所　76-78, 89, 114
労働省　82, 113, 126, 128-129, 134
ローテンフェルス覚書　39

ワ　行

ワイマール期　28, 38, 77
ワイマール共和国　16, 23, 28, 48, 50, 53-54, 79
枠組み立法（権）（枠組み法）　45, 150-152
湾岸戦争　103

ABS（雇用促進会社）　104
AfD（ドイツのための選択肢）　5, 58, 184
BDA（ドイツ使用者連盟）　17, 88, 115
BDI（ドイツ産業連盟）　17
BVG（連邦憲法裁判所）　6-7, 15-16, 32-33, 45-46, 48-52, 55, 59, 73, 90, 99-100, 106, 131, 143-144, 146, 150-151, 155-156, 159, 166-167, 173
CDU（キリスト教民主同盟）　4, 26-29, 33, 40, 43, 50, 56-57, 59, 61-65, 67, 70-71, 84, 98, 105, 111, 122-123, 129, 133, 138, 144, 166, 168-169, 174, 176, 183
CDU/CSU（キリスト教民主同盟・社会同盟）

5, 19, 23, 26, 38, 53-57, 59-61, 64, 66, 70, 72, 75, 96, 100, 110-111, 126, 129-130, 132-133, 136, 138, 145, 148-149, 166-167, 170-173, 175, 183

CGB(キリスト教労働組合) 18
CSCE(全欧安全保障協力会議) 94-95
CSU(キリスト教社会同盟) 5, 28, 49, 56-57, 62, 67, 95, 98, 133-134, 156, 165, 181, 183
DAG(ドイツ職員労働組合) 18, 40, 79, 104
DBB(公務員労働組合) 18
DBV(ドイツ農民連盟) 18, 27
DGB(ドイツ労働総同盟) 17-18, 28-29, 38, 79, 88, 104, 115, 129
DIHK(ドイツ商工会議) 16-17
DP(ドイツ党) 57
DSU(ドイツ社会同盟) 95, 98
DVU(ドイツ民族同盟) 168
EC(欧州共同体) 94-95, 165, 168-169
ECB(欧州中央銀行) 6-7, 14
ECJ(欧州司法裁判所) 7
EFSF(欧州金融安定ファシリティ) 2, 5, 7, 48-49
EMU(経済通貨同盟) 1, 3, 6, 11-12, 157
ESM(欧州安定メカニズム) 2, 5-7, 49, 72
EU(欧州連合) 2, 7-8, 139, 157-158, 161-162, 182-183
EU市民と外国人の移住の制御と制限ならびにその滞在と統合の規制に関する法律 →移住法
FDGB(自由ドイツ労組連盟) 114-115
FDP(自由民主党) 5-6, 19, 38, 53, 56-57, 59-64, 67, 69, 72, 75, 84, 86, 98, 100, 110-111, 127, 145, 149, 156, 158, 166, 169, 171, 173, 175
GMG(医療構造現代化法) 132-134, 136
GSG(医療構造法) 113, 119, 131-132, 134, 136
IG BCE(鉱山・化学・エネルギー労働組合) 129
KPD(ドイツ共産党) 59
NATO(北大西洋条約機構) 59, 94
Ost-CDU 95
ÖTV(公務員・運輸・交通労働組合) 86
PDS(民主社会主義党) 5, 54, 63, 65, 98-99, 112, 126, 169
SED(社会主義統一党) 21, 93, 108, 112, 114
SGP(安定・成長協定) 1-2, 157-158
SPD(ドイツ社会民主党) 4-5, 19, 26-29, 32-33, 37-38, 43, 48, 50-51, 53-54, 56-57, 59-65, 67, 69-73, 75-76, 79, 84, 90, 96-99, 103, 105, 110-113, 122, 124-127, 130, 132-134, 138, 144-146, 148-149, 153, 156, 166, 168-171, 179
SRP(社会主義帝国党) 59
THW(連邦技術支援隊) 182

著者略歴
1957 年　大阪府に生まれる．
1980 年　東京大学法学部卒業．
1982 年　東京大学大学院法学政治学研究科修士課程修了．
現　在　東京大学社会科学研究所教授．

主要著書
『ワイマール共和国の崩壊』（東京大学出版会，1991 年）
『ドイツ現代政治』（東京大学出版会，1994 年）
『EU は国家を超えられるか』（岩波書店，2004 年）
『国境を越える政策実験・EU』（編，東京大学出版会，2008 年）
『ヨーロッパ政治ハンドブック』第 2 版（共編，東京大学出版会，2010 年）

ドイツの政治

2017 年 3 月 22 日　初　版

［検印廃止］

著　者　平島　健司（ひらしま　けんじ）

発行所　一般財団法人　東京大学出版会
　　　　代表者　吉見　俊哉
　　　　153-0041 東京都目黒区駒場 4-5-29
　　　　http://www.utp.or.jp/
　　　　電話 03-6407-1069　Fax 03-6407-1991
　　　　振替 00160-6-59964

印刷所　株式会社理想社
製本所　牧製本印刷株式会社

© 2017 Kenji Hirashima
ISBN 978-4-13-030163-3　Printed in Japan

JCOPY 〈(社)出版者著作権管理機構 委託出版物〉
本書の無断複写は著作権法上での例外を除き禁じられています．複写される場合は，そのつど事前に，(社)出版者著作権管理機構（電話 03-3513-6969，FAX 03-3513-6979，e-mail: info@jcopy.or.jp）の許諾を得てください．

篠原　一著	ヨーロッパの政治	A5・3200 円
馬場康雄編 平島健司	ヨーロッパ政治ハンドブック［第2版］	A5・3200 円
平島健司編	国境を越える政策実験・EU 政治空間の変容と政策革新 2	A5・4500 円
古瀬　徹編 塩野谷祐一	ドイツ 先進諸国の社会保障 4	A5・5200 円
古内博行著	現代ドイツ経済の歴史	A5・3800 円
川人貞史著	議院内閣制 シリーズ日本の政治 1	46・2800 円
待鳥聡史著	政党システムと政党組織 シリーズ日本の政治 6	46・2800 円
岡沢憲芙著	スウェーデンの政治	A5・4500 円

ここに表示された価格は本体価格です．ご購入の際には消費税が加算されますのでご了承ください．